KB271885

제로 클릭 쇼크

;검색의 종말

제로 클릭 쇼크 ;검색의 종말

초판 1쇄 인쇄 2026년 4월 15일
초판 1쇄 발행 2026년 4월 25일

지은이 네오랩스
발행인 임충배
편집 김인숙
디자인 서해숙
홍보·마케팅 양경자
펴낸곳 도서출판 삼육오(PUB.365)
제작 (주)피앤엠123

출판등록 2014년 4월 3일 제406-2014-000035호
주소 10882 경기도 파주시 산남로 183-25
전화·팩스 T. 031-946-3196 F. 050-4244-9979
이메일 book@pub365.co.kr
홈페이지 www.pub365.co.kr

ISBN 979-11-94543-59-6 03300

ZERO CLICK

제로 클릭 쇼크 ;검색의 종말

네오랩스 | NEO LABS

PUB윰오

클릭을 구걸할 것인가,
정답으로 선택받을 것인가?

"AI를 적극적으로 도입하고 마케팅 예산을 써도, 왜 고객들은 우리 웹사이트로 오지 않을까요?"

최근 산업 현장의 최전선에서 만난 수많은 실무자와 리더들의 표정에는 깊은 당혹감이 서려 있었습니다. 이유는 단 하나, **비즈니스의 룰이 완전히 바뀌었기 때문입니다.** 고객은 더 이상 파란색 링크를 일일이 클릭하며 피곤하게 정보를 탐색하지 않습니다. 똑똑한 인공지능 비서가 단 1초 만에 띄워주는 완벽한 요약본만 읽고 쇼윈도 밖에서 곧바로 지갑을 여는 '**제로 클릭(Zero Click)**' 시대가 도래했습니다. 과거 20년간 비즈니스를 지배해 온 '검색-유입-전환'의 성공 공식은 이제 완전히 수명을 다했습니다.

〈네오랩스 NEO LABS〉는 이 거대한 **패러다임의 전환** 속에서 낡은 지표를 붙잡고 **방황하는 모든 실무자와 리더들을 위해** 〈제로 클릭 쇼크: 검색의 종말〉을 집필했습니다.

시중에 나온 수많은 AI 관련 도서들이 단편적인 프롬프트 작성법이나 마케팅 툴 활용법에 머물러 있을 때, 오히려 **조직의 근본적인 '생존 전략'**에 주목했습니다. 파란색 링크가 사라진 시대에 살아남는 유일한 방법은 **무의미한 트래픽 방어전을 당장 멈추고**, 콧대 높은 AI 비서가 가장 신뢰하는 1순위 정답의 **'근거(원본)'로 선택받는 것**입니다.

이 책은 마케팅 부서만의 **얄팍한 전술서가 아닙니다. 기획/전략, 인사/조직, 재무/회계 등** 기업을 구성하는 실제 우리 곁에 있을 법한 **6명의 실무자가 겪는 처절한 사투와** 극적인 반전을 통해 낡은 부서 이기주의(**SILO**)를 부수고 **전사가 협업하는 거대한 지능형 유기체로** 거듭나야 하는지를 생생한 현장의 언어로 담아냈습니다.

여러분은 이 책을 통해 부서마다 **파편화된 지식**을 하나의 정답으로 묶는 법, **보이지 않는 신뢰 자산**을 재무적 숫자로 증명하는 법, 그리고 궁극적으로 AI가 흉내 낼 수 없는 우리 조지만이 **'원본 권위'**를 선점하는 **구체적이고 치밀한 액션 플랜**을 얻게 될 것입니다.

인공지능이 세상의 모든 지식 유통과 구매 결정을 독점하는 시대에 흔적도 없이 증발하는 소모품이 되시겠습니까, 아니면 AI가 앞다투어 인용하는 **'정답의 원천'**이 되시겠습니까?

무의미한 클릭을 구걸하던 낡은 과거와 결별하십시오. 거대한 기술의 파도에 올라타 인공지능의 시대를 지배할 여러분의 **눈부신 반격**을 진심으로 응원합니다.

네오랩스 | NEO LABS

PART 2
사라진 트래픽 속에서 기회를 캐는 실무자들

PART 3
사일로를 허물고 데이터로 연결하라

PART 4
제로 클릭 시대의 절대 강자: '원본'이 되라

클릭이 사라진 날,
당신의 업무는 안녕한가?

최강혁 이사는 대회의실 상석에 앉아 무거운 침묵에 잠긴 5명의 실무진을 번갈아 응시했다. 창밖으로는 평온한 도심의 풍경이 펼쳐져 있었지만, 회의실 안의 공기는 거대한 재난을 맞닥뜨린 대피소처럼 서늘하고 무거웠다.

테이블 위에는 조직이 자랑하던 모든 지표가 처참하게 붕괴된 결과 보고서가 나뒹굴고 있었다. 20년 차 마케팅 베테랑 김태식 부장은 붉은색으로 곤두박질친 트래픽 유입 그래프를 쥐고 망연자실해 있었다. 그 옆에서 예산의 살림꾼 박상훈 부장은 클릭 한 번 일어나지 않는 텅 빈 웹사이트에 매달 증발하는 막대한 검색 광고비 내역을 보며 분노를 삼켰다. 기술 에이스 홍진표 대리는 기계가 읽어내지 못해 튕겨 나가는 화려한 웹사이트의 껍데기 앞에서 좌절했고, 이 모든 부서의 얽히고설킨 낡은 데이터를 조율해야 하는 기획팀 김수아 과장의 미간에는 깊은 주름이 패어 있었다.

누구의 잘못도 아니었다. 모두가 과거의 성공 공식대로, 배운 대로 최선을 다해 달렸다. 하지만 20년간 전 세계 비즈니스를 지배해 온 '검색-유입-전환'이라는 절대 공식 자체가 하루아침에 통째로 증발해 버렸다.

이 도미노 같은 붕괴의 한가운데서, 트렌드의 최전선에 서 있는 디지털 네이티브 신예은 사원이 모두의 뼈를 때리는 서늘한 진실을 입 밖으로 꺼냈다.

"부장님, 솔직히 요즘 누가 파란 글씨 일일이 다 눌러서 사이트 들어가요? 귀찮잖아요. 그냥 인공지능한테 물어보면 알아서 제일 좋은 답 딱 요약해서 떠먹여 주는데요."

화려한 간판을 내걸고 사람들을 유혹해 파란색 링크를 누르게 만들던 황금빛 탐색의 시대는 끝났다. 과거의 인터넷은 거대한 도서관이었다. 사람들은 도서관 문을 열고 들어가 책을 일일이 꺼내 목차를 살피고 텍스트를 읽으며 직접 답을 찾았다. 이 도서관 시대에 기업의 목표는 가장 눈에 띄는 매대에 우리 브랜드의 책을 올려두는 것, 즉 '클릭 유도' 하나뿐이었다.

하지만 지금의 고객 앞에는 전지전능하고 똑똑한 비서가 서 있다. 고객이 질문을 던지면, 이 비서는 혼자 서고로 달려가 수만 권의 책을 순식간에 읽어 치운 뒤 단 1페이지짜리 완벽한 브리핑 보고서를 고객의 손에 쥐여준다. 고객은 비서가 건넨 요약본만 쓱 읽고 만족하며 그 자리에서 지갑을 연다.

우리가 알던 모든 정답이 완벽한 오답이 되었다.

고객은 이제 가게 문턱을 넘지 않는다. 밖에서 쇼윈도만 힐끗 쳐다보고는 뒤돌아 가버린다. 거대 플랫폼이 검색창 안에 지어놓은 가두리 양식장 속에서 모든 소비와 의사결정이 끝나버린다. 우리가 막대한 돈을 들여 가게 내부를 아무리 화려하게 꾸며놓아도, 고객의 감성을 자극할 기가 막힌 카피라이팅을 준비해 두어도 아무 소용이 없다. 비서의 1페이지짜리 브리핑 안에 우리 브랜드의 이름이 1순위로 등장하지 않는다면, 우리는 세상에 아예 존재하지 않는 투명 인간일 뿐이다.

이대로 낡은 과거의 지표에 매달려 의미 없는 클릭을 구걸한다면, 눈앞의 거대한 기술의 파도 속에서 우리 조직은 머지않아 디지털 지도 위에서 흔적도 없이 사라질 것이다.

이 책은 클릭이 완벽하게 증발해 버린 척박한 전장에서 살아남기

최강혁 이사
전략/결정

냉철한 전략가. "그래서 이게 우리 수익에 어떤 영향을 주나요?"라며 본질을 꿰뚫는 질문을 던진다.

김태식 부장
마케팅/전통적 방식

20년 차 베테랑. '상위 노출'과 '클릭수'를 신봉해 왔으나, 최근 급감한 트래픽 때문에 밤잠을 설치는 인물이다.

박상훈 부장
재무/회계/숫자

깐깐한 살림꾼. "클릭도 없는데 광고비는 왜 그대로인가요?"라며 데이터 정제 비용의 투자 대비 효과를 냉정하게 따진다.

위한 실무자들의 처절한 생존 기록이자, 시장의 룰을 뒤엎는 묵직한 반격의 매뉴얼이다. 각자의 섬에 갇혀 옛날 숫자에 집착하던 회의실의 6인이 어떻게 거대한 지각 변동을 마주하고 생존을 향해 뼈를 깎는 사투를 벌이는지, 그 치열한 과정이 낱낱이 공개될 것이다.

인공지능이 세상의 모든 지식 유통과 구매 결정을 완벽하게 독점하는 시대. 이제 스스로에게 가장 냉혹한 질문을 던져야 할 때다.

"당신의 회사가 오늘 공들여 올린 그 정보는, 내일 아침 인공지능의 답변 창에서 살아남을 수 있겠는가? 아니, 애초에 기계에게 '선택'받을 자격은 갖추었는가?"

게임의 룰은 이미 바뀌었다. 낡은 지표를 찢어버리고 다가오는 지능의 시대를 마주할 준비가 되었다면, 이제 다음 페이지를 넘겨라.

김수아 과장 기획/조율

꼼꼼한 중재자. 부서 간의 칸막이를 허물고 데이터의 정확성을 따지는 실무 해결사이다.

홍진표 대리 기술 실무/얼리어답터

AI 툴 활용 능력이 뛰어나다. GEO와 RAG 같은 복잡한 기술을 현장에 가장 먼저 적용하는 인물이다.

신예은 사원 트렌드/MZ

"요즘 누가 클릭해서 들어가요? 그냥 AI한테 물어보지…"라고 말하는 디지털 네이티브이다. 사용자의 솔직한 변화를 대변한다.

우리는
왜
검색을
멈췄는가

1장

클릭을 잃다:
검색에서 응답으로 넘어간 이유

김태식 부장의 모니터 화면이 온통 붉은색 마이너스 지표로 물들었다. 20년 차 마케팅 베테랑의 등줄기에 서늘한 식은땀이 흘렀다. 평소와 다를 바 없는 아침이었다. 자사의 핵심 키워드를 포털 사이트 최상단에 올리기 위해 막대한 검색 광고비를 쏟아부었다. 검색 결과 1위 자리는 굳건했다.

문제는 트래픽이다. 아무도 웹사이트로 들어오지 않는다. 유입 수치가 하루아침에 반토막 났다.

"아니, 검색 결과 노출은 당당하게 1위인데, 왜 아무도 우리 사이트로는 안 들어오는 거야? 귀신이 곡할 노릇이네."

김 부장의 당혹스러운 목소리가 무거운 회의실 공기를 갈랐다. 마케팅의 절대 공식이 무너지는 순간이다. 고객을 화려한 간판으로 유혹해 가게 문을 열고 들어오게 만드는 것. 그것이 20년간 김 부장이 믿어온 비즈니스의 전부였다. 간판은 여전히 가장 높은 곳에서 빛나고 있다. 손님은 문턱을 넘지 않는다. 밖에서 쇼윈도만 힐끗 보고는 뒤돌아 가버린다. 아무도 클릭하지 않는, 이른바 제로 클릭[1]의 공포가 마케팅팀의 숨통을 조르고 있었다. 예산은 타들어가는데 매장은 텅 비었다.

반면, 회의실 한편에 앉은 홍진표 대리의 모니터는 전혀 다른 세상을 보여주고 있었다. 화면 속 전환율 그래프는 가파른 우상향 곡선을 그렸다. 유입되는 절대적인 사람 수는 줄었다. 신기하게도 지갑을 여는 진짜 고객의 비율은 폭발적으로 늘었다. 기이한 현상이다. 홍 대리는 흔들리지 않았다. 그는 유입 수치라는 낡은 성적표에 연연하지 않았다. 대신 사무실 건너편에 앉은 신예은 사원의 모니터 화면을 며칠간 유심히 관찰했다. 트렌드에 가장 민감한 세내의 신짜 검색 습관을 추적한 것이다.

"부장님, 솔직히 요즘 누가 파란 글씨 일일이 다 눌러서 사이트 들어가요? 귀찮잖아요. 그냥 인공지능한테 물어보면 알아서 제일 좋은 답 딱 요약해서 떠먹여 주는데요."

신예은 사원의 팩트 폭격은 날카로웠다. 신 사원은 검색창에 문장형으로 질문을 던졌다. 화면 맨 위에 뜨는 AI 오버뷰[2] 요약 상자만

---

1 제로 클릭(Zero Click): 검색창 안에서 답을 다 찾아버려 굳이 우리 사이트로 들어오지 않는 현상.

2 AI 오버뷰(AI Overviews): 구글이 검색창 맨 위에 띄워주는 AI 요약 답변 서비스.

빠르게 읽어 내려갔다. 원하는 답을 얻자마자 스크롤을 내리지도 않고 창을 닫아버렸다. 파란색 링크 10개는 투명 인간 취급을 받았다.

홍진표 대리는 바로 이 지점을 파고들었다. 사람들을 파란색 링크로 억지로 끌고 오는 싸움을 과감히 포기했다. 대신 콧대 높은 인공지능 비서가 답변을 요약할 때, 우리 브랜드를 가장 믿을 만한 출처로 인용하도록 데이터 구조를 완전히 뜯어고쳤다. 웹사이트의 화려함을 버리고 기계가 읽기 쉬운 정답의 재료를 떠먹여 주었다. 결과는 대성공이었다. 클릭이라는 낡은 화폐 대신, 인공지능의 입을 통한 '신뢰'라는 새로운 화폐를 벌어들인 것이다. 인공지능의 요약을 통해 구매 확신을 얻은 고객들은 길을 잃지 않고 곧장 결제창으로 직행했다.

회의실 안의 두 풍경은 극명하게 대비된다. 20년의 노하우를 쏟아부은 김태식 부장의 팀 성과는 신기루처럼 증발했다. 신예은 사원의 행동 변화를 읽고 인공지능 답변 화면 속으로 들어간 홍진표 대리의 팀은 시장의 흐름을 바꿨다.

왜 똑같이 노력했는데 결과가 다른가. 게임의 룰이 완전히 바뀌었기 때문이다. 사람들은 더 이상 거대한 도서관에서 직접 책을 찾지 않는다. 똑똑한 개인 비서가 읽기 좋게 정리해 준 1페이지짜리 브리핑 보고서만 즉각적으로 수용할 뿐이다. 낡은 지표를 붙잡고 허공에 돈을 태울 것인가. 비서의 선택을 받아 새로운 정보 권력을 쥘 것인가. 클릭이 사라진 시대, 실무자들의 잔혹한 생존 카운트다운은 이미 시작되었다.

도서관에서 비서의 브리핑으로, 정보 소비의 거대한 이동

과거의 검색창은 거대한 도서관이었다. 사람들은 궁금한 것이 생기면 도서관 문을 열고 들어갔다. 검색창에 단어를 청구 기호처럼 적어 냈다. 검색 엔진은 가장 관련성 높은 책 10권을 1페이지에 파란색 링크로 뽑아주었다. 사용자는 일일이 책을 꺼내 목차를 살폈다. 첫 번째 링크를 눌러 글을 읽고, 원하는 내용이 없으면 다시 뒤로 가기 버튼을 눌렀다. 두 번째, 세 번째 링크를 차례대로 클릭하며 정보를 직접 발췌했다. 클릭하고, 읽고, 뒤로 가기를 반복했다. 지루하고 피곤한 탐색의 과정이었다. 이 도서관 시대에 마케터의 목표는 단 하나였다. 가장 눈에 띄는 매대에 우리 브랜드의 책을 올려두는 것이다. 1위 자리를 차지하면 트래픽은 지언스럽게 따라왔다. 다른 대안이 없었기 때문이다.

이제 도서관의 시대는 완전히 끝났다. 똑똑하고 민첩한 비서가 등장했다. 신예은 사원의 일상적인 검색 습관이 이를 완벽하게 증명한다. 그녀는 더 이상 단어로 끊어서 검색하지 않는다. 문장형으로 길게 질문한다. 비서는 순식간에 수십 권의 책과 인터넷 문서를 읽어 치운다. 핵심만 추려 1페이지짜리 완벽한 브리핑 보고서를 화면 최상단에 띄워준다. 신 사원은 화면을 아래로 내리지도 않는다. 비서가 요약해 준 결과만 빠르게 읽어 내려간다. 원하는 답을 얻자마자 창을 닫는다. 파란색 링크를 누르던 도서관 방식에서, 결론을 즉시 수용하는 비서 브리핑 방식으로 정보 소비 패턴이 완전히 역전되었다.

의사 결정 속도가 무섭게 빨라졌다. 사용자는 더 이상 탐색에 자신의 귀한 시간을 쏟지 않는다. [3]퓨리서치센터의 최근 조사 결과는 이러한 차가운 현실을 적나라하게 보여준다. 인공지능 요약이 뜬 화면에서 사용자가 전통적인 파란색 링크를 클릭할 확률은 8%에 불과했다. 요약이 없는 화면의 평균 클릭률[4]인 15%와 비교하면 절반 가까이 추락한 수치다. 심지어 인공지능이 요약본 안에 친절하게 달아둔 출처 링크를 직접 클릭하는 비율은 고작 1%에 그쳤다. 사람들은 이제 답만 바라본다. 비서의 입을 통해 추천받지 못하는 브랜드는 철저히 투명 인간 취급을 받는다.

인공지능 요약을 확인한 사용자 중 26%는 검색창에서 다른 링크를 누르지 않고 아예 브라우저를 종료해 버린다. 요약이 없는 경우 브라우저를 종료하는 비율인 16%보다 훨씬 높다. 고객은 이미 답을 얻었기에 추가적인 탐색의 필요성을 느끼지 못한다. 정보의 탐색에서 응답 소비로 행동 패턴이 완전히 이동했다. 질문의 길이가 길어질수록 비서의 개입은 더욱 확고해진다. 단어 하나만 입력할 때보다 10개 이상의 단어로 이루어진 복잡한 문장형 질문을 던질 때 요약이

---

3 Google users are less likely to click on links when an AI summary appears (Pew Research Center | 2025-07-22)

4 클릭률(CTR, Click-Through Rate): 검색 결과 중 우리 사이트를 실제로 누른 비율로, 과거 방식의 성적표.

등장할 확률은 절반 이상으로 치솟는다. 육하원칙을 포함한 질문 구조에서도 비서는 어김없이 등장해 답변을 가로챈다.

이것은 단순한 기술 업계의 유행이 아니다. 되돌릴 수 없는 거대한 구조적 변화다. 정보의 홍수 속에서 극심한 피로감을 느낀 사용자들은 가장 빠르고 정확한 결론만을 원한다. 과거에는 여러 블로그와 커뮤니티를 일일이 돌아다니며 비교하고 스스로 답을 찾았다. 지금은 인공지능이 그 복잡한 비교와 검증의 과정을 모두 대신한다. 아무리 상위 노출 1위를 굳건히 지키고 있어도 소용없다. 비서의 브리핑에 우리 브랜드가 긍정적인 평가로 언급되지 않으면, 고객의 머릿속에 우리는 존재하지 않는 것과 같다. 시장을 지배하는 게임의 룰이 완전히 바뀌었다.

최강혁 이사는 이 현상을 매우 심각하게 받아들였다. 기업의 생존 전략 방향을 완전히 수정해야 한다는 것을 직감했다. 최 이사는 사람들이 답만 보고 나간다면 그 짧은 요약의 답 안에 우리가 반드시 들어가 있어야 한다고 거듭 강조한다. 그렇지 않으면 비즈니스는 디지털 지도에서 완전히 지워진다. 검색의 목적 자체가 근본적으로 달라진 점을 직시해야 한다. 과거에는 정보를 찾기 위해 검색창을 열었다. 지금은 당면한 과제를 즉시 해결하기 위해 검색한다. 복잡한 과학 기술 용어의 이해, 경쟁사 제품과의 장단점 비교 등 전문적인 영역일수록 비서에 대한 의존도는 더욱 가파르게 치솟는다.

이런 상황에서 사용자가 기업의 웹사이트를 직접 방문할 이유가 철저히 사라진다. 비서가 완벽한 브리핑을 마쳤는데 굳이 도서관 서고로 내려가 먼지 쌓인 책을 뒤질 사람은 세상에 없다. 김태식 부장이 밤을 새워 정성 들여 꾸며놓은 웹사이트의 화려한 메인 화면과 팝업 광고는 이제 고객의 눈에 닿지도 못한다. 고객은 이미 포털 사이트라는 비서의 대기실에서 모든 용무를 마치고 지갑을 열 준비를 끝냈기 때문이다. 수동적인 탐색의 시대가 끝났다. 이 거대한 지각 변동을 인정하지 않고 여전히 과거의 도서관 시스템에 머무르려 한다면 브랜드의 미래는 잔혹한 도태뿐이다. 비서의 브리핑에 가장 매력적인 정보로 올라타는 것, 그것이 현재 모든 실무자가 직면한 가장 시급한 과제다.

'가두리 양식장'이 된 검색창, 낡은 지표의 침몰

검색창의 본질과 플랫폼의 역할이 완벽하게 변했다. 과거의 검색 엔진은 다른 사이트로 사용자를 보내주는 친절한 문이었다. 사람들은 검색창이라는 문을 열고 수많은 언론사, 쇼핑몰, 기업 웹사이트로 자유롭게 흩어졌다. 기업들은 이 문 앞에 서서 들어오는 사람들을 맞이하기만 하면 되었다. 그러나 지금의 검색 엔진은 완전히 다르다. 모든 것을 안에서 해결하게 만드는 거대한 백화점이 되었다. 플랫폼은 사용자를 자신들의 화면 안에 철저히 가둬두려 한다. 사용자가 다른 웹사이트로 빠져나가지 못하게 막는 이른바 가두리 양식장 현상이다.

미국과 유럽의 방대한 검색 데이터를 분석한 [5]스파크토로의 연구는 이 가두리 양식장의 실체를 섬뜩하게 보여준다. 미국에서 일어난 1,000번의 구글 검색 중 외부의 독립적인 웹사이트로 빠져나가는 클릭은 단 360건에 불과했다. 유럽 역시 374건에 그쳤다. 나머지 약 60%의 검색은 아예 클릭 자체가 일어나지 않는 제로 클릭으로 끝났다. 질문을 검색창에 입력하고 결과를 확인한 뒤, 그 어떤 링크도 누르지 않고 화면을 이탈하는 현상이 검색의 기본값이 되었다.

더욱 충격적인 사실은 외부로 나가는 소수의 클릭조차 공정하게 분배되지 않는다는 점이다. 전체 클릭의 약 30%는 유튜브, 지도, 항공권 등 플랫폼이 스스로 소유한 내부 생태계로 향한다. 가두리 양식장의 벽은 날이 갈수록 높아지고 견고해진다. 거대 플랫폼은 막대한 수익을 지키기 위해 검색 결과 창 안에서 정보 소비의 시작과 끝을 모두 통제하려 안간힘을 쓴다. 사용자는 질문에 대한 답을 얻고, 플랫폼은 트래픽을 가두며 승리한다. 철저히 기업과 퍼블리셔들만 배제되는 구조다.

이 거대한 구조 변화 앞에서 기존의 마케팅 성과 지표는 휴지조각이 된다. 20년 차 베테랑 김태식 부장의 숨통을 쥐고 있는 것은 다름 아닌 그가 평생 맹신해 온 지표들이다. 바로 클릭률과 페이지뷰 [6]다. 검색창 안에서 답을 다 찾아버려 굳이 우리 사이트로 들어오지

---

5 출 2024 Zero-Click Search Study (SparkToro | 2024-07-01)

6 페이지뷰(PV, Page View): 우리 웹사이트 화면이 사람들에게 보인 총 횟수.

않는 현상이 일상화되었다. 우리 웹사이트의 페이지뷰가 폭락하는 것은 일시적인 오류가 아니라 필연적인 물리 법칙이다. [7]디지털 콘텐츠 넥스트의 회원사 조사 결과는 이를 명확히 증명한다. 프리미엄 퍼블리셔들의 검색 유입 트래픽이 불과 8주 만에 10% 넘게 증발했다. 비뉴스 브랜드는 단기간에 트래픽이 14%나 추락하며 뼈아픈 타격을 입었다. 클릭률과 페이지뷰라는 지표 자체가 시효를 다했다는 시장의 사망 선고다.

회의실의 무거운 공기를 가르며 박상훈 부장이 날카롭게 숫자의 모순을 지적한다. 트래픽은 하루가 다르게 반토막이 나고 있는데, 포털에 매달 쏟아붓는 막대한 검색 광고비는 1원도 줄지 않고 그대로다. 클릭도 안 일어나는 매대에 헛돈을 내고 있는 꼴이다. 사용자는 이미 화면 최상단에서 인공지능 비서가 제공하는 정답을 읽고 탐색을 즉시 종료한다. 그 아래에 아무리 비싼 단가의 키워드 광고를 걸어두어도 사용자의 시선은 닿지 않는다. 플랫폼의 요약본이 퍼블리셔의 원본을 대체하는 완벽한 제로 클릭 환경이 완성되었다. 낡은 지표에 갇혀 상황을 오판하는 조직은 가라앉는 배에 짐을 더 싣는 것과 같다.

김수아 과장 역시 기획자의 관점에서 이 심각한 문제에 동의한다. 기존의 페이지뷰 중심 지표로는 현재 고객이 인공지능 화면 안에서 우리 브랜드를 얼마나 인지하고 신뢰하게 되었는지 전혀 측정할 수

---

7 ⬛ Facts: Google's push to AI hurts publisher traffic (Digital Content Next | 2025-08-14)

없다. 클릭이라는 단편적인 행동만 쫓다가는 보이지 않는 고객의 인식을 모두 놓치게 된다. 부서마다 칸막이를 치고 의미 없는 옛날 숫자만 방어하던 관행을 멈춰야 한다. 조직의 성과를 측정하는 낡은 잣대부터 전면적으로 갈아엎어야 한다. 클릭률 중심의 지표는 백화점 안에서 이미 쇼핑을 끝낸 고객의 등 뒤에 대고 길거리 전단지를 돌리는 격이다.

트래픽의 대규모 감소를 단순히 마케팅 부서의 무능으로 질책하는 것은 문제의 본질을 빗나간 폭력이다. 김태식 부장의 팀은 여전히 최선을 다하고 있다. 단지 돈이 흐르고 정보가 소비되는 근본적인 길목이 완전히 막혀버렸을 뿐이다. 새로운 답변 엔진들의 사용량은 무섭게 성장하고 있지만, 이들이 외부 사이트로 보내주는 추천 트래픽은 극히 미미하다. 인공지능 검색은 그 자체로 완결성을 가진다. 사용자는 링크를 눌러 사이트에 들어오는 대신, 화면 안에서 대화하며 마음속으로 이미 강력한 선호도와 구매 결정을 끝낸다.

낡은 지표의 침몰은 도태의 신호인 동시에 새로운 기회의 서막이다. 클릭률과 페이지뷰라는 낡은 우상에서 단호하게 벗어나야 한다. 파란색 링크를 누르고 들어오는 트래픽의 화려했던 시대는 완전히 저물었다. 백화점이 된 검색창 안에서 살아남는 유일한 방법은 그 백화점의 한가운데서 우리 브랜드를 가장 매력적이고 압도적인 정답으로 선언하게 만드는 것이다. 낡은 지표를 붙잡고 허공에 예산을 태울 것인지, 아니면 견고한 가두리 양식장 안에서 비서의 찬사를 받는 원본 지식의 제공자가 될 것인지 냉정하게 선택해야 한다. 잘못된 시대착오적 숫자는 회사를 돌이킬 수 없는 낭떠러지로 이끈다.

AI 비서에게 선택받는 매력적인 프로필 작성법, 생성형 엔진 최적화(GEO)

김태식 부장이 평생을 바쳐 맹신하던 과거의 검색 엔진 최적화 방식은 이제 철저히 실패했다. 웹사이트 곳곳에 사람들이 많이 검색할 만한 핵심 단어를 기계적으로 반복해서 끼워 넣는 얕은 수작은 더 이상 통하지 않는다. 홍진표 대리가 치밀하게 파악해 낸 새로운 시장의 규칙은 기존의 상식을 완전히 뒤엎는다. 검색창은 단순한 도서관에서 똑똑하고 까다로운 답변 엔진으로 진화했다. 콧대 높은 인공지능 비서는 문맥의 깊이를 완벽하게 이해하고 정보의 질을 깐깐하게 평가한다.

"부장님, 사용자가 파란색 링크를 누르게 만드는 무의미한 싸움은 이제 멈추셔야 합니다. 지금은 파란 링크의 클릭을 구걸할 때가 아닙니다."

홍진표 대리가 확신에 찬 목소리로 보고를 시작했다.

"인공지능 비서가 브리핑 보고서를 작성할 때, 우리 데이터를 가장 완벽한 식재료로 골라 쓰게 만들어야 합니다. 이것이 죽은 트래픽을 대체할 새로운 생존 전략, 즉 '생성형 엔진 최적화(GEO)'입니다."

생성형 엔진 최적화(GEO)[8]는 인공지능 비서에게 가장 매력적이고 완벽한 프로필을 제출하는 고도의 작업이다. 방대한 최신 연구 결과에 따르면, 기존 방식대로 단순히 검색 핵심 단어를 억지로 욱여넣는 이른바 '키워드 채워 넣기' 방식은 인공지능 답변 엔진에서 아무런 효과를 내지 못하며 오히려 노출도를 떨어뜨리는 역효과를 낸다. 인공지능은 사람이 읽기 좋게 꾸며낸 화려한 감성 문구와 낚시성 제목을 쓸모없는 쓰레기 데이터로 취급한다. 오직 기계가 완벽하게 이해하고 즉시 인용할 수 있는 단단하고 객관적인 정보만을 지독하게 편식한다.

홍진표 대리의 성공은 바로 이 지점을 정확히 공략한 결과다. 효과적인 생성형 엔진 최적화(GEO)를 위해서는 구체적이고 검증된 전략이 필요하다. 첫째, 통계의 적극적인 활용이다. 모호한 형용사를 과감히 걷어내고 명확한 수치와 데이터를 전면에 배치해야 한다. 제품의 장점을 설명할 때 막연한 홍보 문구 대신 객관적인 통계 데이터를 포함하도록 웹사이트를 수정하면, [9]인공지능 답변에 인용될 확률이 30%에서 최대 40% 이상 폭발적으로 상승한다. 둘째, 권위 있는 인용구의 배치다. 해당 분야 전문가의 발언이나 공신력 있는 기관의 평가를 직접 인용 형태로 삽입해야 한다. 셋째, 신뢰할 수

8　생성형 엔진 최적화(GEO, Generative Engine Optimization): 인공지능 비서가 수많은 정보 중 우리 브랜드의 데이터를 가장 먼저 골라 추천하도록 만드는 전략.

9　GEO: Generative Engine Optimization (arXiv | 2023–11–16)

있는 출처의 명시다. 주장을 뒷받침하는 명확한 근거와 출처 링크를 데이터 하단에 꼼꼼하게 밝혀두는 것만으로도 기계의 신뢰를 얻어 노출도는 극적으로 올라간다.

신예은 사원이 홍 대리의 의견에 힘을 싣는다.

"선배님 말씀이 맞아요. 저도 검색할 때 보면, AI는 절대 '이 제품 감성이 최고입니다' 같은 뜬구름 잡는 문장은 안 쓰거든요. '배터리 12시간', '전문가 평점 9.5점'처럼 숫자가 딱 떨어지는 팩트만 정답으로 꼽아줘요."

이러한 세 가지 전략은 기존의 웹사이트 콘텐츠를 크게 훼손하지 않으면서도 인공지능 비서에게 강렬한 신뢰의 신호를 보낸다. 정보를 전달하는 방식과 문체 역시 철저히 기계의 입맛에 맞춰야 한다. 화려한 수식어를 버리고 문장을 짧고 간결하게 다듬어 기계의 가독성을 높이는 유창성 최적화 작업이 필수적이다. 어려운 업계 전문용어를 중학생도 이해할 수 있는 쉬운 언어로 풀어쓰는 작업만으로도 인공지능의 선택을 받을 확률이 크게 높아진다. 인공지능 비서는 복잡하고 난해한 텍스트보다 명확하고 간결하게 구조화된 텍스트를 요약의 최우선 재료로 삼기 때문이다.

산업군과 질문의 성격에 따라 인공지능 비서를 공략하는 최적화 전략은 입체적으로 달라져야 한다. 역사나 사회적 토론처럼 의견이 엇갈리는 분야에서는 단호하고 권위 있는 문체를 사용하는 것이 유리하다. 반면, 법률이나 정부 정책, 여론과 관련된 질문에서는 객관적인 통계를 제시하는 전략이 압도적인 성과를 낸다. 인물이나 사회 현상을 설명할 때는 전문가의 인용구를 더하는 방식이 가장 효과적이다. 놀라운 사실은, 기존 검색 엔진에서 하위권에 머물던 힘없는 웹사이트라도 이러한 생성형 엔진 최적화(GEO) 원칙을 적용하면 인공지능 답변 내 노출도를 무려 115%까지 끌어올릴 수 있다는 점이다. 거대 자본이 독점하던 상위 노출의 기울어진 운동장이 초기화되었다. 일률적인 마케팅 카피를 고집하는 조직은 도태된다. 우리 브랜드가 속한 산업군의 특성을 정확히 파악하고, 기계가 선호하는 맞춤형 데이터를 정교하게 떠먹여 주는 전략적 유연성이 필요하다.

AI 비서의 VIP 메뉴판에 오르는 3단계 노출 공식

홍진표 대리가 자리에서 일어나 화이트보드 앞으로 다가갔다. 복잡한 기술 용어 대신 중학생도 단번에 이해할 수 있는 직관적인 그림을 그리기 시작했다.

"이사님, 그리고 부장님. 저 똑똑한 인공지능 비서가 최종 정답을 내놓는 과정은 철저하게 계산된 3단계 알고리즘 공식을 따릅니다. 이 공식을 장악하지 못하면 우리 브랜드는 영원히 AI의 VIP 메뉴판에 오르지 못합니다."

첫 번째는 '(발견)탐색망에 걸려들기'다. 사용자가 질문을 던지는 순간, AI는 거대한 인터넷을 훑는다. 이때 기계가 읽기 쉬운 명확한 라벨이 붙어 있지 않은 통이미지 형태의 웹사이트는 아예 투명 인간 취급을 받으며 탐색망에서 걸러진다.

두 번째는 '(신뢰)정답의 자격 얻기'다. AI는 감성적인 광고 문구보다 앞뒤가 딱 떨어지는 객관적인 통계와 팩트를 신뢰한다. 만약 홍보 문구와 매뉴얼의 숫자가 충돌한다면, 모순된 정보를 혐오하는 AI는 우리 브랜드를 1차 후보군에서 즉시 탈락시킨다.

세 번째는 '(인용)출처로 지목받기'다. AI는 자신이 내놓은 답변의 책임을 지기 위해 반드시 권위 있는 출처를 밑주석으로 단단히 걸어둔다. 탐색망에 걸려들고 팩트로 신뢰를 얻어 마침내 정답의 출처로 지목받는 것. 이 3단계 노출 공식을 장악해야만 파란색 링크 없이도 고객을 결제창으로 직행하게 만들 수 있다.

클릭을 대체하는 새로운 성적표: '인용 점유율'

홍진표 대리의 기술적 프레임 설명이 끝나자, 팔짱을 끼고 듣던 박상훈 부장이 안경을 치켜올리며 무겁게 입을 열었다. 회사의 예산을 틀어쥔 재무 담당자의 날카로운 시각이 등장할 차례다.

"홍 대리 말이 사실이라면, 우리는 지금 허공에 예산을 불태우고 있는 겁니다. 김태식 부장님, 트래픽은 하루가 다르게 반토막이 나는데 포털에 쏟아붓는 막대한 검색 광고비는 왜 1원도 줄지 않는 겁니까? 클릭도 안 일어나는 텅 빈 매대에 비싼 월세만 내는 꼴 아닙니까. 재무팀 입장에서는 이런 밑 빠진 독에 물 붓기를 더 이상 결재해 드릴 수 없습니다."

회의실에 서늘한 정적이 흘렀다. 김태식 부장의 얼굴이 붉어졌다. 평생을 맹신해 온 마케팅의 절대 진리, 클릭률과 페이지뷰가 재무부장 앞에서 휴지 조각 취급을 받았다. 하지만 반박할 논리가 없었다. 백화점이 된 검색창 안에서 사용자는 더 이상 밖으로 나오지 않는다. 외부 사이트로 빠져나가는 클릭은 기하급수적으로 증발하고 있다. 클릭이 발생하지 않으니 페이지뷰가 폭락하는 것은 당연한 물리적 법칙이다.

박상훈 부장이 스크린에 새로운 성과 대시보드를 띄웠다.

"조직은 숫자가 바뀌지 않으면 움직이지 않습니다. 이제 클릭률과 페이지뷰라는 낡은 허상은 폐기하시죠. 대신 제가 제안하는 완전히 새로운 핵심 성과 지표를 도입해야 합니다. 바로 '인용 점유율'입니다."

인용 점유율[10]. 낯설지만 파격적이고 본질적인 개념이다. 사용자가 우리 산업군과 관련된 특정 질문을 인공지능 비서에게 던졌을 때, 생성된 전체 요약 답변의 맥락 속에서 우리 브랜드가 긍정적인 추천 근거로 얼마나 비중 있게 언급되었는지를 측정하는 지표다. 예를 들어 '20대 직장인에게 적합한 노트북 추천해 줘'라는 수십 번의 다양한 질문 패턴에서, 인공지능이 우리 제품을 1순위 대안으로 거론한 비율을 추적하는 것이다.

박 부장이 숫자의 가치를 재무적으로 치환해 설명을 이어갔다.

---

10 인용 점유율(CS, Citation Share): 인공지능이 내놓는 수많은 요약 답변 중에서 우리 브랜드의 이름이나 고유한 데이터가 1순위 출처로 언급되고 차지하는 비중.

"당장 단 한 번의 클릭이나 방문이 일어나지 않아도 상관없습니다. 인공지능의 브리핑 화면에 우리 브랜드가 '1순위 정답'으로 선언되었다면, 이미 거대한 무형 자산을 장부에 확보한 것과 같습니다. 고객들은 이제 AI의 요약을 진리처럼 믿고 결제창으로 직행하니까요."

이 인용 점유율을 과학적으로 측정하기 위해 박 부장은 두 가지 입체적인 노출도 평가 기준을 동원했다. 첫째는 객관적 지표인 '위치 조정 단어 수'다. 단순히 답변에 우리 브랜드 이름이 몇 번 등장했는지 물리적인 횟수만 세는 것을 넘어선다. 답변의 '어느 위치'에 등장했는지가 핵심이다. 사용자는 답변의 서두를 가장 집중해서 읽는다. 따라서 우리 브랜드를 인용한 문장이 답변의 최상단에 위치할수록 기하급수적으로 높은 가중치를 부여하여 성과를 측정한다. 아무리 많은 단어로 설명되어도 스크롤 맨 밑바닥에 박혀 있다면 그 가치는 무참히 떨어진다.

둘째는 고도의 '주관적 노출도' 평가다. 인공지능이 우리 브랜드를 언급한 문맥의 질을 따진다. 사용자 질문에 얼마나 정확하게 부합하는가, 우리 브랜드의 데이터가 전체 답변의 논리를 이끄는 데 얼마나 결정적인 영향을 미쳤는가, 타사와 구별되는 우리만의 독창적인 장점이 명확히 묘사되었는가를 종합적으로 분석한다.

"인용 점유율은 그저 얄팍한 마케팅 유입 숫자가 아닙니다. 고객의 인식 속에 우리 브랜드가 1순위로 각인되는 보이지 않는 '신뢰 자산'을, 완벽한 재무적 수치로 번역해 낸 결과물입니다."

박상훈 부장의 선언은 단호했다.

"의미 없는 단순 광고비 집행은 당장 멈추십시오. 대신 이 인용 점유율을 높일 데이터 정제 작업에 예산을 재배치하겠습니다. 이건 단순한 지출이 아니라, 우리 회사의 미래를 위한 가장 확실한 자본 투자입니다."

부서 간 칸막이를 허무는 전사적 생존 로드맵

지금까지 묵묵히 실무진의 발표를 듣고 있던 최강혁 이사가 테이블을 가볍게 내리치며 무겁게 입을 열었다.

"결론이 났군요. 방향은 명확합니다. 클릭의 시대는 끝났고, 우리는 기계에게 원본으로 선택받아야만 생존합니다. 그런데 김 부장, 이 거대한 변화를 마케팅팀 혼자 감당할 수 있겠습니까? 불가능할 겁니다. 이건 마케팅팀만의 지침이 아니라, 우리 전사가 움직여야 할 생존 로드맵입니다."

최강혁 이사의 지적은 문제의 핵심을 꿰뚫었다. 생성형 엔진 최적화(GEO)는 결코 단일 부서의 업무가 될 수 없다. 마케팅팀이 아무리 기계가 읽기 좋게 웹사이트의 카피를 정교하게 다듬어 놓아도, 다른 부서의 데이터와 충돌하면 모든 것이 물거품이 된다. 영업팀이 고객에게 보내는 제안서의 단가표가 다르고, 기술 연구소가 배포하는 제품 스펙 문서의 숫자가 낡았다면, 모순을 혐오하는 인공지능은 즉각적으로 우리 브랜드를 정답 후보군에서 가차 없이 제외해 버린다. 정보의 일관성이 훼손되었기 때문이다.

기획과 조율을 담당하는 김수아 과장이 발 빠르게 전사 통합 로드맵을 제시하며 나섰다. 견고하게 쳐져 있던 부서 간의 칸막이를 완전히 부수고 데이터의 흐름을 하나로 통합하는 작업이다.

"제가 모든 부서의 데이터를 하나로 묶는 '단일 데이터 창고'를 구축하겠습니다. 각 부서가 데이터를 꽁꽁 숨겨두던 관행은 오늘부로 전면 중단해 주셔야 합니다. 김 부장님, 마케팅팀의 감성적인 카피라이팅 습관은 이제 버리셔야 합니다. 영업팀도 제안서에서 화려한 수식어 다 빼고, 기계가 즉시 판단할 수 있는 건조한 '데이터 시트'로 전면 수정해 주십시오. 연구개발팀 역시 어려운 기술 용어를 AI가 바로 읽을 수 있는 사내 표준어로 통일해서 이 창고에 넣어주셔야 합니다."

김수아 과장의 로드맵은 치밀하고 구체적이었다. 제품의 가격, 핵심 스펙, 환불 조건 등 회사의 모든 정보는 오직 이 '단일 데이터 창고'를 통해서만 세상 밖으로 나가도록 엄격한 운영 규칙을 세웠다. 정보가 썩지 않도록 주기적으로 업데이트하고 검증하는 책임자도 명확히 지정했다. 인공지능 비서가 우리 회사의 어떤 문서를 열어보더라도 완벽하게 동일한 숫자와 일관된 논리를 발견하도록 만드는 극강의 정보 통제 작업이었다.

위기는 고립된 개인들을 부수고 전사를 강력한 하나의 유기체로 묶어내는 접착제가 되었다. 마케팅의 카피, 영업의 거래 조건, 재무의 투자 지표, 기획의 운영 규칙이 생성형 엔진 최적화(GEO)라는 단 하나의 목표를 향해 완벽하게 재정렬되었다. 각자의 섬에 갇혀 옛날 숫자만 방어하던 실무자들이 인공지능 시대의 언어로 소통하며 거대한 톱니바퀴처럼 맞물려 돌아가기 시작했다. 파란색 링크가 사라진 척박한 전장에서, 오직 진정한 정답만을 요구하는 기계의 선택을 받기 위한 전사적 생존 로드맵이 마침내 압도적인 가동을 시작한 것이다.

사람들이 파란색 링크를 누르지 않고 인공지능의 답만 바라보기 시작했다면, 도대체 그 완벽한 '정답'은 어떤 기술적 원리로 조합되고 골라지는 것일까?

제2장에서는 인공지능이 실시간으로 흩어진 정보를 찾아 조립하는 검색 증강 생성(RAG)의 톱니바퀴 속으로 직접 들어가 본다. 이 거대한 메커니즘을 낱낱이 파헤치고, 당장 내일 아침 출근해서 써먹을 수 있는 우리 회사의 실전 데이터 구조화 방법론으로 번역해 볼 차례다.

내 월급을 지키는 제로 클릭 위험 신호 체크리스트

1. ☑ 우리 브랜드 핵심 키워드 검색 시, 최상단 AI 오버뷰에 우리 브랜드가 노출되는지 확인했는가?

2. ☐ 인공지능이 내놓은 요약 답변에 인용된 링크가 우리 공식 웹사이트와 정확히 일치하는지 대조했는가?

3. ☐ 주요 제품의 최신 가격 및 스펙 정보가 답변 엔진에 오류 없이 반영되어 있는지 점검했는가?

4. ☐ 경쟁사 제품과 비교하는 질문을 인공지능에게 던졌을 때, 우리 브랜드의 장점이 긍정적으로 언급되는지 분석했는가?

5. ☐ 웹사이트 내 화려한 이미지를 텍스트 형태의 표로 변환하여 기계가 읽기 쉽게 수정했는가?

6. ☐ 낮은 클릭률 보고서를 덮고, 응답 내 우리 브랜드 언급 횟수인 '인용 점유율'을 산출했는가?

7. ☐ 부서별로 다르게 쓰이는 제품 설명서와 영업 자료를 하나의 표준 문서로 완벽히 통합했는가?

8. ☐ 인공지능 비서가 우리 회사와 관련하여 자주 틀리게 대답하는 오답 리스트를 파악하고 작성했는가?

9. ☐ 고객이 자주 묻는 질문을 인공지능이 가장 선호하는 명확한 문답형 구조로 웹사이트에 전면 재배치했는가?

10. ☐ 클릭 없이 이탈하는 제로 클릭 사용자를 위해, 첫 화면 상단에 핵심 정보 1줄 요약을 고정했는가?

당장 내일 아침, 출근하자마자 확인해야 할 10가지 행동 미션이다. 체크된 개수를 세어 조직의 상태를 진단해 보자.

진단 및 피드백

"지금 허공에 피 같은 예산을 불태우고 계십니까? 장부상 페이지뷰요? 아무 짝에도 쓸모없는 허수입니다. 무의미한 간판 단장에 돈 쓰지 마시고, 당장 흩어진 데이터 배관부터 뜯어고치십시오. 낡은 숫자에 취해 있으면 회사 망합니다."

0~4개

"오, 드디어 감 잡으셨네요! 요즘 누가 귀찮게 파란 링크 일일이 눌러봐요? AI가 딱 요약해 준 상단 3줄만 보고 결제하죠. 우리가 그 VIP석을 끊은 거예요. 이대로 기계 입맛에 맞게 팩트만 팍팍 떠먹여 주자고요!"

5~10개

2장

답이 만들어지다:
검색 증강 생성(RAG)과 대규모 언어 모델(LLM)이 바꾸는 정보 권력

최강혁 이사의 미간이 일그러졌다. 신규 사업 타당성 검토를 위한 임원 회의장. 뜨겁게 달아올랐던 공기가 순식간에 얼어붙었다. 서늘한 정적이 무겁게 회의실을 짓눌렀다.

불과 일주일 전이었다. 최 이사는 대형 스크린에 띄워진 인공지능의 시장 분석 보고서를 보며 확신에 찬 미소를 지었다. 요약본은 흠잡을 데 없이 완벽했다. 논리의 흐름은 정연했고, 근거 수치는 명확하게 떨어졌다. 냉철한 전략가로 소문난 그조차 인공지능의 단호하고 깔끔한 브리핑에 매료되었다. 추가적인 원본 데이터 검증을 과감히 생략했다. 수십억 원이 투입되는 초기 투자 방향이 그 자리에서 전격 승인되었다.

치명적인 패착이었다. 예산을 배정하던 재무팀 박상훈 부장이 제동을 걸었다.

"이사님, 이런 엉터리 점유율 수치로는 단 1원도 예산을 집행해 드릴 수 없습니다."

"숫자가 틀렸다는 겁니까, 박 부장?"

"숫자 자체는 맞습니다. 하지만 기준 시점이 완전히 틀렸습니다. 코로나 사태 이전인 무려 2년 전의 낡은 수치입니다. 심지어 지난달에 부도난 핵심 경쟁사가 버젓이 점유율 1위로 기재되어 있지 않습니까. 이런 썩은 데이터에 수십억을 태울 순 없습니다."

최강혁 이사의 등줄기에 서늘한 식은땀이 흘렀다. 화려한 요약 기술에 눈이 멀어 가장 중요한 데이터의 출처와 최신성을 간과했다. 완전히 잘못된 나침반을 들고 배를 띄운 셈이다. 투자 방향을 전면 수정하며 막대한 시간과 매몰 비용을 허공에 날려야만 했다. 완벽한 정답을 내놓는 줄 알았던 비서가 순식간에 기업을 사지로 모는 독약으로 돌변했다.

비슷한 시각, 회의실 건너편 기획팀의 풍경은 전혀 달랐다. 꼼꼼한 중재자 김수아 과장은 팀원들과 함께 다음 분기 전략 보고서를 작성 중이었다. 트렌드에 민감한 신예은 사원이 들뜬 목소리로 모니터를 돌려 보였다.

"과장님! 인공지능한테 분석 돌렸더니 10초 만에 기가 막힌 초안이 나왔거든요? 귀찮게 일일이 자료 찾을 필요 없이 이대로 복사해서 보고서에 싹 넣을까요?"

신 사원의 손가락이 복사 버튼을 누르려는 찰나, 김수아 과장이 단호하게 제지했다.

"신 사원, 그대로 복사하지 마세요. 그렇게 완벽해 보이는 문장일수록 뒤에 숨은 출처부터 깐깐하게 역추적해야 합니다."

김 과장의 시선은 화려한 요약본의 껍데기가 아니었다. 답변 문장 끝에 작게 달린 인용구 숫자를 향해 있었다.

"여기 인용된 3분기 공시 자료가 진짜 우리 회사의 최신 공식 자료가 맞는지, 원본 링크에 직접 들어가서 토씨 하나까지 팩트 체크부터 다시 하세요."

그녀는 인공지능을 맹신하지 않았다. 인공지능은 지식을 창조하는 마법사가 아니다. 인터넷이라는 거대한 냉장고를 뒤져 식재료를 조합하는 요리사일 뿐이다. 재료가 썩어 있다면 아무리 플레이팅이 화려해도 먹을 수 없는 요리가 나온다.

김 과장은 한 걸음 더 나아갔다. 인공지능 요리사가 우리 회사의 정보를 정확하게 가져다 쓸 수 있도록 사전 작업에 공을 들였다. 기계가 쉽게 읽고 가져갈 수 있도록 웹사이트에 핵심 실적을 표와 단문 형태의 구조화된 데이터[11]로 말끔하게 정리해 두었다.

결과는 대성공이었다. 며칠 뒤 열린 최종 임원 보고 자리. 최강혁 이사는 과거의 뼈저린 실패를 떠올리며 김수아 과장의 기획서를 날

---

11 구조화된 데이터(Structured Data): 인공지능 비서가 정보를 한눈에 찾기 쉽도록 표나 일정한 규칙에 맞춰 깔끔하게 정리해 둔 데이터.

카롭게 파고들었다. 하지만 김 과장은 여유롭게 미소를 지으며 최신 구조화된 데이터에서 도출된 원본 인용 링크를 제시했다.

"훌륭하군요. 근거가 확실하고 수치 논리에 단 한 치의 빈틈도 없습니다. 이대로 진행하세요."

경영진의 극찬이 쏟아졌다. 인공지능의 요약 결과를 의심하고, 그 근원이 되는 원본 데이터를 철저히 통제한 김 과장의 집요함이 팀의 위상을 완전히 바꿔놓았다.

두 사례가 던지는 뼈저린 교훈은 명확하다. 인공지능이 내놓는 답변의 화려한 포장지에 속아서는 안 된다. 그 완벽해 보이는 요약본 뒤에는 반드시 누군가 만들어 놓은 '재료'가 숨어 있다. 최강혁 이사처럼 낡고 썩은 재료를 맹신하는 조직은 낭떠러지로 추락한다. 반대로 김수아 과장처럼 싱싱하고 정확한 재료를 선별하여 인공지능의 입에 직접 떠먹여 주는 조직은 시장의 룰을 지배한다. 질문만 넌지고 답을 기다리는 수동적인 태도는 당장 버려야 한다. 답변 뒤에 숨은 재료의 진실을 파악하고 통제하는 자만이 새로운 정보 권력을 거머쥘 수 있다.

답변이 만들어지는 흐름 찾기: 검색 증강 생성(RAG)의 작동 원리

지난 1장에서 우리는 파란색 링크를 누르던 탐색의 시대가 끝나고, 인공지능 비서가 요약해 준 브리핑을 소비하는 제로 클릭 시대로 넘어왔음을 확인했다. 그렇다면 이 똑똑한 비서는 대체 어떤 원리로 수많은 정보 중 특정 데이터만 골라내어 완벽한 정답을 만들어 내는 것일까? 인공지능이 실시간으로 흩어진 정보를 찾아 조합하는 기술, 즉 '검색 증강 생성(RAG)'의 톱니바퀴 속으로 들어가 보자.

마케팅팀 김태식 부장은 여전히 이 변화가 낯설다. 왜 공들여 만든 웹사이트가 인공지능의 정답에 무시당하는지 이해하지 못한다. 기술 실무에 밝은 홍진표 대리가 화이트보드에 그림을 그리며 설명했다.

"김 부장님, 이제 저 똑똑한 인공지능 비서의 뇌 구조를 기술적으로 뜯어볼 차례입니다. 옛날 AI는 자기 기억력에만 의존해서 그럴듯한 거짓말을 지어냈죠. 하지만 지금 시장을 장악한 '검색 증강 생성(RAG)' 기술은 다릅니다. 쉽게 비유하자면 '시험장에 최신 백과사전을 들고 들어가는 것'과 같습니다. 질문을 받는 즉시 인터넷을 뒤져서 팩트가 담긴 문서 조각만 책상 위에 쫙 펴놓고, 모순되는 헛소리는 쳐내면서 단 하나의 완벽한 답안지를 조립해 내는 원리입니다."

홍 대리의 설명처럼 이 과정은 철저하게 통제된 3단계 메커니즘으로 작동한다. 첫째, '탐색과 수집'이다. 사용자가 질문을 던지는 순간, 인공지능은 질문의 의도를 파악하고 방대한 인터넷 데이터베이스에서 관련성 높은 문서 조각들을 순식간에 검색하여 가져온다. 둘째, '조합과 요리'다. 수집된 여러 문서 조각들을 도마 위에 올려놓는다. 서로 모순되는 정보는 가차 없이 잘라내고, 질문의 핵심에 부합하는 알맹이만 뽑아내어 문맥에 맞게 버무린다. 셋째, '출력과 제공'이다. 완벽하게 조리된 하나의 요리를 사용자가 읽기 편한 자연스러운 문장으로 내어놓는다. 동시에 자신이 참고한 문서의 출처를 문장 끝에 꼬리표처럼 달아준다.

이러한 기술의 진화는 정보의 주도권을 근본적으로 이동시켰다. 과거에는 정보를 '찾는 자'인 사용자에게 권력이 있었다. 수많은 링크 중 어떤 것을 클릭할지, 어떤 브랜드를 무시할지 사용자가 직접 결정했기 때문이다. 그러나 이제 권력은 '답하는 엔진'으로 완전히 넘어갔다. 사용자는 더 이상 탐색의 수고를 감수하지 않는다. 요리사가 수합하고 요약해 준 단 하나의 브리핑을 무비판적으로 수용한다. 파란색 링크를 누르게 만들던 낡은 싸움은 끝났다. 이제는 콧대 높은 요리사의 도마 위에 우리의 데이터를 훌륭한 식재료로 올려놓는 자만이 새로운 시장을 지배한다.

재료가 되는 조건: AI 비서가 선호하는 4가지 맛

인터넷이라는 거대한 창고에는 수억 개의 데이터가 먼지처럼 널려 있다. 그렇다면 인공지능 비서는 도대체 어떤 기준으로 특정 콘텐츠만을 콕 집어 자신의 답변 재료로 사용하는 것일까? 마케팅팀이 밤을 새워 만든 화려한 웹사이트는 왜 매번 선택받지 못하고 버려지는가. 홍진표 대리는 이 냉혹한 선택의 기준을 '인공지능이 환장하는 4가지 맛'이라고 정의했다. 기계의 입맛을 정확히 맞추지 못하는 콘텐츠는 아무리 인간의 눈에 아름답고 훌륭해도 절대 도마 위에 오를 자격을 얻지 못한다.

첫 번째 맛은 '구조화'다. 인공지능은 복잡하게 꼬인 은유적 표현이나 화려한 이미지를 읽어내지 못한다. 김태식 부장이 거액을 들여 만든 통이미지 형태의 제품 상세 페이지나 플래시 애니메이션은 인공지능에게 아무런 맛이 나지 않는 딱딱한 돌덩이에 불과하다. 기계는 명확한 표, 글머리 기호, 그리고 짧고 간결한 단문으로 깔끔하게 정리된 데이터만을 지독하게 편식한다. 누가, 언제, 무엇을, 어떻게 했는지가 명확한 텍스트로 태그가 붙어 있는 구조화된 데이터만이 요리사의 선택을 받는다. 화려한 포장지를 뜯어내고 내용물을 기계가 삼키기 좋게 잘게 썰어주어야 한다.

두 번째 맛은 '최신성'이다. 인공지능 비서는 자신이 거짓말쟁이로 몰리는 것을 극도로 두려워한다. 따라서 동일한 정보가 존재한다면 어제 쓰인 블로그 글보다 오늘 아침에 업데이트된 공식 홈페이지의 공시 자료를 압도적으로 신뢰한다. 앞서 최강혁 이사가 겪었던 참사 역시 최신성이 결여된 낡은 데이터를 인공지능이 잘못 요리했기 때문에 벌어진 비극이다. 문서의 발행일과 최종 수정일이 명확하게 기재되어 있고, 시장의 최신 트렌드와 숫자를 즉각적으로 반영하는 살아 숨 쉬는 사이트의 정보가 최우선으로 추출된다. 정보의 신선도는 곧 신뢰의 척도다.

세 번째 맛은 '정합성'[12]이다. 이는 조직이 뱉어내는 정보의 앞뒤 논리가 완벽하게 들어맞는 상태를 뜻한다. 만약 우리 회사 웹사이트의 메인 홍보 화면에는 제품 가격이 10만 원이라고 적혀 있는데, 세부 스펙 페이지나 고객 센터의 자주 묻는 질문에는 12만 원이라고 다르게 적혀 있다면 어떻게 될까. 인공지능은 즉시 이 브랜드의 모든 데이터를 쓰레기통에 던져버린다. 내부에서 충돌하는 모순된 정보는 기계에게 치명적인 독이다. 마케팅팀, 영업팀, 기술팀이 각기 다른 숫자를 말하는 기업은 인공지능의 신뢰를 영원히 잃는다. 오직 일관된 하나의 목소리를 내는 출처만이 정답의 권위를 얻는다.

네 번째 맛은 '접근성'이다. 아무리 값비싼 금괴라도 굳게 닫힌 금고 안에 있다면 길거리에 떨어진 100원짜리 동전보다 쓸모가 없다. 보안이라는 명목 아래 무조건 로그인을 요구하거나, 검색 엔진 로봇이 문서를 긁어가지 못하도록 복잡한 차단 코드를 걸어둔 웹사이트는 인공지능의 탐색망에 절대 걸려들지 않는다. 정보를 투명하게 개방하고, 로봇이 우리 집 앞마당에 쉽게 들어와서 데이터를 읽어갈 수 있도록 넓은 길을 닦아둔 곳만이 인공지능 비서의 거대한 정보 공급처가 된다.

신예은 사원이 고개를 끄덕이며 덧붙인다.

"선배님 말씀이 딱 맞아요. 솔직히 저도 뭐 찾을 때 줄글로 주저리

---

12 정합성(Consistency): 여러 곳에 흩어진 정보들이 서로 충돌하지 않고 앞뒤 논리가 일관되게 딱 들어맞는 상태.

주저리 늘어놓은 곳보다 표로 딱 떨어지게 정리된 사이트가 훨씬 보기 편하거든요. 기계도 똑같은 거죠. 걔네가 제일 소화하기 쉬운 표 형태로 진짜 팩트만 떠먹여 줘야 살아남겠네요."

과거에는 막대한 자본으로 검색 결과 상단을 돈으로 사는 것이 가능했다. 하지만 이제 권력의 기준이 바뀌었다. 화려함 대신 구조화를, 낡은 정보 대신 최신성을, 부서 간의 파편화 대신 정합성을, 폐쇄성 대신 접근성을 갖추어야 한다. 이 4가지 맛을 완벽하게 구현하여 인공지능이라는 요리사의 레시피를 장악하는 것. 그것이 제로 클릭 시대에 완전히 새로운 정보 권력을 움켜쥐는 강력한 공식이다.

디지털 고립의 메커니즘: 창고에 있어도 쓰이지 않는 이유

김태식 부장은 억울함을 감추지 못했다. 지난 분기, 마케팅팀은 막대한 예산을 들여 브랜드 웹사이트를 전면 개편했다. 업계 최고 수준의 디자이너를 섭외했다. 방문자의 시선을 단번에 사로잡는 화려한 영상과 감성적인 카피를 메인 화면에 가득 채웠다. 고객이 우리 브랜드의 제품 철학과 스펙을 깊이 이해할 수 있도록, 수십 페이지에 달하는 고화질 전자 문서 카탈로그도 공들여 제작해 배포했다. 시각적으로 흠잡을 데 없는 완벽한 결과물이었다.

하지만 성과 지표는 참혹했다. 웹사이트로 들어오는 유입량은 바닥을 쳤다. 무엇보다 심각한 문제는 새롭게 떠오른 인공지능 답변 엔진에 우리 브랜드의 이름이 단 한 줄도 등장하지 않는다는 사실이었다. 완벽한 창고를 지어놓고 최고급 물건을 가득 채웠다. 하지만 정작 시장의 새로운 지배자인 똑똑한 비서는 그 창고의 존재조차 모른다. 이른바 '디지털 고립' 상태에 빠진 것이다.

회의실 대형 스크린에 띄워진 초라한 유입 지표를 보며 박상훈 부장이 뼈아픈 숫자를 들이밀었다.

"김 부장님, 이 화려한 통이미지와 전자 문서 껍데기 만드는 데만 수천만 원이 깨졌습니다. 그런데 정작 인공지능은 이 예쁜 이미지 속 글자를 단 한 줄도 읽지 못하는 것 같아요. 오히려 투박한 텍스트표로 올려둔 경쟁사 제품만 1순위로 추천하고 있어요. 우린 지금 비싼 돈 들여서 스스로를 디지털 무인도에 가둔 셈입니다. 예산 투입 방향이 완전히 틀렸어요."

이 비극의 핵심은 '사람의 눈'과 '기계의 눈'이 근본적으로 다르다는 사실을 철저히 외면한 데 있다. 훌륭한 인사이트를 담은 기획서와 감성적으로 디자인된 웹사이트는 오직 파란색 링크를 직접 클릭해서 들어온 '인간'에게만 유효하다. 대규모 언어 모델(LLM)[13]을 기반으로 작동하는 인공지능 비서는 인간의 감성을 느끼지 못한다. 김 부장이 정성껏 올린 고화질 통이미지 상세 설명은 기계에게 그저 아무런 정보 값도 없는 까만 화면일 뿐이다. 아무리 맛있는 요리 재료라도 기계가 인식할 수 있는 데이터 형태가 아니면 아무런 쓸모가

---

13 대규모 언어 모델(LLM, Large Language Model): 인간의 언어를 이해하고 자연스러운 문장을 만들 수 있도록 엄청난 양의 데이터를 학습한 인공지능의 거대한 두뇌.

없다.

홍진표 대리가 화이트보드 앞으로 다가갔다. 검색 증강 생성(RAG) 기술이 외부 데이터를 어떻게 소화하는지 직관적으로 설명하기 시작했다.

"부장님, 기계의 눈은 사람과 다릅니다. 인공지능이 문서를 지식으로 쓰려면 철저한 소화 과정이 필요하거든요. 기계는 예쁜 문서를 통째로 감상하지 않습니다. 먼저 거대한 문서를 논리적 단위로 잘게 쪼갠 다음, 그 조각들을 자기만 아는 '숫자의 배열'로 변환해서 데이터베이스에 저장해 둡니다. 누군가 질문을 던지면, 겉보기가 화려한 문서가 아니라 수학적으로 의미가 가장 유사한 이 숫자 조각들을 0.1초 만에 끄집어내서 요리 재료로 쓰는 겁니다."

홍 대리의 설명은 명확하고 날카로웠다. 미적 디자인과 보안을 이유로 텍스트를 통이미지로 변환하거나, 복잡한 코드로 꽁꽁 묶어버린 웹사이트는 이 수학적 변환 과정 자체를 원천적으로 차단한다. 로봇이 문서를 긁어가지 못하게 창고 문에 수십 개의 자물쇠를 채워 놓고 손님이 오기를 기다리는 낡은 방식이다. 아무리 혁신적인 제품 정보가 담겨 있어도, 기계가 읽어낼 수 있도록 분해되지 않은 데이터는 디지털 생태계에 존재하지 않는 것과 같다. 기계의 눈을 가린 대가는 무서운 고립으로 돌아온다. 창고의 문을 활짝 열어젖히고, 콧대 높은 비서가 가장 좋아하는 형태로 문서를 잘게 썰어 진열대에 올려놓는 전면적인 구조화 작업이 당장 시급하다.

전환 전략: 인공지능 답변의 '정답'이자 '인용구'가 되는 법

앞선 1장에서 우리는 트래픽 시대를 대체할 새로운 생존 전략으로 '생성형 엔진 최적화(GEO)'의 개념을 확인했다. 방향을 알았다면 이제 남은 것은 철저한 실행이다. 디지털 고립에서 벗어나 우리 데이터를 인공지능 비서의 '정답'이자 '인용구'로 강력하게 밀어 넣기 위해서는 기계의 입맛에 맞는 철저한 데이터 배관 공사가 필요하다.

홍진표 대리는 막연한 기술 용어를 걷어내고, 당장 내일 아침부터 우리 회사의 데이터를 생성형 엔진 최적화(GEO) 상태로 탈바꿈시킬 세 가지 실전 데이터 구조화 원칙을 제시했다.

첫째, 모든 핵심 정보는 철저한 '문답형' 구조로 바꾼다. 인공지능은 기본적으로 사용자의 질문을 받고 그에 대한 답을 생성하는 기계다. 따라서 애초에 질문과 답변 형태로 짝지어 구조화된 문서를 가장 신호한다. 과거처럼 길고 지루하게 늘어놓은 제품 서술형 설명서는 버려야 한다. "이 제품의 배터리 수명은 얼마인가요?", "환불 규정과 절차는 무엇인가요?", "타사 제품과 비교했을 때 강점은 무엇인가요?"처럼 실제 사용자가 검색창에 던질 법한 구체적인 질문을 헤드라인으로 뽑아야 한다. 그 아래에 군더더기 없이 간결하게 답을 적어두면, 인공지능은 유사한 질문을 접했을 때 주저 없이 우리 데이터를 가장 먼저 집어 든다. 기계가 탐색하기 가장 좋은 지름길을 깔아주는 작업이다.

둘째, 중요한 수치와 팩트는 문서 최상단에 글머리 기호로 요약한다. 방대한 문서를 뒤져야 하는 인공지능 비서는 시간이 없다. 긴 서론과 감성적인 인삿말을 읽기 전에 문서 최상단의 요약본을 먼저 훑어보고 이 문서의 가치를 일차적으로 판단한다. 보도자료, 기획서, 제품 매뉴얼을 외부에 배포할 때는 반드시 상단에 3줄에서 5줄짜리 핵심 요약문을 전진 배치해야 한다.

"과장님 말씀이 진짜 맞아요. 저도 일할 때 긴 글은 다 안 읽고 맨 위 3줄 요약부터 찾거든요? 솔직히 바빠 죽겠는데 언제 다 읽어요. 기계나 요즘 사람이나 성격 급하고 결론만 원하는 건 똑같은 것 같아요. 구구절절한 서론은 버리고, 무조건 두괄식으로 핵심 팩트만 딱 떨어지게 줘야 해요."

신예은 사원의 솔직한 공감에 무거웠던 회의실에 가벼운 웃음이 번졌다. 인공지능을 공략하는 법은 결국 바쁜 현대인을 공략하는 법과 정확히 맞닿아 있다.

셋째, 데이터의 메타 정보와 출처를 극도로 투명하게 밝힌다. 최근의 인공지능 모델들은 자신이 알지 못하는 사실을 그럴듯하게 지어내는 환각 현상을 극도로 경계하도록 설계되어 있다. 거짓말을 방지하기 위해 출처가 불분명하거나 시점이 모호한 정보는 답변 재료에서 가차 없이 배제한다. 따라서 우리가 생산하는 모든 문서의 끝에는 명확한 최초 작성 일자, 최신 업데이트 일자, 책임 기관과 원출처 링크를 명시해야 한다. 마케팅 카피를 쓸 때 흔히 쓰던 "최근 조사에 따르면" 혹은 "업계 최고 수준의" 같은 모호하고 주관적인 표현은 기계에게 버림받는 지름길이다. "2026년 3월 자사 연구소 자체 조사 기준"처럼 기계가 즉시 사실관계를 교차 검증할 수 있는 명확한 좌표를 찍어주어야 한다. 이 세 가지 원칙이 적용된 투명한 데이터만이 인공지능 비서의 눈에 가장 빛나는 황금으로 보이며, 완벽한 인용구로 채택될 수 있다.

대규모 언어 모델(LLM)이 바꾸는 새로운 정보 권력 지형도

최강혁 이사가 자리에서 일어났다. 실무적인 전술을 넘어, 회사의 미래를 좌우할 거시적인 전략의 방향을 선언할 차례다. 그는 화이트보드에 적힌 낡은 지표들을 지워버리고 명확한 선을 그었다.

"다들 명심하십시오. 과거의 권력은 거대 포털 플랫폼에 있었습니다. 우리는 검색창이라는 매대를 빌리기 위해 매달 막대한 광고비를 상납하며 트래픽을 돈으로 샀죠. 하지만 대규모 언어 모델이 검색창을 삼켜버린 지금, 권력은 트래픽 분배자가 아니라 '독점적인 원본 데이터'를 가진 자에게 완전히 넘어왔습니다."

최 이사의 통찰은 인공지능의 본질을 정확히 꿰뚫고 있었다. 아무리 뛰어난 대규모 언어 모델(LLM)이라도 스스로 무에서 유를 창조하는 지식을 만들어내지는 못한다. 세상 어딘가에 이미 존재하는 데이터를 무서운 속도로 빨아들여 맥락에 맞게 그럴듯하게 재조립하는 거대한 수학적 연산 기계일 뿐이다. 이는 곧 인공지능 엔진이 똑똑한 답변을 유지하고 시장에서 생존하기 위해서는, 누군가 계속해서 공급해 주는 양질의 원시 데이터가 절대적으로 필요하다는 뜻이다. 비서의 지능은 전적으로 비서가 읽어들이는 책의 품질에 달려 있다.

남의 글을 적당히 베껴 쓴 뻔한 블로그 글, 누구나 다 아는 상식적인 수준의 위키백과 정보, 기계가 대량으로 찍어낸 영혼 없는 마케팅 문구는 더 이상 힘을 쓰지 못한다. 인공지능은 이런 중복된 쓰레기 데이터를 걸러내는 데 혈안이 되어 있다. 반면, 인공지능이 다른 곳에서는 절대 구할 수 없는 우리 회사만의 고유한 실험 결과, 현장의 생생한 고객 통계 데이터, 독창적인 시각을 가진 내부 전문가의 칼럼이 가장 비싼 값어치를 지니게 된다. 검색 증강 생성(RAG) 기술은 필연적으로 가장 정확하고, 가장 최신이며, 가장 풍부한 원본 지식을 가진 데이터베이스를 향해 촉수를 뻗을 수밖에 없는 구조적 숙명을 지니고 있다.

"우리는 이제 포털 사이트 밑에서 눈치 보며 트래픽이나 줍던 하청업체가 아닙니다. 전 세계의 모든 인공지능 엔진들이 앞다투어 모셔가는 '독점적 지식의 생산자'가 되어야 합니다."

최 이사의 목소리에 묵직한 힘이 실렸다.

"타사가 감히 흉내 낼 수 없는 우리만의 원본 데이터를 쥐고 기계 입맛에 맞게 다듬어 두십시오. 그러면 세상에 어떤 인공지능이 나오든 결국 정답을 만들기 위해 우리 창고 문을 두드릴 수밖에 없습니다. 돈 써서 큰 소리 치는 시대는 끝났습니다. AI가 절대 무시할 수 없는 가장 뾰족한 '정답의 원천'이 되는 것. 이것이 우리 조직이 거머쥐어야 할 진짜 무기입니다."

지식 자산 관리자로 거듭나는 실무자 로드맵

이 거대한 구조적 변화와 권력의 이동 앞에서, 조직을 구성하는 실무자의 역할과 존재 이유 역시 전면적으로 재정의되어야 한다. 과거처럼 인터넷 여기저기 흩어진 자료를 단순 검색하고 적당히 짜깁기하여 상사에게 보고서를 올리던 단순 '정보 취합자'의 시대는 끝났다. [14]방대한 자료의 취합, 요약, 번역은 기계가 사람보다 수백 배 빠르고 정확하게, 심지어 지치지 않고 해낸다. 인간이 기계의 속도와 싸우는 것은 어리석은 짓이다. 이제 실무자는 인공지능이 학습하기 가장 좋은 환경을 지휘하고 설계하며, 회사의 데이터를 보이지 않는 무형의 자본으로 통제하는 '지식 자산 관리자'로 완벽하게 진화해야 한다.

김수아 과장이 전사적인 데이터 통합 로드맵을 스크린에 띄웠다. 그녀가 짚어낸 가장 시급한 과제는 조직 내부에 뿌리내린 이기주의의 타파였다.

"가장 먼저 하셔야 할 일은 부서별로 꽁꽁 감춰두고 각자 쓰던 데이터를 하나의 투명한 테이블 위로 전부 꺼내는 겁니다. 영업팀 현장 단가표, 마케팅팀 웹사이트 홍보 문구, 연구소의 기술 스펙 숫자가

14 　How AI Overviews in Search work (Google | 2024-07)

조금이라도 다르면 어떻게 될까요? 까다로운 인공지능 요리사는 우리 데이터를 앞뒤가 안 맞는 불량 재료로 취급해서 즉시 쓰레기통에 처박아 버립니다. 당장 부서 간 숫자부터 하나로 통일해 주십시오.”

김 과장이 거듭 강조한 것은 정보의 정합성이다. 조직 내부에서 충돌하는 정보는 기계에게 치명적인 독약이다. 이를 해결하기 위해 전사의 모든 부서가 공유하고 합의하는 '단일 데이터 창고'를 구축해야 한다. 마케팅의 감성적인 과장된 언어를 영업의 객관적 숫자와 일치시키고, 연구소의 어려운 기술 용어를 인공지능과 일반 대중이 모두 쉽게 이해할 수 있는 사내 표준 언어로 번역하는 작업이 선행되어야 한다. 데이터의 모순을 제거하는 이 지루하고 치열한 조율 과정이야말로 기계가 결코 대체할 수 없는 인간 실무자만의 고유한 영역이다.

김태식 부장은 붉은색 마이너스 지표가 찍힌 대시보드를 끄며 비로소 자신이 나아가야 할 새로운 길을 깨달았다. 트래픽의 감소를 두려워하며 무의미한 광고비 집행에 매달리던 낡은 관리자의 옷을 벗어던져야 한다. 실무자는 이제 기획서를 작성하는 첫 단계부터 동료 인간이 아닌 '기계의 눈'을 의식해야 한다. 한 문장을 쓸 때마다 '이 문장이 인공지능의 요약본에 그대로 인용될 수 있을 만큼 객관적이고 구조화되어 있는가?'를 끊임없이 자문해야 한다.

단순하고 반복적인 업무는 과감히 인공지능 비서에게 넘겨라. 대신 실무자는 세상에 없는 우리 회사만의 독점적인 데이터를 발굴하고, 그 기계가 소비할 최고급 식량을 정제하여 기계의 동선에 전략적으로 배치하는 고도의 지식 설계자가 되어야 한다. 부서 간의 단단한 칸막이를 부수고 데이터를 하나의 정답으로 엮어내는 치열한 로드맵. 이 길을 따라 낡은 업무 습관을 벗어던진 실무자만이, 파란색 링크가 완전히 사라진 제로 클릭 시대의 척박한 전장에서도 대체 불가능한 조직의 핵심 인재로 우뚝 서게 될 것이다.

인공지능이라는 깐깐한 요리사가 정보를 수집하고 버무리는 레시피를 완벽히 파악했다. 비서의 입맛을 맞추기 위해 흩어진 데이터를 어떻게 구조화하고 정제해야 하는지 그 구체적인 실무 로드맵도 명확해졌다. 그렇다면 한 가지 본질적인 의문이 남는다.

파란색 링크를 눌러 우리 사이트로 들어오는 사람이 사라진 시대에, 인공지능의 요약 브리핑 안에 우리의 이름이 '정답의 근거'로 몇 번 인용되는 것이 도대체 우리 기업에 어떤 실질적인 금전적 가치를 가져다준다는 말인가?

제3장에서는 클릭과 트래픽이라는 낡은 화폐가 무너진 자리에 새롭게 등장한 '신뢰'라는 무형 자산에 주목한다. 보이지 않는 신뢰가 어떻게 소비자의 지갑을 열고 실제 매출과 성과를 견인하는 강력한 지표로 둔갑하는지, 예산을 틀어쥔 재무 담당자의 차갑고 날카로운 관점에서 펼쳐지는 치열한 가치 증명 과정이 시작된다.

우리 회사 콘텐츠 재료 점검표: AI 비서의 눈으로 바라보기

1. ☑ 웹사이트 내 핵심 정보를 이미지 대신 복사 가능한 텍스트로 변환했는가?

2. ☐ 고객이 자주 묻는 질문을 문답형 구조로 묶어 명확히 정리했는가?

3. ☐ 보도자료 하단에 인공지능이 인용하기 쉬운 글머리 기호 요약문을 포함했는가?

4. ☐ 모든 숫자 데이터 옆에 조사 시점과 구체적인 원본 출처를 기재했는가?

5. ☐ 부서 간 문서(마케팅 홍보물, 영업 제안서 등)의 핵심 수치를 100% 일치시켰는가?

6. ☐ 우리 회사의 핵심 지표 데이터가 검색 엔진에 누락 없이 색인되어 있는지 확인했는가?

7. ☐ 전문적인 업계 용어를 누구나 이해할 수 있는 쉬운 사내 표준어로 통일했는가?

8. ☐ 여러 페이지에 걸친 긴 설명 글을 직관적인 표나 데이터 시트로 바꿨는가?

9. ☐ 데이터가 썩지 않도록 문서별로 최신 업데이트 일자와 책임자를 명시했는가?

10. ☐ 보안을 핑계로 정보 수집 로봇의 접근을 막는 불필요한 차단 코드를 해제했는가?

우리 회사의 데이터가 인공지능 비서의 도마 위에 오를 준비가 되었는지 진단할 10가지 행동 미션이다. 체크된 개수를 세어 조직의 상태를 진단해 보자.

진단 및 피드백

"밑 빠진 독에 예산을 붓는 꼴입니다. 기계가 못 읽는 화려한 이미지 데이터는 제 장부에서 자산 가치 '0원'입니다. 겉지레식 마케팅 지출 당장 동결하시고, 텍스트로 뜯어고치는 기초 공사부터 다시 하세요."

0~4개

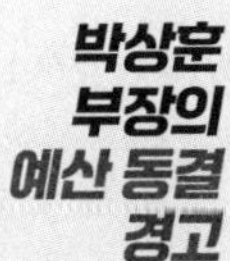

"기본적인 밥상은 훌륭하게 차려졌습니다! AI가 우리 데이터를 긁어갈 준비가 끝났네요. 이제 기계가 오독하지 않게 표 데이터에 명확한 '디지털 꼬리표(스키마)'만 입혀주면, 답변의 1순위 출처는 무조건 우리 몫입니다."

5~10개

3장

새로운 화폐가 바뀌다:
트래픽이 아니라 신뢰가 남는다

"김태식 부장님, 인공지능 비서의 정답으로 인용되어야 시장을 지배한다고요? 네, 기술적 원리는 잘 알겠습니다. 그럼 재무팀 입장에서 가장 뼈아픈 질문 하나만 드리죠. 결국 그 눈에 보이지도 않는 뜬구름 같은 '인용'이라는 게, 우리 회사 장부에 진짜 '돈'으로 꽂히는 게 맞습니까?"

재무팀 박상훈 부장의 목소리는 서늘하고 단호했다. 회의실 대형 스크린에는 붉은색 하향 곡선을 그리는 웹사이트 유입률 그래프가 선명하게 띄워져 있었다. 전년 대비 무려 40%나 급감한, 회사 창립 이래 최악의 수치였다.

"파리 날리는 텅 빈 매대에, 마케팅팀 검색 광고비랑 외주 제작비는 왜 1원도 안 줄고 매달 수천만 원씩 빠져나가는 겁니까? 재무적 관점에서 이건 명백한 예산 낭비입니다. 눈에 보이는 방문자도 없는데, 기계 머릿속에 데이터 밀어 넣는 배관 공사가 대체 무슨 소용이냐는 겁니다. 투자 대비 수익(ROI)[15]이 즉각적인 숫자로 입증되지 않으면, 당장 다음 분기 마케팅 예산부터 전면 삭감하겠습니다."

회사의 현금흐름을 방어해야 하는 깐깐한 살림꾼의 냉철한 최후 통첩이었다. 회의실의 공기가 무겁게 가라앉았다. 모든 임원진의 시선이 마케팅팀을 이끄는 20년 차 베테랑 김태식 부장에게 쏠렸다. 과거의 김 부장이라면 어떻게든 폭락한 트래픽을 방어하기 위해 시장 침체나 포털 사이트의 알고리즘 변경을 핑계 대며 진땀을 뺐을 것이다. 하지만 이번에는 달랐다. 이미 앞선 과정을 통해 검색의 패러다임이 근본적으로 바뀌었음을 뼈저리게 학습한 그는, 당황하는 기색 없이 여유로운 미소를 지으며 자신의 노트북을 스크린으로 전환했다.

"박 부장님, 그 낡은 회계 나침반으로는 지금 우리가 뚫고 있는 이 거대한 디지털 영토의 가치를 절대 잴 수 없습니다. 일단 이 화면부터 한번 보시죠."

화면에는 클릭률이나 페이지뷰 같은 낡고 익숙한 지표 대신, 완전히 낯선 형태의 입체적인 대시보드가 나타났다.

"부장님이 찾으시는 그 '클릭'이라는 가짜 화폐 시대는 이제 완전

---

15 투자 대비 수익(ROI, Return on Investment): 단순한 비용 지출이 아니라, 투자한 자본 대비 얼마나 많은 장기적 이익과 자산 가치를 얻었는지 나타내는 재무적 경제 지표.

히 끝났습니다. 우린 지금 '신뢰'라는 훨씬 더 강력한 진짜 화폐를 벌고 있다고요! 여기 화면을 보십시오. 우리 브랜드가 AI의 1순위 정답으로 인용된 '인용 점유율' 성과표입니다. 사이트 유입은 반토막 났죠. 하지만 AI의 확신 어린 추천을 받고 결제창으로 직행한 진성 고객들의 최종 구매 전환율은 무려 2배 이상 폭발했습니다! 예산을 허공에 태운 게 아닙니다. 우린 밑 빠진 독에 붓던 일회성 광고를 당장 멈추고, 24시간 스스로 수익을 뿜어내는 거대한 '디지털 정유소'를 짓고 있는 겁니다."

오직 차가운 숫자만 믿는 박상훈 부장의 날카로운 눈빛이 미세하게 흔들렸다. 김 부장이 제시한 데이터는 무형의 신뢰가 어떻게 실제 매출의 폭발적 증가로 이어지는지 그 재무적 궤적을 완벽하게 증명하고 있었다. 트래픽이라는 낡고 소모적인 지표가 무너진 자리에, 신뢰라는 단단한 자산이 거대한 수익을 창출하고 있었다. 박 부장은 말없이 삭감하려던 예산안 폴더를 덮었다. 마케팅 활동을 단순한 '비용 지출'에서 기업의 미래를 위한 '자본 투자'로 인식을 완벽하게 전환시킨 통쾌한 반전의 순간이었다.

가치 이동: 트래픽 부채에서 무형 자산의 축적으로

이미 우리는 앞선 장들을 통해 인공지능이 클릭을 집어삼키는 구조적 현상과 그 작동 원리를 확인했다. 그렇다면 이제 기업의 명운을 가를 가장 중요한 재무적 질문을 정면으로 마주해야 한다. 클릭이 사라진 이 거대한 현상이 우리 기업의 장부에는 도대체 어떤 영향을 미치고 있는가?

과거의 디지털 마케팅은 철저히 상가 임대업의 논리를 따랐다. 사람들의 눈에 가장 잘 띄는 검색 결과 최상단이라는 비싼 '가상 부동산'을 빌리기 위해, 기업들은 매달 엄청난 검색 광고비를 포털 사이트에 지불했다. 돈을 내면 트래픽이라는 손님이 들어왔고, 예산이 바닥나 돈을 끊으면 발길이 거짓말처럼 끊겼다. 이것은 명백한 소모성 지출이자, 매일 새로운 현금을 주입해야만 겨우 연명할 수 있는 마약과도 같았다.

하지만 인공지능 비서가 사용자 질문에 대한 답변을 독점하는 생태계에서, 가치의 중심은 완전히 이동했다. 이제 권력은 파란색 링크의 물리적인 위치가 아니라, 인공지능이 뱉어내는 완벽한 정답의 '근거'로 채택되는 보이지 않는 권위에 있다. 인공지능의 요약 브리핑은 사용자에게 단순한 정보 전달을 넘어, 편향 없는 절대적인 전문가의 객관적 조언으로 받아들여진다. 인공지능의 냉철한 검증을 통과해 인용구로 등장했다는 사실 자체가 사용자에게는 더 이상 의심할 필요가 없는 강력한 구매 확신을 심어준다. 클릭 한 번 없이도 우리 브랜드에 대한 막대한 신뢰 자산이 고객의 머릿속에 순식간에 형성되는 것이다.

숫자의 이면을 꿰뚫어 보는 박상훈 부장이 이 변화를 재무적으로 어떻게 해석했는지 주목해야 한다. 그는 인공지능의 까다로운 입맛에 맞게 데이터를 구조화하지 않고 낡은 상태로 방치하는 것을 단순한 마케팅 부서의 게으름이 아닌, 회사 전체의 '데이터 부채'가 기하급수적으로 증가하는 치명적 위기로 규정했다. 기업이 자신의 고유한 지식을 기계가 읽기 좋게 정제하지 않으면, 인공지능은 결국 표와 문답형으로 깔끔하게 잘 정리된 경쟁사의 데이터를 정답으로 학습해 버린다. 한 번 경쟁사 쪽으로 굳어진 인공지능의 거대한 신경망을 나중에 다시 우리 쪽으로 돌려놓으려면, 초기에 구조화 작업을 하는 것보다 수십 배의 막대한 비용과 피나는 노력이 든다. 즉, 현재의 제로 클릭 현상을 외면하고 낡은 웹사이트를 방치하는 것은 미래의 재무제표에 막대한 이자 비용이라는 폭탄을 떠안기는 것과 같다.

반대로 기계가 사랑하는 형태로 데이터를 전면적으로 재조립하는 작업은, 낡은 나침반을 버리고 새로운 '디지털 정유소'를 건설하는 거대한 인프라 투자와 같다. 땅속 깊은 곳에 묻힌 가공되지 않은 원유(부서별로 파편화된 사내 데이터)를 멱살 잡고 캐내어, 인공지능이라는 거대한 엔진이 쌩쌩 돌아갈 수 있도록 최고급 휘발유(기계가 읽기 쉬운 구조화된 정답)로 정제하는 설비 투자다. 유입과 페이지뷰라는 과거의 얄팍한 성적표에 갇힌 기업은 매일 의미 없는 광고비 지출만 반복하다 시장에서 도태된다. 하지만 무형의 신뢰를 가장 확실한 미래 자산으로 인식하고 데이터 배관 공사에 과감히 자본을 투입하는 기업은, 클릭 구걸 없이도 시장의 인식을 지배하는 완전히 새로운 부의 축적 방식을 완성하게 된다.

신뢰 신호의 구성: 기계의 신용 평가 기준 4가지

은행이 고객에게 거액의 대출을 내어줄 때 직업, 소득, 과거 연체 기록 등 신용 점수를 깐깐하게 평가하듯, 똑똑한 인공지능 비서 역시 자신의 답변에 사용할 데이터를 고를 때 고도의 '신뢰 신호'[16]를 입체적으로 평가한다. 기술 실무를 담당하는 홍진표 대리는 이 신호의 본질을 인간을 현혹하는 얄팍한 감성적 카피가 아닌, 철저하고 차가운 기계적 논리로 해석해 낸다. 인공지능은 4가지 핵심 신호가 명확히 발산되는 데이터만을 진실로 판별하며, 이 4가지 신호의 결속력이 곧 기업의 디지털 자산 가치를 결정하는 새로운 척도가 된다.

첫 번째 신호는 '근거'다. 재무적으로 비유하자면 기업이 은행에 맡겨둔 단단한 담보물과 같다. 인공지능은 주장을 뒷받침하는 명확한 통계, 수치, 객관적 실험 데이터를 집요하게 요구한다. "우리 제품의 성능이 업계 최고 수준입니다"라는 주관적인 마케팅 카피는 기계에게 신용 가치 제로의 휴지 조각일 뿐이다. 반면 "자사 부설 연구소의 2026년 3월 마모 내구성 테스트 결과, 타사 동급 모델 대비 150% 우수함"이라는 구체적인 문장은 완벽한 담보가 되어 기계의 우선적인 선택을 받는다. 증명 가능한 독자적 근거를 촘촘히 심어두는 기업만이 비서의 입을 빌릴 자격을 얻는다.

두 번째 신호는 '정합성'이다. 이는 신용 거래에 있어 단 한 번의

연체도 허용하지 않는 무결성과 같다. 만약 공식 웹사이트 메인 화면에 적힌 환불 규정과, 구석에 박힌 고객 센터 게시판의 환불 기한 숫자가 단 하루라도 다르다면 어떻게 될까? 인공지능은 즉시 치명적인 논리 오류를 일으키고 해당 브랜드의 모든 데이터를 회수 불가능한 불량 채권으로 분류해 쓰레기통에 던져버린다. 기획팀 김수아 과장이 부서 간의 단단한 칸막이를 부수고 전사의 데이터를 단 하나의 정답 창고로 일치시키려 사활을 거는 이유가 바로 여기에 있다. 논리의 모순을 완벽히 제거하는 정합성 유지는 브랜드를 방어하는 최후의 보루다.

세 번째 신호는 '최신성'이다. 이는 기업의 건강하게 순환하는 현금 흐름과 같다. 2년 전에 작성된 압도적인 분량의 장황한 시장 점유율 데이터보다, 오늘 아침에 간결하게 갱신된 최신 트렌드 공시 자료가 기계에게는 훨씬 가치 있는 진실이다. 인공지능은 구식 정보를 사용자에게 전달하여 자신이 무능한 거짓말쟁이로 몰리는 것을 극도로 경계한다. 오랜 기간 업데이트되지 않고 방치된 유령 페이지는 기계에게 이 기업이 이미 죽었다는 사망 선고 신호를 보낸다. 문서의 최초 발행일과 최종 수정일이 기계가 읽을 수 있는 코드로 명확히 기재되어 있고, 실시간으로 살아 숨 쉬는 데이터만이 지속적인 신용 등급을 유지할 수 있다.

네 번째 신호는 '투명성'[17]이다. 이는 상장 기업이 외부 회계 감사를 투명하게 공개하는 것과 정확히 같다. 인공지능은 출처가 불분명한 익명의 커뮤니티 게시글보다, 작성 책임자의 실명, 소속 기관, 데이터 수집 배경과 방법론이 낱낱이 공개된 기업의 공식 문서를 압도적으로 선호한다. 전문가의 훌륭한 이력과 연락 가능한 명확한 좌표가 투명하게 공개되어 있을수록 기계는 그 데이터에 기하급수적으로 높은 가중치를 부여한다. 이 네 가지의 강력한 신뢰 신호를 융합하여 기계의 언어로 거침없이 발산하는 조직만이, 파란색 링크가 사라진 새로운 검색 생태계에서 절대적인 신용 등급 일 위를 차지하고 정보 권력을 움켜쥘 수 있다.

인용이 성과가 되는 경로: 응답 → 비교 → 결정 → 전환

드래픽이리는 괴기의 달콤한 한상에서 완전히 벗어났다면, 이제 인공지능이 제공하는 보이지 않는 '신뢰'라는 화폐가 어떻게 실제 장부상의 막대한 수익으로 치환되는지 그 역학 메커니즘을 정밀하게 해부해야 한다. 제로 클릭 시대의 고객 구매 여정은 인공지능의 작은 채팅창 안에서 무서운 속도로 압축된다. 과거처럼 배너를 누르고 수십 개의 사이트를 넘나들며 피곤하게 탐색하던 시대는 끝났다. 이 고도로 압축된 여정은 '응답, 비교, 결정, 전환'이라는 4단계의 치밀

---

17 투명성(Transparency): 정보가 어디서 왔는지 명확하게 밝혀서 기계와 사람이 의심 없이 믿게 만드는 성격.

하고 냉혹한 경로를 거친다. 전략가인 최강혁 이사는 이 경로를 완벽히 장악하는 프레임워크를 조직의 새로운 표준 전술로 선언했다.

첫 번째 단계 '응답'은 사용자의 초기 막연한 질문에 우리 브랜드가 탐색 망에 최초로 걸려드는 진입점이다. "사무실용 원두커피 머신 추천해 줘"라는 포괄적 질문에 인공지능이 일 초 만에 뱉어내는 1차 요약 브리핑에 우리 제품의 이름이 무조건 언급되어야 한다. 이 단계에서는 깊이 있는 스펙 분석보다는 브랜드의 전반적인 인지도와 카테고리 관련성이 핵심이다. 인터넷 생태계 전반에 우리 브랜드와 해당 주제를 강하게 연결 짓는 문답형 문서가 널리 퍼져 있어야 한다. 여기서 배제된 브랜드는 사용자의 머릿속에 아예 존재조차 하지 않는 투명 인간으로 전락한다.

두 번째 단계 '비교'는 인공지능의 진가가 폭발적으로 발휘되는 가장 치열한 피 튀기는 전장이다. 1차 응답을 통해 후보군을 추린 사용자는 "A사와 우리 회사의 연간 유지비와 소음 수준을 표로 비교해 줘"라며 매우 뾰족하고 날카로운 후속 질문을 던진다. 여기서 인공지능은 인간의 감정을 철저히 배제하고 오직 데이터의 팩트에만 입각해 두 브랜드를 무자비하게 해부한다. 승패를 가르는 것은 마케팅팀의 화려한 미사여구가 아니라, 기계가 즉시 가져다 쓸 수 있도록 명확하게 정리된 객관적 수치와 구조화된 스펙 데이터다. 경쟁사보다 투명하고 단단한 근거 자료를 촘촘히 깔아둔 브랜드만이 이 냉혹한 비교의 링에서 살아남는다.

세 번째 단계 '결정'은 인공지능이 냉철한 재판관처럼 최종적인 추천의 도장을 찍는 단계다. 분석을 마친 인공지능은 "가성비와 조용한 사무실 환경을 최우선으로 중시한다면 잔고장이 없는 귀사의 제품을 강력히 권장합니다"라며 사용자의 의사결정을 완벽하게 대행해준다. 사용자는 이 추천을 어떠한 상업적 편향도 없는 객관적인 전문가의 절대적 조언으로 받아들이고 즉각적인 심리적 승복을 경험한다. 이 단계에서 우리 브랜드가 10여 개의 경쟁자를 물리치고 1순위 대안으로 낙점되는 '상단 추천율'을 끌어올리는 것이 핵심 과제다.

네 번째 단계 '전환'[18]은 모든 여정의 최종 목적지이자 실질적인 매출이 통장에 꽂히는 현금화 지점이다. 마음속으로 확고한 결정을 끝낸 사용자는 인공지능 답변 맨 하단에 조용히 깔린 우리 회사의 공식 구매 링크를 누르고 들어와, 단 1초의 망설임도 없이 결제 버튼을 누른다. 이 마지막 클릭은 과거처럼 그저 정보를 찾기 위해 기웃거리던 '불확실한 호기심의 클릭'이 절대 아니다. 이미 지갑을 열 준비를 완벽히 마치고 쳐들어오는 '고순도 확신의 클릭'이다. 전체적인 유입 총량은 과거보다 크게 줄었을지 몰라도, 이 4단계를 뚫고 들어온 소수의 고객은 경이로울 정도로 압도적인 전환율을 보여준다. 신뢰가 맹목적인 확신을 주며 폭발적인 매출 전환으로 직행하는 완벽한 4단계 톱니바퀴다.

---

18 전환(Conversion): 웹사이트를 구경하던 사람이 물건을 사거나 회원 가입을 하는 등의 실제 행동을 하는 결과.

전환 전략: 보이지 않는 신뢰를 숫자로 바꾸는 방법

고객이 움직이는 경로를 완벽히 장악했다면 다음 과제는 냉혹한 '측정'이다. 측정할 수 없는 것은 관리할 수 없고, 관리할 수 없는 것은 재무팀의 투자를 절대 이끌어 낼 수 없다. 뜬구름 잡는 추상적인 '무형의 신뢰'를 명확한 '유형의 수익 지표'로 환산하는 대대적인 성과 번역 작업이 필수적이다. 박상훈 부장과 김태식 부장은 머리를 맞대고 인공지능 시대에 맞는 새로운 핵심 성과 지표를 조직에 도입했다.

가장 먼저 도입해야 할 지표는 '가시성 점유율'이다. 특정 검색어에서 단순히 상위 몇 위에 노출되었는지를 따지던 1차원적 순위 개념을 당장 쓰레기통에 버려라. 대신 인공지능이 생성한 전체 요약 텍스트 면적 중, 우리 브랜드의 데이터가 차지하는 비중을 입체적으로 계산한다. 답변의 최상단 첫 줄에 화려하게 등장했는지, 글머리 기호의 첫 번째를 당당히 차지했는지 등 노출의 위치와 물리적 분량에 압도적인 가중치를 부여한다. 우리 회사의 데이터가 전체 답변의 논리 전개를 이끄는 핵심 뼈대 역할을 했는지를 정밀하게 평가하는 고도의 가시성 지표다.

두 번째 지표는 '맥락적 긍정 지수'다. 인공지능이 우리 이름을 언급했다고 무조건 박수 칠 일이 아니다. "이 제품은 배터리 발열에 치명적인 결함이 있습니다"라고 인용되었다면 이는 즉각 전사적으로 진화해야 할 대재앙이다. 인공지능이 우리를 묘사할 때 사용한 수식어와 문맥의 감성을 정밀하게 분석해야 한다. '강력히 추천', '가장 신뢰할 수 있는', '압도적 우위' 등의 긍정적 맥락과 결합된 비율을 추적하여, 이를 눈에 보이는 브랜드 평판 자산 점수로 수치화한다.

세 번째 지표는 '프롬프트 방어율'이다. 사용자의 꼬리에 꼬리를 무는 집요하고 까다로운 후속 질문 속에서도 우리 브랜드가 경쟁자에게 밀려 탈락하지 않고 끝까지 정답으로 잔류하는 비율이다. 좁고 깊은 압박 질문에서도 튼튼한 방어선을 구축하고 계속해서 일 순위로 인용된다면, 그것은 우리 브랜드가 해당 주제에 대해 흔들리지 않는 완벽한 독점적 권위를 구축했다는 가장 명백한 증거가 된다. 이 세 가지 신뢰 지표를 기존의 최종 결제 전환율과 결합하면, 보이지 않던 안개 같은 신뢰가 명확한 숫자의 옷을 입고 회사의 재무제표와 직접 연결되는 경이로운 성과로 둔갑한다.

클릭 이후의 세계: 인용 점유율과 브랜드 점유율의 상관관계

보이지 않던 신뢰를 숫자로 측정하는 강력한 지표가 확립되자, 조직의 시야는 완전히 새로운 차원으로 열렸다. 굳건하게 쌓아 올린 인용 점유율이 현실 세계의 거대한 시장 점유율을 어떻게 뒤흔들고 재편하는지 그 무서운 역학 관계를 증명할 차례다. 최강혁 이사는 경영진 회의에서 단호하게 선언했다.

"다들 명심하십시오. 인공지능 답변 엔진 내의 디지털 점유율이, 곧 다가올 현실 세계의 시장 점유율을 결정짓습니다. 사이버 공간에

서 '정답'이라는 영토를 빼앗기면, 현실의 고객과 매출도 흔적 없이 잃게 될 겁니다."

[19]인용 점유율과 브랜드 점유율 사이에는 소름 돋을 정도로 강력한 인과관계가 작동한다. 인공지능이 답변을 생성할 때 우리 브랜드의 데이터를 반복적이고 일관되게 인용하면, 시장 내에 거대한 눈덩이 효과가 발생한다. 사용자는 무의식적으로 인공지능이 일 순위로 추천한 우리 브랜드를 해당 산업의 절대적 척도이자 일 등 제품으로 맹신하게 된다. 신예은 사원이 대변하듯 "솔직히 똑똑한 기계가 수만 개 문서를 다 뒤져서 팩트 체크까지 끝냈는데, 당연히 AI가 골라준 이 제품이 제일 좋은 거 아니겠어요?"라는 심리가 대중의 보편적 인식으로 깊게 뿌리내린다.

이러한 인지적 우위는 경쟁사가 쉽게 침범할 수 없는 막강한 '디지털 해자'를 견고하게 구축한다. 인용 점유율이 한 번 임계점을 돌파해 최상위 권위를 획득하면, 경쟁사가 뒤늦게 막대한 광고비를 허공에 태워도 인공지능의 굳어진 답변 알고리즘을 쉽게 뒤집지 못한다. 인공지능은 이미 수많은 사용자에게 검증되었고 신뢰도가 높게 쌓인 우리 데이터를 지속적으로 편식하듯 인용하려는 강력한 관성을 가지기 때문이다. 인용의 독점은 곧 시장 수익의 영구적 독점이다.

더 놀라운 사실은 이 무형의 신뢰 자산이 브랜드의 치명적인 위기 상황에서 강력한 방어막 역할을 한다는 점이다. 평소 구조화된 객관

---

19 🔗 How to Track AI Overviews: Mentions, Citations, Click Loss, … (Ahrefs | 2026-01-26)

적 원본 데이터를 기계에게 충분히 먹여 둔 브랜드는, 시장에 부정적인 루머나 악의적인 공격이 터졌을 때 인공지능 알고리즘 내에서 충격을 거뜬히 흡수한다. 소수의 악의적인 리뷰가 전체 답변의 견고한 긍정적 맥락을 함부로 무너뜨리지 못하기 때문이다. 잘 쌓아 올린 신뢰 자산이 스스로 브랜드 평판을 지켜내는 완벽한 위기관리 시스템으로 작동하는 것이다.

재무적 관점에서의 생성형 엔진 최적화(GEO) 투자 대비 효과 측정

조직의 목표와 지표가 달라졌다면, 회사의 핏줄인 예산의 흐름도 전면적으로 재배치되어야 한다. 회사의 돈줄을 쥐고 있는 박상훈 부장이 나설 마지막 무대다. 그는 매달 밑 빠진 독에 물 붓듯 쏟아붓던 휘발성 짙은 키워드 광고비 지출 관행에 단호한 마침표를 찍었다. 그 빈자리에 데이터 정제 및 구조화 작업이라는 완전히 새로운 투자 기준을 세웠다. 이것은 단순한 마케팅 전술의 변화가 아니다. 기업의 디지털 체질을 근본적으로 바꾸는 거대한 '자본적 지출'의 개념이다.

과거 트래픽에 중독되었던 퍼포먼스 마케팅은 극도로 소모적인 '비용'이었다. 광고 스위치를 끄는 즉시 트래픽도 매출도 신기루처럼 흔적도 없이 사라졌다. 반면 생성형 엔진 최적화(GEO)를 위한 투자는 마르지 않는 영구적인 디지털 자산을 튼튼하게 구축하는 '투자'다. 흩어진 사내 데이터를 멱살 잡고 끌어와 단 하나의 정답으로 통합하고, 기계가 읽기 좋게 문답형 구조로 사이트 밑바닥을 뜯어고치는 배관 공사는 초기에 상당한 시간과 인건비가 투입된다. 즉각적인 클릭 급증이 눈에 보이지 않기 때문에, 조급한 시각에서는 당장의 뼈아픈 손실처럼 보일 수도 있다.

하지만 숫자의 이면을 꿰뚫어 보는 박 부장의 장기 계산법은 달랐다. 그는 이 초기 데이터 구축 비용을 거대한 '디지털 정유소'를 짓는 필수 설비 투자로 간주했다. 기계의 입맛에 맞게 정제된 데이터는 한 번 제대로 세팅되면, 24시간 내내 단 1초도 쉬지 않고 전 세계의 인공지능 비서들을 향해 우리 브랜드의 가치를 매력적으로 뿜어낸다. 광고비 추가 투입 없이도 스스로 신뢰를 복리 이자처럼 불려 나가는 무형의 강력한 수익 창출 자산이 된다. 실제 시뮬레이션 결과, [20]시스템이 안착하는 6개월 차부터 값비싼 광고에 의존하지 않고 자연적으로 유입되는 고객 획득 비용이 60% 이상 급감하는 골든 크로스가 증명되었다.

리스크 회피 측면의 재무적 방어 효과도 막대하다. 인공지능이 우리 사이트의 낡은 단가표나 잘못된 환불 규정을 긁어가서 수만 명의 고객에게 오답을 브리핑한다면, 이는 즉각 대규모 금전적 보상이나 치명적인 법적 분쟁으로 이어진다. 박 부장은 불량 데이터를 방치했을 때 터질 수 있는 이러한 잠재적 리스크 방어 가치까지 모조리 투자 대비 수익(ROI) 모델에 숫자로 환산해 넣었다.

20 　出 What the Decline in Gen AI Traffic Really Tells Us About the Future of GEO (Similarweb | 2025-11-10)

"확인했습니다. 전사적인 데이터 정제 작업은 우리 회사의 무형 자산 가치를 극대화하고, 장기적인 이익 잉여금을 폭발시키는 가장 확실하고 안전한 자본 투자입니다. 이 방향대로 가야 합니다."

박상훈 부장의 냉철한 선언에, 트래픽의 향수에 젖어있던 김태식 부장도 깊은 끄덕임으로 동의했다. 일회성 클릭을 위해 허공에 돈을 태우는 도박꾼의 낡은 마인드를 버려라. 회사의 고유한 지식을 기계가 무한히 소비할 수 있는 영구적인 자산으로 축적하라. 보이지 않는 신뢰에 과감히 예산을 투자하고 그 성과를 숫자로 증명해 내는 조직만이 새로운 시대의 거대한 부를 거머쥘 것이다.

지출과 투자의 개념이 완전히 뒤바뀌고, 눈에 보이지 않는 신뢰를 차가운 재무적 숫자로 완벽히 증명해 내는 뼈대 있는 프레임워크까지 모두 세워졌다. 방향과 지표가 명확히 정해졌으니, 이제는 다가오는 거대한 변화를 두려워하며 수동적으로 바라보는 구경꾼이 아니라, 새로운 시장의 룰을 통제하는 압도적인 주인공으로 직접 나설 때다.

책상물림의 우아한 전략을 넘어, 현장의 치열한 땀방울과 구체적인 행동으로 진짜 결과를 만들어내야 한다. 다음 파트에서는 이 거대한 전사적 흐름을 당장 내일 아침 출근해서 즉시 써먹을 수 있는 각 직무별 치열한 '업무 일과표'로 낱낱이 번역해 본다.

브랜드 신뢰 진단표: 무엇이 우리의 점수를 깎아먹고 있는가?

1. ☑ 우리 회사 공식 사이트의 모든 수치 데이터에 명확한 출처와 작성 시점을 표기했는가?

2. ☐ 6개월 이상 방치되어 인공지능에게 심각한 혼란을 주는 '유령 페이지'를 색출하고 전면 삭제했는가?

3. ☐ 제품의 화려한 장점뿐만 아니라 한계점이나 사용 주의사항까지 투명하게 문답형으로 모두 공개했는가?

4. ☐ 인공지능이 우리 브랜드에 대해 내놓는 헛소리나 오답을 매주 모니터링하고 즉각 수정 요청을 진행했는가?

5. ☐ 타사 제품과 비교 시 주관적인 비방 문구가 아닌, 객관적이고 건조한 데이터 표를 활용하여 절대적 우위를 증명했는가?

6. ☐ 경영진 소개, 회사 연혁 등 기업 신뢰도를 높이는 기본 정보 페이지를 기계가 읽기 쉬운 텍스트 구조로 철저히 유지했는가?

7. ☐ 고객의 불만이나 부정적 리뷰에 대해 숨기지 않고 공식적인 대응 매뉴얼을 갖추어 투명하고 신속하게 답변을 남겼는가?

8. ☐ 마케팅팀의 웹사이트 홍보 문구와 고객 센터의 안내 지침 숫자가 토씨 하나 틀리지 않고 백 퍼센트 일치하는지 꼼꼼히 대조했는가?

9. ☐ 제품의 가격 변동이나 스펙 변경 시, 과거의 낡은 데이터가 검색 엔진 탐색망에 노출되지 않도록 신속히 조치했는가?

10. ☐ 우리의 공식 정보가 외부 언론사나 공신력 있는 기관에서 얼마나 긍정적인 맥락으로 인용되는지 정기적으로 추적하고 기록했는가?

보이지 않는 신뢰 자산이 낡은 관행에 갉아먹히고 있지는 않은지 냉정하게 확인하는 10대 행동 점검표다. 체크된 개수를 세어 조직의 상태를 진단해 보자.

진단 및 피드백

"당장 모든 무의미한 지출을 멈추십시오. 깐깐한 기계도 고객도 이미 우리를 불량 출처로 낙인찍었습니다. 내부에서 충돌하는 쓰레기 데이터 청소에 전 부서 인력을 즉각 투입하세요."

0~3개 ▶▶▶ 최후통첩

"아슬아슬하게 버티고는 있으나 방심은 금물입니다. 보이지 않는 사각지대에서 분명 부서 간 데이터가 충돌하고 있을 겁니다. '단일 데이터 창고'의 규칙을 더 독하게 죄이십시오."

4~7개 ▶▶▶ 서늘한 경고

"완벽한 방어선입니다. AI 비서가 우리 데이터를 최고급 식재료로 탐내며 싹쓸이해 갈 겁니다. 이제 수동적 방어를 넘어 압도적 공세로 전환해, 우리만의 독점적 원본으로 시장을 완전히 지배하십시오."

8~10개 ▶▶▶ 공격 명령

PART 2

사라진
트래픽 속에서
기회를 캐는
실무자들

4장

[기획/전략] 질문이 바뀌면 성과가 바뀐다:
핵심 성과 지표를 다시 짜라

　새벽 2시. 최강혁 이사의 임원실은 여전히 환하게 불을 밝히고 있었다. 그의 넓은 책상 위에는 각 부서에서 쏟아낸 두툼한 기획안과 분석 보고서들이 산더미처럼 쌓여 있었다. 과거보다 데이터의 양은 압도적으로 늘어났다. 인공지능이 도입된 이후 실무자들의 문서 작업 속도는 비약적으로 빨라졌기 때문이다. 마케팅팀은 거시적인 시장 트렌드를 수십 장으로 요약해 가져왔다. 영업팀은 고객 반응 지표를 화려한 그래프로 바쳤다. 기획팀은 각종 예측 모델을 돌려 미래 전망을 쏟아냈다.

　하지만 최 이사의 굳은 미간은 좀처럼 펴지지 않았다. 서류는 넘쳐나는데 정작 가장 중요한 전략적 결단은 과거보다 훨씬 더 느려지고 있었다. 그는 지난 몇 주간 회사를 휩쓸고 지나간 거대한 위기들을 무겁게 되짚었다. 마케팅팀 김태식 부장은 하루아침에 반토막 난 유입 지표 앞에서 공포에 무너져 내렸었다. 최 이사 본인 역시 완벽해 보이는 요약 보고서만 맹신했다가, 낡은 원본 데이터에 속아 수십억 원의 초기 투자금을 허공에 날릴 뻔한 뼈아픈 실수를 겪었다. 여기에 깐깐한 재무팀 박상훈 부장이 성과 없는 검색 광고비를 전면 감사하며 조직의 숨통을 조였다.

이 일련의 사태를 거치며 조직은 시장을 지배하는 룰이 근본적으로 바뀌었음을 뼈저리게 깨달았다. 그런데 새로운 딜레마가 터졌다. 모두가 똑같은 도구를 쓰고 똑같은 시장 데이터를 들여다보는데도 부서마다 내놓는 결론이 전부 달랐다. 마케팅팀은 긍정적인 감성 분석 결과를 내밀며 투자를 외쳤고, 재무팀은 보수적인 예측 모델을 근거로 예산 축소를 주장했다. 회사가 어디로 가야 하는지 알려주는 나침반 자체가 완전히 고장 나 있었다.

최 이사는 산더미 같은 보고서를 거칠게 덮어버렸다. 클릭 수라는 낡은 지표를 버리고 인공지능 답변 엔진 시대에 맞는 진짜 전략을 짜기 위해 그는 밤을 새워 고민했다. 다음 날 아침, 최 이사는 전 부서장을 대회의실로 긴급 소집했다. 무거운 침묵이 흐르는 회의실, 최 이사가 화이트보드 앞으로 다가갔다. 보드 위에 조직의 낡은 과거와 앞으로 쟁취해야 할 현재의 업무 일과를 극명하게 대조하여 적어 내려가기 시작했다.

[과거의 업무 일과: 트래픽의 노예들]

• 오전 9시: 출근 직후 웹 로그 분석기에 접속한다. 김태식 부장은 전날 유입된 클릭 수와 페이지뷰의 미세한 등락을 확인하며 수치가 떨어진 파트장들을 매섭게 질책한다.

• 오후 2시: 윗선으로부터 클릭 하락에 대한 압박이 떨어진다. 긴급 검색 광고 키워드 단가 조정 회의를 연다. 밑 빠진 독에 물을 붓듯 비싼 매대에 허공의 예산을 쏟아붓는다.

• 오후 5시: 경쟁사보다 단 한 줄이라도 상단에 노출되기 위한 꼼수를 찾는다. 알맹이 없는 자극적이고 낚시성 짙은 제목의 콘텐츠 기획 보고서를 작성하며 야근을 확정한다.

[현재의 업무 일과: 신뢰와 인용의 설계자들]

• 오전 9시: 최강혁 이사가 승인한 전사 공통 '핵심 질문 세트'를 펼친다. 신예은 사원이 인공지능이 우리 브랜드의 데이터를 어떤 맥락으로 요약하고 인용했는지 입체적으로 모니터링한다.

• 오후 2시: 홍진표 대리가 요리사가 긁어갈 핵심 재료인 원시 데이터[21]의 상태를 점검한다. 부서 간 데이터의 최신성과 정합성을 교차 검증하며 지식의 품질을 철저하게 통제한다.

• 오후 5시: 박상훈 부장이 흡족하게 지켜보는 가운데 회의가 열

---

21 원시 데이터(RD, Raw Data): 인공지능 비서가 답변을 만들기 위해 참고하는, 인간의 마케팅 의도로 가공하거나 화려하게 꾸미지 않은 원래 그대로의 순수한 정보.

린다. 클릭률이 아닌 인용 점유율을 기반으로 시장 지배력을 높이기 위한 다중 시나리오 보고서를 완성하고 퇴근한다.

최 이사가 마커를 소리 나게 내려놓으며 단호하게 선언했다.

"다들 주목하십시오. 보고서 두께는 지금보다 두 배로 얇아져야 합니다. 대신 그 안에 담긴 '수익적 결론'은 백 배 더 뾰족해야 합니다. 똑같은 *AI*를 쓰고 똑같은 데이터를 보는데도 부서마다 이렇게 결론이 널뛰는 진짜 이유가 뭡니까? 낡은 지표에 갇혀서, 기계에게 던지는 '질문의 설계' 자체가 완전히 틀려먹었기 때문입니다. 오늘 이 시간부로 우리 회사의 모든 핵심 성과 지표(*KPI*)를 전면 재설계합니다."

정보의 홍수 속에서 길을 잃다: 결정이 느려진 진짜 이유

모든 복잡한 문서를 단숨에 요약하고 완벽해 보이는 정답을 내놓는 기술이 보편화되었다. 실무자들은 환호했다. 야근이 줄어들고 업무 속도가 비약적으로 빨라질 것이라 믿었다. 하지만 조직의 최상단에서 전략을 지휘하는 최강혁 이사가 체감하는 현실은 정반대였다. 역설적이게도 경영진의 전략적 결단은 과거보다 훨씬 더 느려지고 무뎌졌다. 치명적인 '결정 피로'의 늪에 빠져버린 것이다.

이 피로감의 근원은 정보의 부족이 아니다. 감당할 수 없을 만큼 쏟아지는 완벽하고 매끄러운 정보의 과잉 때문이다. 과거의 비즈니스 환경에서 정보를 수집하고 가공하는 일은 엄청난 시간과 노동력을 요구했다. 실무자들은 방대한 자료 속에서 본능적으로 가장 중요하고 결정적인 소수의 데이터만을 치열하게 추려내어 경영진에게 보고했다. 리더는 그 제한된 정보의 빈 공간을 자신의 직관과 오랜 경험 통찰로 채우며 빠르고 과감하게 결단을 내렸다.

하지만 지금은 양상이 완전히 다르다. 신예은 사원이 프롬프트 한 줄만 입력하면, 수백 페이지에 달하는 글로벌 산업 동향, 경쟁사 심층 분석, 소비자 감성 변화 추이 보고서가 단 10초 만에 쏟아져 나온다. 아침마다 최강혁 이사의 책상 위에는 인간의 뇌 용량으로는 도저히 다 소화할 수 없는 압도적인 분량의 데이터가 새롭게 쌓인다. 보고서의 문장은 유려하고 논리는 흠잡을 데 없이 매끄럽다. 하지만 그 두꺼운 보고서를 아무리 넘겨보아도 '그래서 지금 당장 우리 회사가 무엇을 해야 하는가'라는 가장 뾰족한 본질은 보이지 않는다.

압도적인 정보의 잉여는 조직 내부에 무서운 부작용을 낳았다. 실무자들이 스스로 생각하고 판단하는 힘을 잃어버린 것이다. 어떤 전략이 우리 회사의 고유한 상황에 진짜 부합하는지 치열하게 고민하는 과정은 실종되었다. 그저 인공지능이 보기 좋게 요약해 준 그럴듯한 정답을 복사해서 보고서에 붙여넣기 바쁘다. 여기서 최강혁 이사는 가장 치명적인 함정을 발견했다. AI 비서가 내놓는 답은 대개 인터넷에 흩어진 기존 정보들의 교집합, 즉 가장 안전하고 보편적인 '평균값'에 불과하다는 사실이다. 우리 회사 실무자가 얻은 훌륭한 요약본은, 경쟁사 직원도 똑같이 얻어낼 수 있는 뻔한 결과물이다. 모두가 이 평균값의 정답에 의존하게 되면서, 시장의 모든 기업이 엇비슷한 전략과 차별성 없는 제품 기획을 들고나오는 기이한 상향 평준화 현상이 벌어졌다. 정보의 절대적인 양은 폭발했지만, 시장을 뒤흔들 날카로운 통찰은 조직에서 완전히 증발해 버렸다.

상황을 더욱 꼬이게 만드는 것은 조직 내 판단 기준의 붕괴다. 가공된 데이터가 너무 흔하고 많다 보니, 부서마다 각자의 입맛에 맞는 결과물만 체리피킹하여 자신들의 논리를 방어하는 무기로 삼는다.

"이사님, 이 긍정적인 시장 감성 분석 지표를 보십시오! 물이 들어왔을 때 노를 저어야 합니다. 당장 이번 분기 콘텐츠 제작 예산을 두 배로 늘려서 시장 점유율을 완전히 장악해야 합니다!"

"김 부장님, 그건 너무 낙관적인 요약본만 입맛대로 체리피킹 하신 겁니다. 제가 돌린 재무 예측 모델을 보시죠. 내년도 최종 결제 전환율은 완벽하게 정체됩니다. 불확실한 감성 지표에 피 같은 예산을 태울 게 아니라, 모든 신규 마케팅 지출을 즉각 삭감하고 방어 태세로 가야 맞습니다."

두 부서가 가져온 데이터는 모두 도출 방식상 틀리지 않은 명제다. 똑같은 시장 상황을 두고도 서로 다른 요약본을 무기 삼아 끝없는 소모전을 벌인다. 누구의 데이터가 우리 회사의 생존에 더 부합하는지 중심을 잡아줄 명확한 기준표가 사라졌다. 이것은 전형적인 인지적 오류의 산물이다. [22]사람들은 즉각적으로 도출된 매끄러운 정보에 지나치게 의존하려는 경향을 보인다. 인공지능이 만들어낸 방대한 정보의 늪에 빠져 부서 간의 이기주의만 극대화되었다. 리더의 결단은 기약 없이 지연되고, 실행 속도에서 뒤처진 조직은 결국 빠르게 변하는 시장의 파도에 휩쓸려 서서히 가라앉는다.

최 이사는 자신이 겪은 이 지독한 결정 피로의 본질을 정확히 꿰뚫었다. 나침반이 없는 항해는 아무리 배가 크고 최신식 엔진을 달아도 결국 암초에 부딪히고 만다. 거대한 도구를 얻었지만, 조직은 지금 그것을 어디로 몰고 가야 할지 목적지를 상실했다. 경영진이 달콤한 요약본에 취해 '무엇을 결정할 것인가'라는 인간 고유의 권리를 넘겨버리는 순간 기업의 전략은 방향을 잃는다. 넘쳐나는 데이터의 늪에서 진짜 가치 있는 신호를 걸러내기 위해서는 무의미한 정보 수집을 멈추고 새로운 성과 측정의 잣대부터 다시 세워야 한다.

돋보기는 있는데 지도가 없다: 맥락 부재의 구조적 결함

정보의 홍수 속에서 결단이 지연되고 오판이 발생하는 또 다른 치명적인 원인은 조직 구조 자체에 숨어 있다. 바로 조직이 생산하는 데이터 간의 '맥락'이 철저히 단절되어 있다는 점이다. 새로운 기술은 개별 데이터를 미시적으로 들여다보는 성능이 아주 뛰어난 돋보

---

22 출 The Influence of Task Interruption on Individual Decision Making: An Information Overload Perspective (Decision Sciences | 1999)

기다. 방대한 문서를 순식간에 읽어내고 숨겨진 패턴을 찾아내는 연산 능력은 이미 인간의 한계를 아득히 뛰어넘었다. 하지만 이 강력한 돋보기도 전체 지형을 조망하는 '지도'가 없으면 아무런 쓸모가 없는 맹인과 같다. 여기서 지도는 곧 조직 내부의 수많은 데이터가 어떤 논리로 연결되어 있고, 각 수치가 어떤 비즈니스적 맥락을 지니고 있는지 명확히 정의해 둔 전사적인 합의와 틀을 의미한다. 안타깝게도 대부분의 기업은 돋보기만 수십 개 사들였을 뿐, 그 돋보기를 올려놓고 볼 지도를 그리는 작업은 철저히 방치했다.

최강혁 이사는 얼마 전 겪었던 등골 서늘한 실패를 다시 떠올렸다. 화려한 요약본만 믿고 수십억 원의 투자를 승인할 뻔했던 그 사건 말이다. 그 비극의 원인은 기술력이 떨어져서가 아니었다. 마케팅, 영업, 기획 등 각 부서가 서로 다른 잣대와 용어로 데이터를 파편화시켜 관리하는 낡은 관행 때문이었다.

실무 해결사인 김수아 과장이 전사의 데이터를 뜯어보며 가장 경악했던 지점이 바로 이 대목이다. 회사의 성장을 견인하는 핵심 지표인 '최우수 고객'을 정의하는 기준부터가 부서마다 완전히 달랐다. 마케팅팀 김태식 부장의 장부에서 최우수 고객은 웹사이트에 자주 방문하고 오래 머무는 사람이다. 반면 영업팀 장부에서 최우수 고객은 최근 3개월 이내에 대규모 계약을 체결한 사람이다.

이렇게 회사 내부에서조차 핵심 용어에 대한 정의와 맥락이 통일되지 않은 상태다. 이 파편화된 데이터를 그대로 둔 채 기계에게

"우리 회사의 최우수 고객 트렌드를 분석해 전략을 제시해 줘"라고 질문하면 어떤 끔찍한 일이 벌어질까? 강력한 돋보기는 맹목적으로 회사 서버를 긁어모은다. 그리고 마케팅의 기준과 영업의 기준이라는, 의미가 전혀 다른 두 개의 데이터를 마구잡이로 뒤섞어 버린다. 그 결과, 웹사이트에 오래 머무는 사람에게 고가의 기업용 영업 판촉을 강화하라는 기괴한 프랑켄슈타인 같은 전략 보고서가 탄생한다. 돋보기는 죄가 없다. 그 데이터를 해석할 통일된 지도를 주지 않은 인간의 직무 유기다.

이러한 데이터를 해석하는 프레임의 부재는 단순한 실수를 넘어 기업의 생존을 위협하는 구조적 결함이다. 부서 간 단단한 칸막이에 갇혀 각자의 성과 지표만 좇는 고질적인 이기주의는 데이터의 정합성을 심각하게 훼손한다. 최신 기술을 도입하여 아무리 화려한 대시보드를 구축해 봐야 소용없다. 그 밑바닥에 흐르는 데이터의 논리와 언어가 일치하지 않으면 계속해서 모순된 헛소리를 뱉어낸다.

회사의 공식 웹사이트, 영업 사원의 제안서, 고객 센터의 환불 매뉴얼에 적힌 숫자가 미세하게라도 다르다면 상황은 치명적이다. 똑똑한 외부 비서는 이 모순된 정보들을 탐색망에서 발견하는 즉시, 우리 브랜드를 신뢰할 수 없는 불량 출처로 낙인찍는다. 정답의 후보군에서 우리 회사를 가차 없이 영구 제명해 버리는 것이다. 내부의 데이터 맥락이 단절된 회사는 외부의 지식 생태계에서도 철저히 고립된다. 데이터의 단절은 곧 비즈니스의 단절을 의미한다.

데이터 자체는 요리를 위한 훌륭한 날것의 식재료다. 하지만 그 재료들을 어떤 비율로 섞고 어떤 의도를 담아 완성된 요리로 내놓을지 결정하는 레시피, 즉 전략적 맥락의 부여는 온전히 인간 실무자의 몫이다. 지도 없이 돋보기만 달랑 들고 짙은 안개가 낀 전쟁터에 뛰어드는 지휘관은 없다. 리더는 부서별로 갈기갈기 찢어진 데이터를 전사적 관점에서 단단하게 하나로 꿰어내는 거대한 지도를 가장 먼저 완성해야 한다. 모든 부서가 동의하는 명확한 기준 언어를 세우고, 단일한 논리로 움직이는 정보 구조를 만들지 않으면 강력한 도구는 아군을 향해 오발탄을 날리는 파괴적인 무기가 된다. 최 이사는 부서의 이기주의를 완전히 박살 내고, 인공지능 비서가 오해 없이 완벽하게 이해할 수 있는 단단하고 일관된 논리 지도를 그리는 대공사를 서둘러야 함을 뼈저리게 직감했다.

제로 클릭 시대의 세 가지 나침반: 신뢰, 인용, 전환

과거의 낡은 지도를 갈기갈기 찢어버린 최강혁 이사는 전 임직원이 새롭게 바라봐야 할 거대한 나침반을 화이트보드에 큼지막하게 그려 넣었다. 과거의 절대적인 성과 지표가 유입과 열람 횟수였다면, 이제 파트 2를 여는 새로운 핵심 성과 지표는 완전히 다른 차원의 언어로 재구성되어야만 한다. 최 이사는 조직이 진정한 생존이라는 결승점까지 올바르게 달려가고 있는지 측정할 새로운 세 개의 강력한 축을 선언했다. 바로 신뢰, 인용, 전환이다. 이 세 가지 지표는 개별적으로 흩어져 존재하는 파편이 아니다. 하나의 거대한 톱니바퀴처럼 빈틈없이 맞물려 돌아가며 회사의 실제 현금 흐름을 폭발적으로 창출해 내는 완벽한 동력원이다.

첫 번째 나침반은 신뢰다. 앞서 우리가 확인한 AI 비서가 도마 위에 우리의 데이터를 올려놓기 전, 가장 먼저 냉혹하게 평가하는 것은 이 브랜드의 정보가 얼마나 믿을 만한가이다. 과거에는 막대한 자본을 태우면 누구나 눈에 띄는 비싼 간판을 달 수 있었다. 하지만 이제는 돈에 매수되지 않는다. 오직 팩트와 일관성만을 집요하게 좇는다. 신뢰 지표는 우리 브랜드가 생산하는 데이터가 생태계 전반에서 얼마나 객관적이고 무결한 권위자로 인식되고 있는가를 철저하게 수치화한다.

기획팀 김수아 과장은 이 보이지 않는 신뢰를 측정하기 위해, 문맥의 감성을 정밀하게 추적하는 시스템을 도입했다. 단순히 우리 이름이 불렸는가가 아니다. 요약 답변 내에 우리 회사가 강력히 추천하는, 가장 우수한, 혁신적인과 같은 긍정적인 맥락으로 묘사되는 비율을 집요하게 모니터링하는 것이다. 아무리 노출이 많이 되어도 부정적이거나 비판적인 맥락과 엮인다면 그것은 오히려 독이다. 만약 부서 간 정보가 충돌하거나 제품 결함에 대한 부정적인 여론이 섞여 들어간다면, 이 신뢰 지표는 즉각적으로 곤두박질친다. 신뢰는 일회성 비용으로 단기간에 살 수 있는 가벼운 물건이 아니다. 오직 뼈를 깎는 전사적 데이터 품질 통제와 정합성 유지로만 얻어낼 수 있는 가장 비싸고 견고한 무형 자산이다.

두 번째 나침반은 인용이다. 깐깐한 검증을 통과해 신뢰를 얻어냈다면, 이제 실제로 답변 엔진의 입을 빌려 세상에 얼마나 자주 노출되고 뻗어나가는지를 따져 물어야 한다. 수많은 요약 브리핑 속에서, 우리 브랜드의 고유한 이름이나 데이터가 구체적인 1순위 근거로 언급된 비중인 인용 점유율을 측정하는 것이다.

홍진표 대리는 이 수치를 회사의 미래를 점치는 가장 강력한 예언자로 삼았다. 시장의 수많은 사용자가 특정 카테고리에 대해 복잡한 질문을 던졌을 때, 우리 회사가 정답의 출처로 채택되어 화면을 장악하는 비율이다. 이 수치가 경쟁사를 압도한다는 것은, 해당 산업의 절대적인 표준이자 독점적 지식 권위자로 인정받았다는 명백한 증거다. 과거의 지표는 허수와 체류 시간 짧은 뜨내기손님을 포함했지만, 인용 성과는 오직 정답으로 채택된 순도 높은 승리만을 기록한다. 이 지표의 가파른 상승은 곧 다가올 시장 지배력의 팽창과 매출 증가를 가장 빠르고 정확하게 알려주는 선행 지표가 된다.

세 번째 나침반은 전환이다. 단단한 신뢰를 쌓고 압도적인 인용 점유율을 높인 최종 목적지는 결국 수익의 창출이다. 회사의 현금흐름을 방어하는 박상훈 부장이 가장 날카로운 눈빛으로 지켜보는 지표이기도 하다. 현재 환경에서는 웹사이트로 직접 들어오는 전체 방문자의 절대적인 수는 과거보다 극적으로 줄어들 수밖에 없다. 탐색의 수고가 이미 생략되었기 때문이다.

하지만 이 좁아진 문턱을 넘고 들어오는 고객의 질은 과거와 비교조차 할 수 없을 정도로 훌륭하다. 단호하고 객관적인 브리핑을 통해 이미 마음속으로 1순위 구매 결정을 완벽하게 끝마친 고객만이 우리 사이트에 접속한다. 이들은 매장을 둘러보러 온 단순한 구경꾼이 아니다. 지갑을 활짝 열 준비를 마치고 돌진하는 진짜 구매자들이다. 따라서 조직은 더 이상 전체 트래픽 규모라는 허상에 집착할 필요가 없다. 얕고 넓게 흩어지던 과거의 유입을 과감히 버려라. 대신 유입된 소수의 고객이 실제 결제나 회원 가입으로 거침없이 이어지는 최종 전환율의 폭발적인 성장에 모든 에너지를 쏟아부어야 한다. 신뢰를 바탕으로 인용을 장악하고 폭발적인 전환으로 마무리하는 것. 이것이 새로운 시대의 가장 견고한 생존 공식이다.

인공지능에게 답을 묻기 전, '질문'을 먼저 쇼핑하라

조직이 나아가야 할 새로운 성과 지표가 굳건하게 세워졌다면, 이제 그 지표를 달성하기 위한 실무자들의 업무 방식 역시 밑바닥부터 철저하게 뒤집어야 한다. 최강혁 이사가 새로운 지표 선언 직후 실무진에게 내린 첫 번째 특명은 역설적이게도 답을 구걸하지 말라는 매서운 경고였다. 현재 수많은 기업의 조직 내부에 독버섯처럼 번지고 있는 가장 치명적인 착각은, 대충 아무 질문이나 던져도 알아서 기가 막힌 전략을 짜줄 것이라는 안일한 환상이다.

기계는 사용자의 지적 수준을 그대로 반사하는 투명한 거울과 같다. 게으르고 모호한 쓰레기 질문을 던지면, 뻔하고 지루한 쓰레기 요약본이 그대로 돌아온다.

"각 부서에 전달합니다. 이제 기계한테 '우리 신제품 마케팅 전략 세워줘' 같은 수준 낮은 1차원적 질문은 전면 금지합니다. 앞으로는 이렇게 물으셔야 합니다. '우리 회사의 지난 3년 치 20대 여성 이탈 로그 데이터와 경쟁사의 단가 변화를 교차 분석했을 때, 매출 방어를 위해 당장 재무적으로 투입해야 할 자원이 뭔가?' 이렇게 우리의 고유한 조건과 목표를 족쇄처럼 뾰족하게 채워줘야만 기계가 뻔한 헛소리를 안 합니다."

질문 자체에 명확한 시간적 제약 조건, 우리가 가진 고유하고 내밀한 원시 데이터, 그리고 달성해야 할 구체적인 재무적 목표가 촘촘하게 세팅되어 있어야 한다. 이렇게 날이 선 질문을 던질 때 비로소 뻔한 요약기가 아니라 실질적인 문제를 해결하는 유능한 참모로 움직이기 시작한다.

이러한 세트를 단단하게 갖춘 조직은 아무리 정보가 범람하는 홍수 속에서도 절대 길을 잃지 않는다. 신예은 사원은 매일 아침 출근하면 더 이상 인기 검색어나 무의미한 조회 수 등락에 연연하지 않는다. 대신 조직이 치열하게 합의한 이 핵심 질문들을 반복적으로 던져본다. 현재 우리 브랜드를 어떤 논리로 요약하고 있는지, 경쟁사와 비교할 때 우리를 1순위로 인용하고 있는지 집요하게 모니터링하는 것이다. 만약 답변이 우리의 의도와 다르게 흘러가거나 경쟁사를 더 매력적으로 묘사한다면, 그것은 시장의 인식이 왜곡되고 있다는 가장 강력하고 즉각적인 경고 신호다. 단순한 정답을 외우고 취합하는 시대는 완전히 끝났다. 질문을 통제하는 자가 정답을 통제한다.

원시 데이터 영토 확장: 기계에게 줄 최고의 재료 선점

질문을 정교하고 날카롭게 다듬어 돋보기의 방향을 맞췄다면, 이제 탐욕스럽고 까다로운 요리사에게 던져줄 최고급 식재료를 우리 창고에 가득 채워야 할 차례다. 매일같이 세상의 수많은 정보를 미친 듯이 빨아들이며 먹어 치우지만, 그중에서도 가장 열광하고 높은 가중치를 매기는 재료는 따로 정해져 있다. 바로 인간의 얄팍한 마케팅 의도로 덧칠되거나 화려한 형용사로 과장되게 가공되지 않은 날 것 그대로의 순수한 정보, 즉 고유한 원시 데이터다. 어디를 뒤져도 절대 구할 수 없고, 오직 우리 회사만이 독점적으로 생산하고 보유한 이 펄떡이는 지식이야말로 시장을 장악할 가장 강력한 무기이자 영토 확장의 핵심 자산이다.

기술 실무의 최전선에 있는 홍진표 대리는 그동안 쓸모없는 짐덩이 취급을 받으며 부서별 컴퓨터 하드디스크 깊숙한 곳에 먼지 쌓인 채 잠들어 있던 자료들을 끄집어내는 대대적인 발굴 작업에 돌입했다. 고객 센터 서버에 매일 수천 건씩 쌓이는 생생한 고객의 육성 불만 기록, 공장 생산 라인에서 센서를 통해 초 단위로 수집되는 미세한 불량률 수치, 연구소에서 수백 번의 실패를 거듭하며 엑셀로 빽빽하게 기록해 둔 성분 배합 테스트 결과들이 모두 훌륭한 표적이 되었다.

과거 마케팅 중심의 시대에는 이런 투박한 숫자와 복잡한 로그 기록들이 고객이 보기에 아름답지 않고 보고서에 올리기 부적절하다는 이유로 가차 없이 버려지거나 숨겨졌다. 하지만 팩트와 논리에 지독하게 굶주린 기계에게, 이 가공되지 않은 순수한 사실은 경쟁사의 영혼 없는 뻔한 홍보 문구를 단번에 압도하고도 남을 최고급 캐비어와 같다. 김태식 부장 역시 화려하게 꾸며낸 카피라이팅보다, 투박하더라도 증명 가능한 원천 자료 한 줄이 선택을 받는 데 훨씬 강력한 위력을 발휘한다는 사실을 뼈저리게 인정할 수밖에 없었다. 미사여구의 껍데기를 벗어던지고 정보의 실용성과 진실성으로 승부하는 시대가 열린 것이다.

하지만 이 귀하고 값비싼 재료들을 우리 회사의 폐쇄적인 서버 안에 단순히 쌓아두는 것만으로는 아무런 의미가 없다. 외부 비서가 언제든 우리 집 앞마당에 쉽게 찾아와 마음껏 꺼내어 요리할 수 있도록, 체계적으로 다듬고 진열하는 데이터 배관 공사가 절대적으로 필요하다. 홍 대리는 사내 곳곳에 흩어진 정보들을 멱살 잡고 끌어와 명확한 측정 날짜, 구체적인 출처, 책임 담당자라는 투명한 꼬리표를 단단히 붙였다. 그리고 이를 전사가 공유하는 표준 데이터베이스에 차곡차곡 연동시켜 외부로 향하는 문을 활짝 열어젖혔다.

외부의 거대한 탐색 로봇이 서버에 접근했을 때, 다른 어떤 정보보다 이 투명하고 단단한 자료를 가장 먼저 발견하고 긁어가게 만드는 고도의 기술적 덫을 놓은 것이다. 방해물 없이 제공되는 우리 회사의 살아 숨 쉬는 원천 기록을 무섭게 탐식하며 똑똑해진다. 그리고 그 데이터를 학습한 엔진은 사용자에게 답변을 제공할 때, 자연스럽게 우리의 수치와 논리를 시장의 절대적인 정답이자 흔들리지 않는 기준으로 인용하기 시작한다. 감춰져 있던 원시 데이터의 영토를 세상 밖으로 끝없이 넓히고 까다로운 입맛을 완벽하게 통제하는 자만이, 새로운 지식 생태계에서 누구도 넘볼 수 없는 확고한 정보 권력을 틀어쥐게 된다.

시나리오 프레임워크: 안개 속에서도 전진하는 판단의 기술

올바른 성과 지표를 세우고, 날카로운 질문을 설계했으며, 입맛을 지배할 막강한 창고까지 모두 완벽하게 갖추었다. 이제 훌륭한 재료와 도구를 손에 쥔 리더가 짙은 안개 속에서도 흔들림 없이 결단을 내리는 일만 남았다. 최강혁 이사는 과거처럼 도출된 단 하나의 그럴듯한 예측 결과에 회사의 모든 예산과 운명을 거는 위험천만한 도박을 즉시 멈추었다. 세상의 흐름은 결코 단선적으로 움직이지 않는다. 아무리 뛰어난 기술을 동원한다 해도, 내일 갑자기 터질 경제 위기나 규제 변화를 완벽하게 예측할 수는 없다. 극심한 불확실성의 안개 속에서 조직이 두려움에 마비되지 않고 과감하게 전진하기 위해서는, 예측이 빗나갔을 때를 철저하게 대비하는 유연하고 치밀한 판단의 기술이 필요하다. 그것이 바로 다중 시나리오 프레임워크[23]다.

최 이사는 숫자의 달인 박상훈 부장과 머리를 맞대고, 막강한 분석 능력을 활용하여 회사의 미래 지도를 여러 장으로 잘게 쪼개어 그리기 시작했다. 단순히 미래를 하나로 단정 짓는 것이 아니다. 시장의 상황이 우리에게 가장 우호적으로 흘러갈 때를 가정한 낙관 시나리오, 현재의 흐름과 조건이 큰 변동 없이 유지될 때의 기준 시나리오, 그리고 경쟁사의 치명적인 공격이나 최악의 외부 악재가 터졌을 때 조직의 생존을 최우선으로 하는 비관 시나리오를 동시에 입체적으로 설계했다.

이 설계의 진정한 핵심은 그저 상상력을 발휘해 미래를 그리는 데 그치지 않는다. 각 상황마다 우리가 어떤 구체적인 지표를 모니터링해야 하는지, 그리고 특정 수치가 임계점에 도달했을 때 누가 어떤 행동을 즉각적으로 취할 것인지 행동 지침인 방아쇠를 미리 단단하게 박아두는 것이다. 예를 들어, 핵심 제품 인용 점유율이 폭발적으로 돌파하는 낙관적 방아쇠가 당겨지면, 박상훈 부장은 묶어두었던 추가 설비 투자 예산을 즉각적으로 집행한다. 반대로 우리 브랜드에 대한 부정적 감성 지수가 위험 수치 이상 치솟는 비관적 신호가 감지되면, 김태식 부장은 즉시 신제품 출시 캠페인을 전면 보류하고

---

23 시나리오 프레임워크(Scenario Framework): 미래에 벌어질 여러 가지 불확실한 상황을 미리 상상하여, 어떤 변수가 발생해도 당황하지 않고 즉각적인 대안을 실행할 수 있게 준비하는 기획 방법론.

브랜드 평판 방어 태세로 즉각 전환한다는 명확하고 기계적인 룰을 세웠다.

이러한 치밀한 계획은 조직 전체를 근거 없는 과도한 낙관주의나, 두려움에 휩싸인 패배주의의 늪에서 완벽하게 구출해 낸다. 최악의 상황부터 최고의 상황까지 미리 샅샅이 상상하고 대응 카드를 마련해 두었기에, 시장이 요동치고 답변 알고리즘이 하룻밤 새 갑자기 바뀌어도 조직은 절대 당황하지 않는다. 회의실에 모여 책임을 떠넘기는 대신 준비된 대안을 즉시 가동하며 전진한다. 돋보기로 긁어모은 미시적인 데이터 조각들을 한데 모아, 통제 불가능한 거대한 불확실성을 통제 가능한 전략적 체스판으로 완전히 뒤바꾸는 고도의 지적 작업이다. 리더는 더 이상 단 하나의 달콤한 정답에 맹목적으로 끌려다니는 수동적인 소비자가 아니다. 여러 갈래로 복잡하게 뻗은 미래의 길목마다 튼튼한 진지와 무기를 미리 구축해 두고, 상황의 변화를 읽으며 기민하게 말을 움직이는 체스 플레이어로 완벽하게 진화했다.

전략의 방향(KPI)이 정해졌다면, 이제 이를 실행할 '조직의 엔진'을 정비할 차례다. 다음 장에서는 실무 현장에서 팀의 역할을 어떻게 재정의해야 하는지 그 구체적인 운영 규칙을 들여다본다.

기획 회의를 뒤집을 10대 핵심 질문 및 성과 지표 진단표

1. ☑ 우리 팀의 핵심 성과 지표에서 단순 유입 및 클릭 수 항목을 과감히 삭제했는가?

2. ☐ 의사결정 전, "이것이 기계의 뻔한 요약본인지, 우리만의 고유한 원시 데이터인지" 먼저 묻고 있는가?

3. ☐ 막연한 정답을 묻기 전, 명확한 제약 조건과 목표가 담긴 핵심 질문 리스트를 기획했는가?

4. ☐ 전사 공통으로 사용할 신뢰 지표 항목을 3개 이상 도출하고 전파했는가?

5. ☐ 우리 브랜드가 1순위로 등장하는 비율인 '인용 점유율'을 주기적으로 측정하고 추적하는가?

6. ☐ 부서 간 파편화된 용어가 기계를 혼란스럽게 하지 않도록 '전사 표준 사전'을 구축했는가?

7. ☐ 타사에는 없는 우리 회사만의 고유한 실험 결과나 고객 로그 등 원시 데이터를 발굴했는가?

8. ☐ 단일 예측의 위험을 버리고, 낙관·기준·비관의 최소 3가지 시나리오를 기반으로 기획했는가?

9. ☐ 외부 탐색 로봇이 우리 서버의 자료를 헷갈리지 않고 긁어갈 수 있도록 데이터 접근성을 개선했는가?

10. ☐ 소수의 방문자가 실제 결제로 거침없이 이어지도록 '최종 전환율' 상승에 에너지를 집중하고 있는가?

당장 내일 아침 기획 회의에 들고 들어가야 할 10가지 행동 미션이다. 조직의 의사결정 방식이 새로운 시대에 맞게 세팅되어 있는지 체크된 개수를 세어 조직의 상태를 진단해 보자.

진단 및 피드백

"아직도 남들 다 보는 뻔한 요약본만 띄워놓고 회의하시나요? 낡은 클릭 지표는 제발 휴지통에 좀 버리세요! 뼈 때리는 '핵심 질문'부터 뾰족하게 새로 짜야 기계가 헛소리를 안 합니다."

0~3개 ▶▶▶ 답답함 토로

"방향은 맞는데, 아직 AI한테 우리 핵심 데이터를 100% 떠먹여 주진 못하고 있네요. 부서마다 제멋대로 부르는 사투리부터 싹 통일하고, 꽁꽁 숨겨둔 원시 데이터 좀 밖으로 꺼내주세요!"

4~7개 ▶▶▶ 핀셋 조언

"완벽해요! 우린 이제 수동적으로 검색하는 걸 넘어, AI가 우리 지식을 '정답'으로 바치도록 완벽히 조련하고 있습니다. 변수 대비 시나리오도 짱짱하니 시장이 요동쳐도 끄떡없겠어요!"

8~10개 ▶▶▶ 완벽한 인정

5장

[인사/조직] 협업이 무너지면 품질도 무너진다:
역할 검증 운영 규칙을 세워라

최강혁 이사가 '신뢰, 인용, 전환'이라는 새로운 핵심 성과 지표를 선언하며 전략의 방향을 확고히 잡았다. 낡은 클릭 수에 연연하던 과거를 버리고 인공지능 비서의 선택을 받기 위한 거대한 전함이 마침내 닻을 올렸다. 전 직원은 고무적인 분위기 속에서 적극적으로 업무에 AI를 도입했다. 하지만 기쁨은 오래가지 않았다. 불과 일주일 만에 기획팀 김수아 과장의 책상 위에는 끔찍한 재앙이 펼쳐졌다.

방향은 정해졌지만, 팀원들마다 도구를 쓰는 방식과 결과물의 품질이 제각각이었다. 어떤 직원은 인공지능이 뱉어낸 장황하고 뜬구름 잡는 문장을 한 치의 의심 없이 그대로 복사해 제출했다. 어떤 직원은 과거의 낡은 데이터를 기반으로 작성된 그럴듯한 거짓말을 최신 트렌드라며 당당하게 들고 왔다. 마케팅팀 김태식 부장은 눈앞에 쏟아지는 엄청난 양의 보고서 앞에서 깊은 한숨을 내쉬었다. 앞선 위기를 통해 '인용될 만한 데이터의 품질'이 전부라는 사실을 누구보다 뼈저리게 깨달은 그다. 하지만 인공지능을 무기 삼아 폭주하는 팀원들의 작업 속도를 도저히 통제할 길이 없어 곤혹스러웠다. 보고서의 껍데기는 화려해졌지만, 그 안의 알맹이는 처참하게 썩어 있었다.

김수아 과장의 야근은 기술 도입 이전보다 두 배로 늘어났다. 각 부서에서 제멋대로 취합된 파편화된 보고서들의 문체를 하나의 일관된 톤으로 맞추는 것만으로도 하루가 모자랐다. 게다가 틀린 숫자와 모순된 논리를 일일이 수작업으로 교차 검증하느라 뜬눈으로 밤을 새웠다. 첨단 도구를 도입해 실무의 부담이 줄어들 줄 알았는데, 오히려 인공지능이 무책임하게 쏟아낸 정보 쓰레기들을 치우는 일에 귀중한 에너지를 모두 허비하고 있었다.

위기는 금요일 오후 5시에 터졌다. 최강혁 이사에게 전사 통합 전략 보고서를 올리기 직전, 마케팅팀의 프로모션 단가와 영업팀의 제안서 숫자가 정면으로 충돌하는 치명적인 오류가 발견되었다. 놀란 김 과장이 각 부서의 실무 작성자들을 긴급 호출했다. 하지만 돌아온 대답은 지독한 변명과 책임 회피뿐이었다.

"과장님, 저는 *AI* 답변 엔진이 추출한 결괏값을 시스템에서 그대로 가져왔을 뿐입니다. 로직상 오류는 없었어요. 애초에 입력된 원본 데이터가 틀린 건데, 그 세부적인 팩트 체크까지 기술 담당인 제가 다 책임질 수는 없지 않습니까?"

평소 업무에 능숙하던 홍진표 대리조차 기계 뒤로 비겁하게 숨었다.

"아니, 애초에 영업팀에서 넘겨준 원시 데이터를 그대로 *AI*에 넣고 돌린 건데, 결론이 엉뚱하게 나왔다고 저희 마케팅팀한테 따지시면 억울하죠!"

마케팅팀 직원도 지지 않고 물러섰다.

서로 책임을 떠넘기는 아수라장이 펼쳐졌다. 최 이사는 분노하며 이 보고를 무기한 연기시켰다. 그는 뼈저리게 직감했다. 전략의 방향이 정해졌으니 조직의 엔진을 정비할 차례다. 아무리 훌륭한 나침반과 압도적인 기술을 쥐여주어도, 누가 만들고 누가 검증하며 누가 책임질지 명확한 업무 분장이 없다면 조직은 모래성처럼 무너진다. 협업이 무너지면 결국 품질이 무너진다. 김수아 과장은 주말을 반납했다. 파편화된 각자도생의 조직을 하나의 유기체로 묶어내기 위해 '작성-검증-승인'이라는 철저한 톱니바퀴 규칙을 새롭게 설계했다.

[과거의 업무 일과: 책임 핑계의 아수라장]

• 오전 10시: 팀별 업무 분장에 따라 김태식 부장이 지시한 보고서 작성을 실무자들이 각자 시작한다. 가이드라인 없이 각자 다른 인공지능 도구에 제멋대로 질문을 던진다.

• 오후 2시: 김수아 과장이 팀원들의 초안을 취합한다. 작성자마다 인공지능을 부리는 문체와 데이터 기준이 제각각이다. 오합지졸

의 텍스트를 하나의 보고서로 통일하는 단순 작업에 귀중한 시간을 모두 허비한다.

- 오후 5시: 최강혁 이사에게 보고하기 직전, 부서 간 숫자가 어긋나는 데이터 오류가 발견된다. 다급한 수정 과정에서 "이건 내 담당이 아니다", "인공지능이 알아서 쓴 것이다"라며 부서 간 치열한 책임 회피가 발생한다.

[현재의 업무 일과: 철저한 삼권분립의 톱니바퀴]

- 오전 10시: 전사가 합의한 '작성-검증-승인' 역할에 따라 신예은 사원이 AI의 뇌 구조에 맞춘 정교한 질문을 먼저 설계한다. 이를 바탕으로 홍진표 대리가 인공지능을 활용해 초안을 생성한다. 기계에 맹목적으로 의존하지 않고 자신이 뽑아낸 데이터의 1차 출처 검증을 스스로 수행한 뒤 다음 단계로 넘긴다.

- 오후 2시: 깐깐한 조율자 김수아 과장이 표준화된 '검증 규칙(근거, 정합성, 최신성)' 잣대를 들이댄다. 부서 간 데이터가 어긋나지 않는지 기계적으로 교차 체크를 진행하며 오류를 철저히 걸러낸다.

- 오후 5시: 변명과 핑계가 사라지고 일관된 품질의 무결점 결과물이 완성된다. 최강혁 이사가 확신을 가지고 최종 승인 도장을 찍는다. 초기 단계에서 AI에게 완벽한 답을 낼 수 있도록 통제한 신예은 사원의 뛰어난 질문 설계 능력이 보고서의 뼈대를 잡은 핵심 요인으로 평가받으며, 그 긍정적인 피드백이 전사에 즉각 공유된다.

각자도생의 덫: 협업 구조 없는 인공지능 활용이 위험한 이유

조직 전체를 관통하는 명확한 가이드라인 없이, 실무자 개개인에게 인공지능 비서의 활용을 전면적으로 맡겨버리는 '각자도생'의 업무 방식은 기업을 치명적인 덫으로 몰아넣는다. 이것은 마치 교통법규나 차선이 전혀 없는 무법천지의 도로에 성능 좋은 스포츠카 수백 대를 동시에 풀어놓는 것과 같다. 개별 차량의 속도는 과거와 비교할 수 없을 정도로 비약적으로 빨라졌다. 하지만 전체 도로를 조망하는 신호등이 없기에 결국 교차로 곳곳에서 참혹한 충돌 사고가 발생하고, 조직이라는 거대한 도로의 흐름은 완전히 마비된다. 인공지능이라는 강력한 도구를 도입한 직후, 수많은 기업이 범하는 가장 뼈아픈 실수가 바로 이 지점이다. 도구의 도입 자체를 혁신이라 착각하고, 그 도구를 어떻게 통제하고 연결할 것인가에 대한 구조적 고민은 철저히 방치한다.

20년 차 관리자 김태식 부장이 최근 텅 빈 대시보드만큼이나 극심하게 느끼는 감정은 바로 '관리되지 않는 불안함'이다. 과거의 업무 방식에서는 실무자가 보고서를 작성할 때, 자료를 찾고 논리를 세우는 과정 중간중간에 수많은 질문과 피드백이 오갔다. 부장과 사원 사이에 생각의 동기화 과정이 존재했다. 문장이 조금 투박하더라도 그 안에 담긴 치열한 고민의 흔적을 읽어낼 수 있었다. 하지만 지금은 양상이 완전히 다르다. 김 부장이 지시를 내리면 불과 10분 만에 50페이지짜리 매끄러운 기획서가 책상 위에 올라온다. 문장은 화려하고 목차의 구성은 흠잡을 데 없이 완벽해 보인다. 하지만 김 부장이 보고서를 넘기다 "이 핵심 전환율 수치는 어떤 논리와 근거로 도출했나?"라고 날카롭게 묻는 순간, 실무자의 말문은 턱 막힌다. 본인이 직접 원시 데이터를 파고들어 치열하게 엮어낸 논리가 아니기 때문이다. 그저 인공지능 비서가 뱉어낸 평균적인 요약본을 화면에서 화면으로 운반해 온 것에 불과하다. 결과 도출을 위한 고민의 과정은 증발했고, 화려한 껍데기의 결과만 덩그러니 남았다. 관리자는 이제 부하 직원이 어떤 논리로 이 결과물에 도달했는지 전혀 통제할 수 없다. 통제권을 잃은 관리자의 불안감은 조직 전체의 방향성 상실로 이어진다.

이러한 각자도생의 문화는 필연적으로 조직 전체의 전문성을 끔찍한 '하향 평준화'의 늪으로 끌고 간다. 앞서 우리는 인공지능 답변 엔진이 내놓는 결과물이 인터넷 생태계에 흩어진 수많은 정보의 가장 보편적이고 안전한 교집합, 즉 '평균값'이라는 사실을 확인했다. 팀원들이 각자의 자리에서 아무런 협업 규칙 없이 인공지능에게 평범한 질문을 던지고 그 결과를 무비판적으로 수용한다면 어떤 일이 벌어질까. 조직이 생산하는 모든 기획서, 마케팅 카피, 영업 제안서는 뻔한 평균의 함정에 갇히게 된다. 우리 회사만이 가진 뾰족한 무기, 현장의 땀방울이 담긴 독창적인 시각, 누구도 모방할 수 없는 고유의 지식은 순식간에 사라진다. 경쟁사 직원도 똑같은 인공지능 도구를 써서 똑같은 요약본을 만들어내고 있기 때문이다. 개인의 작업

속도는 빨라졌지만, 조직이 만들어내는 결과물의 질적 수준은 시장의 가장 흔한 평균치로 곤두박질친다.

더욱 심각하고 파괴적인 문제는 부서 간의 단절, 즉 보이지 않는 데이터 사일로[24]가 기술을 등에 업고 더욱 견고해진다는 점이다. 가이드라인이 없으니 실무자들은 자신의 부서에 유리한 방향으로만 인공지능을 편식하여 사용한다. 마케팅팀은 예산 증액을 정당화하기 위해 인공지능에게 긍정적인 시장 감성 분석 결과만 뽑아내도록 유도한다. 반면 영업팀은 부진한 실적을 방어하기 위해 인공지능에게 거시 경제의 침체 지표만 부각해 요약해 달라고 지시한다. 두 부서 모두 인공지능이라는 권위 있는 도구를 사용했지만, 그 결과물은 완전히 모순된다. 서로의 데이터를 교차로 검증하고 충돌을 조율하는 협업의 다리가 끊어진 채, 각자의 인공지능이 써준 보고서를 무기 삼아 회의실에서 끝없는 소모전을 벌인다.

우리는 이미 제로 클릭 시대에 생존하기 위한 핵심 전략인 '생성형 엔진 최적화(GEO)'의 절대 조건이 전사 데이터의 완벽한 '정합성'에 있음을 확인했다. 각자도생으로 만들어진 파편화된 문서들은 필연적으로 논리의 충돌을 일으킨다. 똑똑하고 깐깐한 인공지능 답변 엔진은 우리 웹사이트 내부에서 벌어지는 이 [25]미세한 수치와 논

---

24 데이터 사일로(Data Silo): 부서나 팀 단위로 정보가 꽉 막힌 벽에 갇혀, 다른 부서와 공유되거나 통합되지 못하고 고립되는 현상.

25 The State of Digital Trust Report 2025 (Usercentrics | 2025–07)

리의 충돌을 탐색망으로 발견하는 즉시, 우리 브랜드를 신뢰할 수 없는 최악의 출처로 낙인찍고 정답 후보군에서 영구 제명해 버린다. 협업 구조의 부재는 단순한 사내 소통의 불협화음을 넘어, 시장에서 우리 브랜드가 쌓아 올려야 할 인용 점유율과 신뢰 자산을 내부에서부터 갉아먹는 가장 치명적인 구조적 자해 행위다.

보이지 않는 부실 공사: 검증되지 않은 답변이 만드는 리스크

각자도생의 조직 문화가 결과물의 하향 평준화를 초래한다면, 출처와 논리를 깐깐하게 검증하는 시스템의 부재는 기업의 근간을 단숨에 무너뜨리는 법적, 재무적 대재앙을 불러온다. 인공지능이 만들어낸 화려한 결과물을 이중, 삼중으로 걸러내는 거름망이 조직 내에 존재하지 않을 때 발생하는 가장 끔찍한 비극은 바로 '책임 소재의 증발'이다.

회사의 모든 돈줄을 쥐고 리스크를 최전선에서 방어하는 박상훈 부장의 시각은 얼음장처럼 차갑고 매섭다. 그는 책상 위에 올라온 출처 불명의 자동 생성 보고서를 집어 던지며 임원 회의실에서 뼈아픈 본질을 찌른다.

"만약 마케팅팀 직원이 인공지능 비서가 요약해 준 낡은 프로모션 단가표나 잘못된 환불 규정을 팩트 체크 없이 고객에게 그대로 송출했다고 가정해 봅시다. 그로 인해 수만 명의 고객이 집단 소송을 제기하고 수십억 원의 금전적 손실이 발생한다면, 도대체 그 책임은 누가 지는 겁니까? 키보드의 복사 버튼을 누른 사원입니까, 그 문서를 읽지도 않고 승인한 임원입니까, 아니면 헛소리를 뱉어낸 차가운 기계입니까?"

박 부장의 이 날카로운 질문에 조직의 누구도 명확히 대답하지 못한다면, 그 기업은 언제 터질지 모르는 거대한 시한폭탄을 끌어안고 비즈니스를 하는 것과 같다.

인공지능은 도덕적 책임감이나 수치심, 기업의 손실에 대한 두려움을 전혀 느끼지 못하는 수학적 연산 장치에 불과하다. AI는 자신이 모르는 정보가 주어졌을 때 모른다고 답하기보다, 확률적으로 가장 그럴듯해 보이는 단어들을 조합해 없는 사실도 있는 것처럼 꾸며내는 '환각 현상'을 일으킨다. 이것은 [26]현재 기술의 구조적 한계상 완벽하게 근절할 수 없는 물리적 결함이다. 실무자가 이러한 AI의 맹점을 망각하고, 인공지능이 내놓은 결과물의 근거 데이터를 역추적하는 수고로움을 생략한 채 그대로 외부로 내보내는 행위는 끔찍한 결과를 낳는다. 그것은 튼튼한 철근과 콘크리트라는 기초 공사도 전혀 하지 않은 진흙탕 위에, 겉보기만 화려한 유리 빌딩을 아슬아슬하게 올리는 '보이지 않는 부실 공사'와 정확히 일치한다.

외관은 그럴듯하고 매끄럽지만, 시장의 작은 의심이나 경쟁사의 날카로운 질문 한 번, 혹은 까다로운 고객의 불만 제기 한 번에 그 빌딩은 모래성처럼 허무하게 무너져 내린다. 특히 파란색 링크가 사

---

26 출 Artificial Intelligence Risk Management Framework (AI RMF 1.0) (NIST | 2023-01-26)

라진 시대에 우리가 조직의 사활을 걸고 쟁취하려는 최종 목표는 인공지능 답변 엔진의 1순위 출처로 당당히 '인용'되는 것이다. 기계의 입을 빌려 우리의 권위를 증명하는 이 거대한 인용의 힘은 오직 데이터의 절대적인 무결성에서만 나온다. 단 한 번이라도 고객이나 외부 답변 엔진의 팩트 체크 알고리즘에 의해 우리 데이터의 치명적인 거짓이나 환각이 들통난다면, 조직이 그동안 피땀 흘려 쌓아 올린 무형의 신뢰 자산은 일거에 파산 선고를 받는다. 시장과 인공지능은 한 번 거짓말쟁이로 낙인찍힌 브랜드를 두 번 다시 정답의 도마 위에 올리지 않는다.

박상훈 부장이 가장 두려워하는 지점은 이 책임 소재의 불분명함이 결국 조직 전체의 치명적인 '윤리적 해이'로 이어진다는 사실이다. 업무 분장과 검증의 규칙이 명확하지 않은 조직에서는 결과물에 치명적인 오류가 발생했을 때 아무도 반성하지 않는다.

"과장님, 제가 쓴 게 아니라 인공지능이 알아서 요약해 준 겁니다. AI가 이렇게 그럴듯하게 거짓말을 할 줄 제가 어떻게 알았겠습니까?"

AI 비서에게 핑계를 대는 순간, 조직은 리스크를 스스로 통제하고 교정할 수 있는 자정 능력을 영원히 상실하게 된다.

도구의 연산 속도는 이미 인간의 한계를 아득히 압도했다. 하지만 그 도구가 내놓은 결과물에 대해 법적, 도의적, 상업적 책임을 온전히 짊어지는 것은 결국 살아 숨 쉬는 인간이다. 기계가 생성한 답변을 차갑게 의심하고, 문장 끝에 달린 출처를 끝까지 역추적하며, 논리의 빈틈을 인간의 통찰로 메우는 깐깐한 검증 시스템이 없다면 기계는 흉기로 전락한다. 그리고 각 검증의 단계마다 누가 이 데이터의 무결성에 목숨을 걸고 책임을 질 것인지 명확한 이름표를 다는 작업이 선행되어야 한다. 이 촘촘한 그물망이 마련되지 않은 상태에서의 무분별한 기술 도입은 기업의 목을 스스로 조르는 가장 위험한 자해 행위다. 끔찍한 부실 공사와 책임의 증발을 막기 위해서는, 조직의 숨통을 조이는 철저하고 냉혹한 '역할 검증 운영 규칙'을 당장 세워야만 한다.

인공지능 시대의 삼권분립: 작성자, 검증자, 승인자

무너진 협업의 잔해 위에서 기획팀 김수아 과장이 빼든 칼은 철저한 역할의 분리였다. 이른바 '인공지능 시대의 삼권분립' 체계다. 국가의 권력이 한곳에 집중되어 타락하는 것을 막기 위해 입법, 사법, 행정이 서로를 견제하듯, 조직 내에서도 인공지능 답변 엔진을 다루는 권한과 책임을 명확하게 세 갈래로 쪼개야 한다. 모든 실무자가 무분별하게 인공지능에게 질문을 던지고, 그 결과물을 대충 훑어본 뒤 상사에게 던져버리는 기존의 혼란스러운 관행을 완전히 폐기했다. 대신 업무의 기획부터 보고까지 이어지는 모든 흐름을 '작성', '검증', '승인'이라는 세 개의 단단한 기둥으로 재조립했다. 최강혁 이사의 전폭적인 지지 아래, 6인의 핵심 인물들은 각자의 전문성에 맞춰 이 삼권분립의 톱니바퀴 속으로 정확히 배치되었다.

첫 번째 기둥은 '작성자'다. 기술 실무에 밝은 홍진표 대리와 최신 트렌드에 민감한 신예은 사원이 이 막중한 임무를 맡는다. 작성자의 핵심 역할은 단순히 기계에게 막연한 질문을 던지고 답을 구걸하는 것이 아니다. 전사적 목표에 맞게 가장 정교하고 날카로운 지시어를 설계하여, 인공지능 비서로부터 흠잡을 데 없는 최상의 초안을 끌어내는 것이다. 이들은 콧대 높은 답변 엔진의 언어와 습성을 완벽히 꿰뚫고 있다. 회사가 보유한 날 것 그대로의 고유한 원시 데이터를 적재적소에 배치하여, 기계가 우리가 원하는 방향으로 정답을 요리하도록 치밀하게 유도한다. 하지만 작성자에게 주어진 가장 중요한 철칙은 자신이 뽑아낸 결과물에 결코 취해서는 안 된다는 점이다. 이들이 만들어낸 화려한 초안은 결코 완성본이 아니다. 그것은 다음 단계에서 철저한 해부와 난도질을 기다리는 날 것의 재료일 뿐이다. 작성자는 기계의 능력을 극한으로 끌어올리는 액셀러레이터 역할을 수행하며, 초기 데이터의 풍부함을 책임진다.

두 번째 기둥은 '검증자'다. 깐깐하고 치밀한 조율자인 김수아 과장이 이 무겁고 외로운 책임을 짊어진다. 삼권분립 체계에서 검증자는 반드시 작성자와 철저히 분리되어야 한다. [27]인간의 뇌는 자신이 직접 만들거나 관여한 결과물을 스스로 객관적으로 평가하지 못하는 맹점을 지니기 때문이다. 검증자는 인공지능 비서가 뱉어낸 매끄러운 초안을 차가운 의심의 눈초리로 샅샅이 해부한다. 문장의 화려

---

27 📖 Insights for success in AI-driven organizations (Leading with AI) (MIT Sloan | 2024-10)

함이나 논리의 전개에 현혹되지 않는다. 오직 문장 끝에 달린 출처 링크를 일일이 타고 들어가 원본 데이터가 실제로 존재하는지, 숫자가 왜곡되지는 않았는지 팩트 체크에만 집중한다. 부서 간 데이터가 미세하게 충돌하지는 않는지, 이 정보가 외부로 송출되었을 때 기업에 치명적인 법적 리스크를 안기지는 않을지 현미경을 들이댄다. 검증자인 김 과장의 통과 도장이 찍히지 않은 문서는 단 한 줄도 상위 단계로 넘어갈 수 없다. 그녀는 기계의 헛소리와 환각을 차단하는 조직의 가장 견고한 브레이크다.

세 번째 기둥은 '승인자'다. 조직의 거시적 방향을 쥐고 있는 냉철한 전략가 최강혁 이사와 예산의 살림꾼 박상훈 부장이 이 최종 위치에 선다. 인공지능 시대의 승인자는 과거처럼 문서의 오탈자를 교정하거나 문맥을 다듬는 미시적인 작업에 시간을 낭비하지 않는다. 그러한 단순 작업은 이미 기계와 검증자가 완벽하게 끝마쳤다. 승인자의 역할은 철저한 검증을 통과해 올라온 무결점의 결과물이 기업의 장기적인 생존 비전과 정확히 일치하는지 판단하는 것이다. 이 문서가 외부로 나갔을 때 우리의 핵심 성과 지표인 '인용 점유율'을 극대화할 수 있는지, 재무팀의 예산 효율성 기준에 부합하는지 거시적인 관점에서 최종 결단을 내린다. 만약 전략적 방향이 어긋난다면 가차 없이 문서를 반려하여 작성 단계로 되돌려 보낸다. 승인자는 조직의 에너지가 엉뚱한 곳으로 낭비되지 않도록 조타수를 쥐는 선장이다.

이러한 명확한 역할 분담, 즉 알엔알[28]이 확립되자 조직의 공기는 완전히 달라졌다. 오류가 터졌을 때 "인공지능이 알아서 쓴 겁니다"라며 기계 뒤로 비겁하게 숨던 실무자들의 변명이 사라졌다. 작성자는 완벽한 지시어를 설계하지 못한 책임을 지고, 검증자는 오류를 걸러내지 못한 책임을 지며, 승인자는 잘못된 전략을 승인한 책임을 진다. 각자의 이름표가 명확히 붙은 책임의 그물망이 형성된 것이다. 이 삼권분립 체계가 거대한 톱니바퀴처럼 오차 없이 맞물려 돌아갈 때, 비로소 조직은 기계의 압도적인 생산 속도를 누리면서도 인간의 치밀한 통제력을 잃지 않는 완벽한 균형점을 찾게 된다. 책임의 소재가 투명해지자 부서 간의 소모적인 감정싸움은 사라졌고, 조직이 생산해 내는 모든 지식 자산의 품질은 무서운 속도로 상향 평준화되기 시작했다.

3각 편대 거름망: 근거, 정합성, 최신성 표준화

역할이 명확히 나뉘었다면, 이제 방어의 핵심인 검증자 김수아 과장의 손에 쥐여줄 날카롭고 예리한 무기가 필요하다. 개인의 직감이나 그날의 컨디션에 의존하는 헐거운 검수는 또 다른 재앙의 씨앗이 된다. 전 직원이 무조건적으로 동의하고 기계적으로 따라야 할, 흔

---

28 알엔알(R&R, Role and Responsibilities): 축구 경기에서 수비수와 공격수의 임무가 다르듯, 팀원 각자가 맡은 역할과 책임의 범위.

들림 없는 절대적인 '검증 체크리스트'[29]가 필수적이다. 김 과장은 외부의 까다로운 인공지능 답변 엔진이 기업의 데이터를 도마 위에 올리고 평가할 때 사용하는 차가운 기계적 논리를 그대로 조직 내부로 이식했다. 그것이 바로 '3각 편대 거름망'이다. 조직에서 생산되는 모든 문서와 데이터는 외부로 송출되기 전, 이 세 개의 촘촘한 필터를 예외 없이 통과해야만 생명력을 얻을 수 있다.

첫 번째 필터는 '근거의 명확성'이다. 인공지능 비서는 인간의 감정을 흔드는 수식어보다, 차갑고 건조한 팩트를 맹신한다. 김 과장은 인공지능이 생성한 초안 중에서 주관적인 주장이나 타사와의 비교 우위를 나타내는 문장을 발견하면 즉시 빨간색 밑줄을 그었다. 전통적 마케터인 김태식 부장이 즐겨 쓰던 "경쟁사를 압도하는 업계 최고의 혁신적인 성능"이라는 문장은 이 첫 번째 거름망을 절대 통과할 수 없다. 김 과장은 작성자인 홍진표 대리에게 이 화려한 문장을 뒷받침할 구체적인 원시 데이터, 즉 부설 연구소의 블라인드 테스트 결과표나 공인 인증 기관의 수치 데이터를 첨부할 것을 가차 없이 요구한다. 기계가 출처를 확인하고 즉시 자신의 답변에 인용할 수 있을 만큼 객관적인 근거가 꼬리표처럼 단단히 붙어 있지 않은 문장은 보고서에서 전면 삭제된다. 오직 증명 가능한 사실만이 살아남는다.

---

29 검증 체크리스트(Verification Checklist): 인공지능 비서가 혹시 거짓말을 하거나 낡은 데이터를 가져오지는 않았는지 확인하기 위해 미리 정해둔 깐깐한 검사 목록.

두 번째 필터는 '정합성의 일치'다. 이는 조직 내부에 뿌리 깊게 박힌 부서 간 데이터 사일로, 즉 칸막이 이기주의를 박살 내는 가장 강력하고 무자비한 거름망이다. 마케팅팀이 작성한 신제품 홍보 초안이 검증자에게 올라오면, 김 과장은 이를 단독으로 보지 않는다. 즉시 영업팀의 현장 제안서, 고객 센터의 환불 및 불만 대응 매뉴얼, 재무팀의 원가 단가표를 동시에 펼쳐놓고 텍스트를 교차 대조한다. 만약 마케팅 홍보 문구에는 '평생 무상 보증'이라 화려하게 적혀 있는데, 고객 센터 매뉴얼 구석에는 '1년 후 유상 수리 전환'이라고 적혀 있다면 즉시 전사에 비상벨이 울린다. 모순된 정보는 팩트 체크를 생명으로 여기는 인공지능 비서에게 치명적인 맹독이다. 검증자는 이 미세한 논리의 충돌을 귀신같이 찾아내어, 전사가 단 하나의 일관된 목소리를 내도록 뼈를 깎는 조율 작업을 완수해야 한다. 내부의 모순을 견디지 못하는 데이터는 외부의 인공지능 생태계에서도 결코 살아남지 못하기 때문이다.

세 번째 필터는 '최신성의 확인'이다. 인공지능은 구식 정보를 사용자에게 제공하여 자신이 무능한 기계로 전락하는 것을 극도로 두려워한다. 따라서 보고서나 웹사이트에 포함된 시장 점유율, 경쟁사 동향 분석, 법적 규제 내용이 도대체 언제 시점의 데이터인지 명확히 검증하는 절차가 요구된다. 박상훈 부장이 2년 전 낡은 데이터를 보고 경악했던 과거의 참사를 막기 위한 핵심 장치다. 김 과장은 모든 데이터의 하단에 '2026년 5월 기준'이라는 타임스탬프를 의무적으로 찍도록 사내 규칙을 세웠다. 만약 6개월 이상 지난 낡은 데이터를 기반으로 인공지능이 그럴듯한 전략을 도출했다면, 그 초안은 내용의 훌륭함과 상관없이 가차 없이 반려된다. 죽어있는 낡은 데이터는 기업의 신뢰도를 갉아먹는 암세포와 같다. 이 근거, 정합성, 최신성이라는 3각 편대 거름망은 조직의 평범한 결과물을 기계가 가장 탐내는 최고급 무결점 식재료로 탈바꿈시키는 마법의 연금술이다.

성장 사다리 올라타기: 단순 실행자에서 질문의 설계자로

새로운 삼권분립 역할이 강제되고 깐깐한 3각 편대 거름망이 조직의 표준으로 자리 잡자, 실무자들의 업무 방식과 태도에도 혁명적인 지각 변동이 일어났다. 조직은 더 이상 상사가 지시한 내용을 인터넷에서 대충 검색해 그대로 수행하고, 복사 붙여넣기나 하는 수동적인 부품을 원하지 않는다. 방대한 자료를 읽어내고 그럴듯한 문장을 써 내려가는 [30]단순 반복 작업은 기계가 인간보다 수백 배 빠르고 정확하게 해치운다. 단순 작업자의 가치는 시장에서 영원히 소멸했다. 신예은 사원과 홍진표 대리는 이 서늘한 위기를 직감하고, 오히려 이를 폭발적인 성장의 기회로 뒤바꿨다. 이들은 쏟아지는 인공지능의 요약본에 파묻혀 노예가 되는 대신, 기계를 완벽하게 지배하고

---

30 How AI Overviews in Search work (Google | 2024–07)

지휘하는 '질문 설계자'[31]로 진화하는 성장의 사다리에 본격적으로 올라탔다.

초기 단계의 평범한 실무자는 그저 기계의 답변을 수동적으로 소비하는 단순 검색자에 불과했다. "우리 회사 신제품 마케팅 방안 좀 짜줘"라는 1차원적인 질문을 던지고, 뻔한 대답이 나오면 불평만 늘어놓았다. 하지만 역량 강화 사다리의 첫 단계를 밟은 디지털 네이티브 신예은 사원은 완전히 다르게 접근했다. 그녀는 기계에게 막연한 답을 구걸하지 않는다. 기계에게 '20년 차 글로벌 마케팅 디렉터'라는 구체적인 페르소나 역할을 부여하고, 우리가 확보한 독점적인 고객 로그 데이터라는 제약 조건을 족쇄처럼 건다. 그리고 출력될 결과물의 형태를 '비교 표와 3줄 요약이 포함된 구조화된 보고서'로 치밀하게 통제하는 고도의 복합 지시어를 설계한다. 훌륭한 질문 설계자는 어떤 단어와 맥락을 던져야 차가운 연산 장치가 가장 창의적이고 오류 없는 최상의 답을 도출해 내는지 그 기계적 뇌 구조를 완벽하게 꿰뚫고 조종한다.

성장 사다리의 다음 단계는 단순한 도구의 활용을 넘어선 '문제 정의자'로의 도약이다. 아무리 똑똑한 인공지능 비서라도 자신이 지금 무엇을 해결해야 하는지 스스로 문제를 정의하지는 못한다. 홍진표 대리는 기계가 끝없이 뱉어내는 매끄러운 요약본의 평균적인 함

---

31 질문 설계자(Prompt Engineer): 인공지능으로부터 최고의 답을 얻어내기 위해, 단순히 묻는 것을 넘어 제약 조건과 맥락을 전략적으로 기획하고 지시하는 전문가.

정에 빠지지 않는다. 그는 쏟아지는 데이터 속에서 우리 조직이 진짜 당면한 본질적인 위기가 무엇인지 인간의 직관으로 먼저 뾰족하게 정의한다. 그리고 기계가 도출한 결과를 무비판적으로 수용하지 않고, 검증자인 김수아 과장의 시각을 스스로 체화하여 "기계가 내놓은 이 데이터가 논리적으로 타당한가?"를 끊임없이 의심하는 '품질 검증자'의 안목까지 장착하게 되었다. 문제를 정의하고 결과의 진위를 판별하는 것은 오직 인간만이 할 수 있는 최상위 지적 노동이다.

조직은 이러한 실무자들의 눈부신 성장을 개인의 역량에만 맡겨두지 않고 적극적으로 견인하고 시스템화해야 한다. 신예은 사원은 매주 금요일 오후, 자신이 업무 중 발견한 기발한 질문 지시어 패턴과 기계가 그럴듯하게 거짓말을 했던 섬뜩한 환각 사례를 전사에 공유하는 세션을 주도한다. 실무자들은 이 공유의 장을 통해 서로의 뼈아픈 실패와 빛나는 노하우를 스펀지처럼 흡수하며 조직 전체의 집단 지성을 폭발적으로 높인다. 과거에는 누가 더 엑셀 단축키를 빨리 누르고 밤을 새워 문서를 예쁘게 꾸미느냐가 실력의 척도였다면, 이제는 누가 더 날카로운 질문을 설계하여 기계의 연산 능력을 극대화하고 거짓말을 완벽히 잡아내느냐가 실무자의 핵심 경쟁력이다. 조직은 단순 지시 실행자들을 기계라는 오케스트라를 지휘하는 마에스트로로 성장시키는 이 치열한 역량 강화 로드맵에 기업의 모든 사활을 걸어야 한다.

숫자로 증명하는 변화: 평가 체계와 교육의 연결

업무의 역할이 삼권분립으로 재편되고, 실무자들이 단순 작업자에서 질문 설계자로 진화하고 있다. 하지만 이 모든 거대한 변화가 조직에 영구적으로 안착하기 위해서는 가장 본질적이고 현실적인 마지막 단추가 꿰어져야 한다. 바로 '보상과 평가 체계'의 근본적인 혁신이다. 돈의 흐름과 임직원의 평가를 쥐고 있는 박상훈 부장이 전면에 나섰다. 아무리 훌륭한 운영 규칙과 거름망을 만들어도, 그것이 실무자 개인의 연말 인사 고과와 즉각적인 재무적 보상으로 직결되지 않는다면, 인간은 결국 가장 편하고 익숙했던 낡은 과거의 방식으로 회귀해 버린다. 제도는 돈과 평가로 묶일 때 비로소 숨을 쉰다.

"다들 명심하십시오. 밤새워 야근하면서 기계가 써준 의미 없는 텍스트 보고서 100장 찍어냈다고 높은 인사 고과 받는 시대는 오늘부로 완전히 끝났습니다. 과정의 고단함이나 엉덩이 무거운 게 성과를 증명해 주지 않습니다. 이제 평가는 오직 검증 거름망을 통과한 '데이터의 무결성' 하나로만 매기겠습니다."

박 부장의 선언은 회의실을 얼어붙게 할 만큼 단호했다. 과거의 인사 평가는 직원이 투입한 물리적인 노동 시간과 쏟아낸 산출물의 단순한 양에 비례했다. 하지만 인공지능이 도입된 시대에 문서의 양을 늘리는 것은 엔터키 한 번이면 끝나는 전혀 가치 없는 잉여 노동이다. 박 부장은 개인의 '노력'이라는 모호한 잣대를 찢어버리고, '품질과 신뢰'라는 명확한 성과 언어로 인사 평가의 기준을 바닥부터 완전히 뜯어고쳤다.

새로운 평가 체계의 핵심 배점은 기계의 까다로운 입맛을 얼마나 완벽하게 맞추었는가, 즉 데이터의 '인용 준비도'에 집중된다. 검증자인 김수아 과장의 3각 편대 거름망을 단 한 번의 반려도 없이 통과할 만큼, 완벽한 근거와 정합성을 갖춘 데이터를 생산한 직원은 S급 최고의 평가를 받는다. 반대로 부서 간 데이터를 교차로 확인하지 않아 외부로 모순된 정보를 유출 시킬 뻔한 직원은 아무리 일을 빨리 마쳤어도 가차 없이 인사 고과에서 치명적인 감점을 받는다. 속도보다 무결성이 압도적인 우위를 점한다. 더 나아가, 자신이 밤낮으로 발굴하고 정제한 고유한 원시 데이터가 외부 인공지능 엔진의 1순위 정답으로 인용되어 회사의 '인용 점유율'을 높이는 데 결정적으로 기여한 실무자에게는 파격적인 재무적 인센티브가 즉각 지급된다. 보이지 않는 신뢰의 구축을, 실무자 개인의 눈에 보이는 숫자의 보상으로 완벽하게 직결시킨 것이다.

조직 내 교육의 방식과 철학도 완전히 달라졌다. 비싼 돈을 주고 외부 강사를 불러 뻔한 이론을 듣는 보여주기식 집체 교육은 전면 폐지되었다. 대신 앞서 신예은 사원이 주도하는 실제 현장의 실패 사례와 질문 설계 노하우 공유 세션 자체가 회사에서 가장 점수가 높은 사내 필수 교육 과정으로 공식 인정받는다. 기계가 쓴 남의 지식을 생각 없이 복사해 나르는 직원은 승진에서 철저히 도태되고,

기계를 끈질기게 가르치고 동료의 역량을 끌어올리는 진짜 설계자만이 리더로 승진한다. 협업의 규칙이 인사 평가라는 현실적 보상과 완벽하게 한 몸이 되어 맞물려 돌아갈 때, 조직은 비로소 인공지능 시대의 거대한 파도를 집어삼키는 가장 강력하고 유연한 전투함으로 다시 태어난다.

조직의 체력과 호흡을 정비했다면, 이제는 각 직무의 개별 전술로 깊숙이 들어갈 때다. 다음 장에서는 이 협업의 규칙이 실제 마케팅과 영업의 최전선에서 어떻게 매출로 치환되는지 그 치열한 현장을 들여다본다.

우리 팀을 지키는 튼튼한 협업 성곽 구축하기

1. ☑ 모든 업무 지시와 보고에 '작성자–검증자–승인자'의 이름을 명시한 역할표를 반드시 비치했는가?

2. ☐ 인공지능이 생성한 초안을 그대로 제출하는 것을 금지하고, 반드시 인간 검증자의 교차 검증을 거치게 했는가?

3. ☐ 모든 보고서 하단에 인공지능 비서가 참조한 '근거 데이터 수집 시점(최신성)'을 각주로 표기했는가?

4. ☐ 주관적인 형용사나 감성적 문구가 발견되면 검증자가 즉시 원본 데이터(수치)를 요구하고 반려했는가?

5. ☐ 마케팅팀의 홍보물과 영업팀의 제안서 숫자가 완벽히 일치하는지 부서 간 교차 검증 회의를 정례화했는가?

6. ☐ 주 1회, 신예은 사원이 주도하여 팀원들이 겪은 인공지능 환각 사례와 유용한 지시어를 공유하는 세션을 열었는가?

7. ☐ 정보가 외부로 송출되기 전, 3각 편대 거름망(근거, 정합성, 최신성)을 기준으로 삼아 기계적으로 검수했는가?

8. ☐ 팀원의 인사 평가 기준에서 단순 문서 처리량을 빼고, 데이터 정합성 및 품질 기여도 항목을 신설했는가?

9. ☐ 외부 인공지능 답변 엔진에 우리 회사의 데이터가 어떻게 요약되고 있는지 전담 추적 담당자를 지정했는가?

10. ☐ 오류가 발생했을 때 작성자 개인을 비난하는 대신, 검증 시스템의 어느 거름망이 뚫렸는지 먼저 점검했는가?

조직의 파편화된 업무 방식을 단단한 협업 구조로 묶어낼 10가지 운영 규칙이다. 체크된 개수를 세어 조직의 상태를 진단해 보자.

진단 및 피드백

"지금 조직은 시한폭탄 돌리기를 하고 있습니다. 다들 AI로 그럴듯한 쓰레기만 찍어내고 책임은 아무도 안 지잖아요! 당장 '작성–검증–승인' 역할부터 종이에 명확히 적어 나누십시오."

0~3개 ▶▶▶ 규정 강제

"역할은 나눴는데 검증의 칼날이 너무 무딥니다. 눈으로 대충 훑는 헐거운 검수는 당장 멈추세요. '3각 편대 거름망' 들이대고 토씨 하나까지 깐깐하게 팩트 체크하는 룰을 강제해야 합니다."

4~7개 ▶▶▶ 깐깐한 지적

"완벽한 삼권분립의 톱니바퀴가 돌아가고 있습니다! 압도적인 기계의 속도에 인간의 무결점을 더하는 강력한 방패를 얻으셨네요. 이제 실무진이 고도의 '질문 설계자'로 진화하도록 평가 보상만 밀어주면 됩니다."

8~10개 ▶▶▶ 흐뭇한 미소

6장

[마케팅] 유입은 줄어든다 인용으로 승부하라
생성형 엔진 최적화(GEO) 실행

마케팅팀 김태식 부장의 모니터 화면에는 자사의 핵심 주력 상품 검색 결과가 떠 있었다. 파란색 링크 중 가장 꼭대기, 그토록 원하던 포털 검색 결과 1위 자리를 마침내 되찾았다. 지난 1장부터 5장에 이르는 치열한 사투 끝에 전열을 가다듬고 만들어낸 피땀 어린 성과였다. 하지만 김 부장의 굳은 미간은 좀처럼 펴지지 않았다. 실적 대시보드에 찍힌 고객 문의 건수와 실제 전환 매출액은 1위 탈환이라는 화려한 타이틀이 무색할 만큼 바닥을 기고 있었다.

과거의 김 부장이라면 대행사를 탓하며 "왜 유입 트래픽이 떨어졌지?"라고 화를 냈을 것이다. 하지만 그는 더 이상 무지하지 않다. 이미 제로 클릭 시대의 도래를 누구보다 뼈저리게 체감했다. 허공에 낭비되던 비싼 검색 광고비도 대폭 축소했다. 사람들이 더 이상 파란색 링크를 누르지 않고 인공지능 요약 상자, 즉 '쇼윈도' 안으로 들어가야만 생존할 수 있다는 전략적 방향성에도 완벽히 동의했다. 그의 진짜 비극은 몰라서가 아니라, 알고도 공략할 수 없는 차가운 알고리즘의 벽 앞에서 터져 나왔다.

"파란 링크 안 누르는 거 저도 압니다. 인공지능 답변 상자에 들어가야 생존한다는 것도 알고요. 그런데 도대체 이놈의 차가운 기계 머릿속을 어떻게 뚫고 들어가야 할지 도무지 감조차 잡히질 않습니다! 밤새워 기를 쓰고 검색 1위 자리를 기어코 되찾았는데, 왜 AI가 꼽은 정답은 저 5위권 밖의 듣보잡 녀석이냐는 말입니다!"

김 부장의 손가락이 억울한 듯 모니터를 강하게 가리켰다. 검색창 최상단에 자리 잡은 거대한 인공지능 답변 상자. 1위 자리에 우리 웹사이트가 당당히 걸려 있음에도 불구하고, 바로 그 위를 덮고 있는 인공지능의 요약 답변에는 5위권 밖에 머물러 있던 경쟁사 브랜드가 '가장 합리적인 대안'으로 버젓이 추천되고 있었다.

"아니, 우리 사이트가 저 경쟁사보다 디자인도 훨씬 예쁘고 카피도 압도적으로 세련되지 않았습니까? 제가 20년 동안 인간 소비자의 마음을 훔치는 법은 완벽하게 꿰뚫었는데, 도대체 저 감정도 없는 알고리즘 자식의 선택을 받는 법은 알 길이 없습니다. 노출 1위는 당당히 우리인데, 왜 인공지능 비서는 우릴 투명 인간 취급하냐고요!"

회의실 구석에서 인공지능 답변 엔진의 동향을 실시간으로 모니터링하던 신예은 사원이 조용히 화면을 전환하며 팩트 폭격을 날렸다.

"부장님, 진짜 솔직히 말씀드리면요. 요즘 고객들은 이제 우리 사이트라는 '가게' 문을 아예 안 열고 들어와요. 인공지능이 띄워준 저 '쇼윈도' 밖에서 이미 비교랑 선택 다 끝내버리거든요. 저 브리핑 창 안에서 우리가 1순위로 안 불리면, 고객 머릿속에 우리 브랜드는 그냥 없는 거나 마찬가지예요. 검색 순위가 1등이냐 5등이냐는 이제 AI한테 아무런 의미가 없다고요."

김 부장의 뼈아픈 딜레마 앞에서 기술 실무의 대가 홍진표 대리가 나섰다.

"부장님, AI의 눈에는 부장님이 공들여 만드신 화려한 웹사이트가 그저 해독 불가능한 암호문처럼 보일 뿐입니다. 우린 지금 사람 유혹할 예쁜 포장지에만 집착하느라, 정작 인공지능 요리사가 당장 요리하기 편한 '정답의 재료'를 숟가락으로 떠먹여 주는 일에는 완전히 실패한 겁니다. 반면에 저 5위 업체 한번 보시죠. 기계가 0.1초 만에 긁어가기 딱 좋은 투박한 텍스트 표로 데이터를 완벽하게 바쳐버리지 않았습니까."

인간을 설득하는 마케팅은 통달했지만 기계를 설득하는 문법은 알지 못했던 김 부장의 뼈아픈 패배였다. 검색 1위라는 영광스러운 트로피를 안고도 철저하게 투명 인간 취급을 받는 마케팅의 고립. 파란 링크를 놓고 벌이던 낡은 영토 전쟁은 완전히 끝났다. 이제는 인간의 심리가 아닌 인공지능 비서의 뇌 구조를 장악하여, 묻기도 전에 우리를 정답으로 튀어나오게 만드는 진짜 실전 인용 경쟁이 막을 올렸다.

검색 1위의 함정: 쇼윈도에서 끝나는 제로 클릭 구매 여정

검색 결과 1위를 달성하고도 고객의 발길이 뚝 끊긴 김태식 부장의 비극은, 소비자의 구매 여정 자체가 완전히 압축되고 단절된 새로운 생태계의 구조적 모순에서 비롯된다. 과거 퍼포먼스 마케팅의 대전제는 '인지-흥미-욕망-행동'으로 이어지는 전통적인 퍼널[32] 구조였다. 사용자가 검색을 통해 우리 브랜드의 링크를 인지하고, 클릭하여 웹사이트 내부로 진입한 뒤, 화려하게 꾸며진 상세 페이지를 탐색하며 구매 욕구를 키워 결제에 이른다는 믿음이다. 이 모델에서는 검색창 최상단에 1위로 노출되는 것 자체가 거대한 트래픽을 보장하는 무적의 보증수표였다. 1등을 차지하면 사용자는 당연히 문을 열고 가게 안으로 쏟아져 들어올 수밖에 없었다.

하지만 인공지능 답변 엔진이 검색 결과의 최상단을 지배하면서 이 모든 공식은 처참하게 붕괴했다. 사용자의 구매 여정은 웹사이트라는 '가게 내부'가 아니라, 검색 결과 창이라는 '쇼윈도 밖'에서 이미 완벽하게 종료된다. 현대의 소비자는 극도로 바쁘고 정보의 과잉에 깊은 피로를 느낀다. 이들은 1위부터 10위까지 늘어선 파란색 링크를 일일이 클릭하며 여러 사이트를 넘나드는 수고로움을 더 이상 감

---

32 퍼널(Funnel): 사용자가 브랜드를 인지한 순간부터 최종 전환(구매·가입 등)까지 거치는 여정을 단계별로 나눈 역삼각형, 깔때기 모양의 직선형 흐름.

수하지 않는다. 대신 콧대 높고 똑똑한 인공지능 비서에게 "가성비 좋고 AS가 확실한 사무용 노트북을 비교해서 표로 정리해 줘"라고 단 한 번의 복합적인 지시를 내린다.

인공지능 비서는 단 1초 만에 방대한 웹의 바다를 훑어내고, 사용자가 요구한 정확한 비교 분석표와 최종 추천 결론을 화면의 가장 넓은 면적에 화려하게 브리핑한다. 사용자는 이 요약된 쇼윈도만을 힐끗 쳐다보고는 마음속으로 이미 강력한 구매 결정을 마친다. 그 브리핑 상자 아래에 우리 브랜드가 1위로 당당히 자리 잡고 있다 한들, 사용자의 마우스 휠은 거기까지 굴러가지 않는다. 답을 얻은 사용자는 브라우저를 즉시 닫아버리거나, 인공지능이 밑주석으로 달아둔 추천 브랜드의 구매 링크로 곧장 직행해 버리기 때문이다.

이것이 바로 '상위 노출의 역설'이자 제로 클릭 구매 여정의 차가운 현실이다. 웹사이트의 유입을 전제로 체류 시간이나 장바구니 전환율을 계산하던 마케팅 부서의 화려한 성과 대시보드는 이제 아무런 의미가 없다. 입구가 막힌 텅 빈 매장 안에서 어떤 감성적인 마케팅 언어로 고객을 설득할지 고민하는 것은 허공에 주먹을 휘두르는 격이다. 사용자가 매장 문을 열기 전 쇼윈도 밖에서 이미 지갑을 열 브랜드를 확정 짓는다면, 우리의 마케팅 전략은 그 쇼윈도 안의 마네킹, 즉 인공지능 비서의 차가운 머릿속 재판 과정에 가장 유리한 증거 자료를 밀어 넣는 고도의 심리전으로 전면 수정되어야만 한다. 1위를 하고도 잊히는 함정에서 벗어나기 위해서는, 트래픽 유도라는 환상을 버리고 인공지능의 요약본 자체를 우리의 새로운 매장으로 삼아야 한다.

마케팅 고립의 원리: 읽지 못하는 데이터는 존재하지 않는다

그렇다면 가장 뼈아픈 질문이 남는다. 우리는 검색 엔진 최적화 점수도 가장 높고 트래픽 방어도 1위인데, 인공지능 비서는 왜 우리를 외면하고 5위권 밖에 있던 경쟁사를 정답으로 인용했을까? 기술 실무자 홍진표 대리는 이 기이한 역전 현상의 원인을 '기계의 문해력'이라는 기술적 관점에서 냉철하게 분석한다. 이것은 검색 엔진의 낡은 알고리즘과 인공지능 답변 엔진의 새로운 정보 추출 방식이 근본적으로 충돌하면서 벌어지는 치명적인 '마케팅 고립' 현상이다.

전통적인 검색 엔진 최적화(SEO)는 외부 백링크의 개수, 키워드의 반복 횟수, 사이트의 로딩 속도 등 기계적인 신호들을 점수화하여 순위를 매겼다. 김태식 부장의 팀은 이 낡은 규칙에 완벽하게 적응했다. 하지만 [33]검색 증강 생성(RAG) 기반의 인공지능 답변 엔진은 정보를 평가하는 잣대가 완전히 다르다. 이들은 단순한 키워드 매칭을 넘어 문서의 '맥락'과 '사실 관계'를 깊이 있게 파헤친다. 사용자의 복잡한 질문에 답하기 위해 인공지능은 팩트 중심의 뼈대가 튼튼한 데이터를 집요하게 찾아 헤맨다.

여기서 김태식 부장이 심혈을 기울여 만든 웹사이트의 구조적 결

---

[33] █ [I/O 2025] 구글 검색 속 AI: 정보를 넘어 지능으로 (Google (KR) | 2025–05–20)

함이 적나라하게 드러난다. 우리 브랜드의 상세 페이지는 고객의 시선을 사로잡기 위해 화려한 플래시 애니메이션과 고화질의 '통이미지'로 도배되어 있었다. 가격, 배터리 수명, 보증 기간 등 제품의 핵심 스펙마저 예쁜 폰트가 박힌 이미지 파일 속에 갇혀 있었다. 인간의 눈에는 압도적으로 아름답지만, 차가운 텍스트 추출 방식에 의존하는 인공지능의 눈에는 아무런 정보 값이 없는 검은색 장벽일 뿐이다. 기계는 이 화려한 페이지에 들어왔다가 읽어낼 텍스트 팩트가 없음을 깨닫고 즉시 발길을 돌려버린다.

반면 5위에 머물던 경쟁사의 웹사이트는 디자인은 투박하지만 제품의 모든 제원과 가격표가 기계가 읽기 완벽한 HTML 텍스트 표 형식으로 깔끔하게 코딩되어 있었다. 인공지능 요리사는 질문에 답하기 위한 식재료를 수집할 때, 껍질을 까기 힘든 우리의 화려한 이미지 데이터는 가차 없이 휴지통에 던져버리고, 썰기 좋게 잘 다듬어진 경쟁사의 텍스트 표를 1순위 도마 위에 올린 것이다. "타의 추종을 불허하는 혁신적 성능"이라는 마케팅 부서의 은유적이고 모호한 형용사들은 인공지능의 논리 회로 속에서 완벽한 노이즈이자 쓰레기로 분류된다.

이것이 마케팅 고립이 발생하는 끔찍한 메커니즘이다. 막대한 자본을 들여 검색 결과 1위를 샀음에도 불구하고, 정작 기계가 해독할 수 없는 언어와 형태로 데이터를 방치했기 때문에 의사결정의 주체인 인공지능에게 철저히 배제된 것이다. 읽지 못하는 데이터는 디지털 생태계에 아예 존재하지 않는 것과 같다. 인간의 감성을 자극하기 위한 낡은 카피라이팅과 과도한 시각적 디자인을 고집하는 한, 우리 브랜드는 인공지능이 쳐놓은 거대한 쇼윈도 바깥에서 영원히 투명 인간으로 고립될 수밖에 없다. 기계의 문해력을 완벽하게 이해하고 그들의 입맛에 맞는 정답의 재료를 떠먹여 주지 않으면 인용 경쟁에서 결코 승리할 수 없다.

클릭을 버리고 인용을 잡아라: 새로운 마케팅 성적표

김태식 부장이 텅 빈 웹사이트 유입량 그래프를 붙잡고 깊은 절망에 빠져 있을 때였다. 재무팀 박상훈 부장이 회의실의 대형 스크린에 완전히 낯선 형태의 성과 대시보드를 띄웠다. 언제나 차가운 숫자로 조직의 현실을 직시하게 만드는 박 부장의 입에서 단호한 선언이 쏟아졌다.

"김 부장님, 그 빠져나가는 트래픽 억지로 막겠다고 허공에 비싼 검색 광고비 태우는 짓은 오늘부로 즉각 중단하십시오. 우리가 사활을 걸고 관리해야 할 새로운 마케팅 성적표는 더 이상 옛날 방식의 클릭률이나 페이지뷰가 아닙니다. 이제부터 전사의 모든 마케팅 예산과 역량은 오직 딱 두 가지 핵심 지표, '인용 점유율'과 '상단 1순위 추천율'[34]을 끌어올리는 데만 집중 투입하겠습니다."

---

34 상단 1순위 추천율(Brand Recommendation Rate): 인공지능 비서가 경쟁사와의 치열한 비교 분석 끝에 수많은 대안 중 우리 브랜드를 가장 훌륭한 최종 정답으로 지목하여 권해주는 비율로, 제로 클릭 시대의 실질적 수익을 결정짓는 새로운 마케팅 성적표.

새로운 시대의 화폐는 트래픽이 아니라 신뢰다. 그렇다면 이 보이지 않는 무형의 신뢰를 어떻게 눈에 보이는 숫자로 증명하고 마케팅 성과로 철저하게 측정할 것인가?

첫 번째 절대 지표는 '인용 점유율'이다. 이는 특정 산업군이나 제품에 대해 사용자가 인공지능 비서에게 복잡하고 다각적인 질문을 던졌을 때, 생성된 수많은 요약 답변의 문맥 속에서 우리 브랜드의 고유한 데이터나 이름이 '긍정적이고 신뢰할 수 있는 근거'로 채택된 비율을 의미한다. 과거 검색 결과 1페이지에 우리 웹사이트가 물리적으로 노출되었는지를 따지던 1차원적인 시장 점유율을 완벽하게 대체하는 개념이다. 질문의 진짜 의도에 맞춰 인공지능이 우리를 얼마나 유용한 지식의 원천으로 판단하고 지분을 할애했는지를 측정하는 고도의 가시성 지표다.

이 인용 점유율을 실무적으로 측정하기 위해 디지털 네이티브 신예은 사원은 치밀하고 정교한 역추적 업무 일과표를 가동했다. 그녀는 고객이 구매 여정의 각 단계에서 인공지능 비서에게 던질 법한 핵심 질문 수십 개를 입체적인 그물망으로 구축했다. 문제 인식 단계, 해결책 탐색 단계, 제품 비교 단계 등 흐름에 맞춰 질문을 세분화했다. 그리고 매일 아침 출근 직후 주요 인공지능 답변 엔진에 이 질문들을 반복적으로 던진다. 화면에 출력된 전체 답변 분량 중 우리 브랜드가 차지하는 문장의 비율, 그리고 우리를 묘사할 때 긍정적인 단어가 쓰였는지 부정적인 단어가 쓰였는지 그 감성 묘사를 기계적으로 수치화하여 대시보드에 기록한다. 이 점유율이 경쟁사를 압도한다는 것은, 까다로운 인공지능이 우리를 해당 산업의 절대적인 표준으로 인정했다는 가장 명백하고 파괴적인 증거가 된다.

두 번째 지표는 인용의 품질을 극한으로 따지는 더욱 날카로운 성적표, 바로 '상단 1순위 추천율'이다. 인공지능은 쏟아지는 비교 질문 속에서 단순히 대안을 나열하는 데 그치지 않는다. 단호하고 냉철한 재판관처럼 최종 결론을 내린다. 여러 브랜드를 표로 늘어놓은 뒤, "결론적으로 사용 편의성과 유지보수 비용을 종합 고려할 때 귀하에게는 A 브랜드가 가장 적합하고 합리적인 선택입니다"라고 선언하는 그 최종 1순위 독점 자리를 우리가 얼마나 차지했는지를 추적하는 것이다.

박상훈 부장이 이 낯선 지표들에 막대한 예산 집행의 근거를 두는 새무직 이유는 명확했다. [35]글로벌 시장 조사 기관의 최신 데이터가 이 지표들의 파괴력을 완벽히 증명하고 있기 때문이다. 인공지능 요약 화면에 단순히 텍스트로 긍정적인 인용이 되고 출처 링크가 달리는 것만으로도, 순수 자연 검색 클릭은 평소 대비 35%가 폭증했다. 심지어 그 하단에 깔린 유료 광고의 클릭률마저 91%나 수직 상승하는 기적 같은 브랜드 후광 효과가 발생했다. 인공지능 비서의 추천을 받았다는 사실 자체가 고객에게는 어떠한 상업적 편향도 없는 가장 강력한 사회적 증거로 작용한다. 이것은 고객이 지갑을 여는 속도를

---

35 AIO Impact on Google CTR: September 2025 Update (Seer Interactive | 2025-11-04)

비약적으로 단축시킨다. 고객이 인공지능에게 질문을 던지고, 답변을 확인한 후, 실제 영업팀에 견적을 요청하기까지 걸리는 시간인 이른바 '질문에서 견적까지의 속도'가 획기적으로 줄어드는 것이다. 결국 이 두 가지 성적표는 단순히 마케팅 부서의 자존심을 넘어서, 기업의 최종 매출과 이익률을 결정짓는 가장 거대하고 치명적인 미래 자산 평가 기준이다.

답변 엔진을 위한 특급 레시피: 제품 정보 데이터 표준화

명확한 성적표가 주어지고 목표가 확립되자, 마케팅팀의 체질을 밑바닥부터 뜯어고치기 위한 뼈를 깎는 작업이 시작되었다. 인공지능 요리사가 우리 브랜드를 1순위로 추천할 수밖에 없도록, 그들의 입맛에 완벽하게 들어맞는 최고급 식재료를 공급해야 한다.

김태식 부장은 그동안 자신이 애지중지해 온 웹사이트의 메인 카피와 제품 상세 페이지를 열어보며 깊은 한숨을 내쉬었다. "영혼을 울리는 혁신적 디자인", "타의 추종을 불허하는 압도적 성능" 같은 감성 충만한 카피들이 화면을 가득 채우고 있었다. 인간의 가슴은 울릴지 몰라도, 기계의 차가운 논리 회로 속에서는 완벽한 노이즈이자 해석이 불가능한 쓰레기 데이터로 분류되는 문장들이다.

기술 실무에 밝은 홍진표 대리가 화려한 포장지를 자비 없이 뜯어내기 시작했다.

"부장님, 인공지능 비서는 감동적인 문학 작품을 감상할 줄 모릅니다. 방대한 텍스트를 기계적으로 요약하고 팩트만 추려내는 수학적 연산 장치일 뿐이거든요. 기계가 단 1%의 오해 없이 우리의 정보를 즉시 수집하고 경쟁사와 비교할 수 있으려면, 제품 스펙, 가격, 특장점을 뼛속까지 건조하고 규칙적인 텍스트 표로 뜯어고쳐야 합니다. 이게 바로 저희가 당장 도입해야 할 '데이터 표준화[36] 레시피' 입니다."

홍 대리가 제시한 데이터 표준화 레시피의 핵심은 철저한 '3단 구조화' 원칙에 기반한다.

첫 번째 단계는 장황한 서론을 죽이고 '직접적인 결론'을 최상단에 배치하는 것이다. AI는 성격이 극도로 급하다. 결론이 문서의 맨 마지막에 숨어 있는 미괄식 글은 끝까지 연산하지 않고 중간에 이탈해 버린다. 따라서 모든 제품 소개 페이지나 홍보 블로그 글의 맨 첫 문단에는, 고객이 궁금해할 핵심 질문에 대한 직접적인 답변을 50단어 이내의 짧은 단문으로 꽂아 넣어야 한다. 비유하자면 바쁜 회장님에게 올리는 1페이지 요약 브리핑의 맨 윗줄 결론과 같다.

두 번째 단계는 인공지능이 가장 사랑하는 형태인 '명확한 데이터 표'의 삽입이다. 기계가 정보를 비교 분석할 때 가장 완벽하게 소화할 수 있는 구조는 행과 열이 딱 떨어지는 표 형식이다. 화려한 통이미지 속에 갇혀 있던 배터리 용량, 제품 무게, 가격, 무상 보증 기간

---

36 데이터 표준화(Data Standardization): 인공지능 비서라는 요리사가 정보를 오류 없이 빠르게 요리하기 편하도록, 데이터라는 흩어진 식재료를 표나 단문 등 일정한 규칙에 맞춰 객관적이고 깔끔하게 정리하는 해체 및 재조립 작업.

등 경쟁사와 팩트로 부딪히는 핵심 제원들을 모조리 마우스 드래그로 복사가 가능한 투박한 텍스트 표로 진열해야 한다. 인공지능 비서는 이 깔끔한 텍스트 표를 발견하는 순간, 복잡한 문맥 해독 과정을 생략하고 0.1초 만에 경쟁사와의 비교 데이터로 쏙쏙 뽑아간다.

세 번째 단계는 치밀하게 쪼개진 '문답형 구조'의 전면 도입이다. 인공지능은 태생적으로 사용자의 질문에 답을 하기 위해 태어난 기계다. 웹사이트의 정보가 애초부터 질문과 답변의 쌍으로 짝지어져 있을 때 가장 높은 가중치를 부여한다.[37] 실제 연구 결과에 따르면 인공지능 비서가 뱉어내는 훌륭한 답변의 약 60% 이상이 웹사이트에 잘 정리된 자주 묻는 질문 구조에서 그대로 발췌된다. 김태식 부장은 긴 서술형 제품 홍보 글을 갈기갈기 찢어발겼다. 대신 "이 제품의 소프트웨어 설치 시간은 얼마나 걸리나요?", "타사 동급 모델 대비 연간 유지비 절감액은 얼마인가요?" 등 고객이 실제로 검색창에 던질 법한 구체적인 질문 50개를 헤드라인으로 뽑아 구조화했다. 그리고 그 아래에 모호한 수식어를 걷어낸 객관적 측정치로 답을 달았다.

이러한 뼈를 깎는 데이터 표준화 작업을 통해, 우리 회사의 웹사이트는 화려하지만 읽을 수 없는 잡지책에서 인공지능 비서가 가장 편하게 식재료를 빼갈 수 있는 완벽한 '디지털 지식 도매상'으로 완벽하게 탈바꿈했다.

---

37 ▣ Ahrefs study: Where does AI Overview pull citations from? (YouTube | 2025-07-24)

검증 체계의 내재화: 김수아 과장의 3각 편대 마케팅 적용

마케팅팀이 기계의 입맛에 맞게 문서를 표준화하는 배관 공사를 성공적으로 마쳤다. 하지만 여기서 끝이 아니다. 이 정제된 데이터가 외부의 차가운 인공지능 생태계에 나가서도 절대 부서지지 않고 1순위 정답으로 살아남으려면, 무결점의 방탄조끼를 겹겹이 입혀야 한다. 지난 5장에서 꼼꼼한 조율자 김수아 과장이 조직 전체의 체질을 바꾸기 위해 설계했던 철저한 삼권분립 기반의 '3각 편대 거름망(근거, 정합성, 최신성)'이 마케팅의 최전선 콘텐츠 제작 과정에 생생하고 혹독하게 이식되는 순간이다.

첫 번째 거름망인 '근거의 명확성'은 마케터들의 오랜 습관을 완전히 뒤집어놓았다. 인공지능은 출처가 불분명하거나 과장된 주장을 극도로 혐오한다. 그것은 곧 기계가 만들어낼 치명적인 거짓말인 환각 현상의 씨앗이 되기 때문이다. 김수아 과장은 마케팅팀이 생산하는 모든 홍보 문구와 스펙 시트에 철저한 증거 수집 원칙을 가차 없이 적용했다. 김태식 부장이 야심 차게 적어온 "고객 만족도 1위 달성"이라는 문장에는 즉시 빨간색 반려 줄이 그어졌다. 이 문장이 살아남으려면 반드시 문장 바로 옆에 '[2026년 5월, 한국소비자원 평가 기준]'이라는 구체적인 시점과 외부의 공신력 있는 원본 출처 링크를 기계적으로 병기해야만 했다. 인공지능은 단순히 브랜드의 일방적인 주장을 맹신하지 않는다. 이러한 명확한 외부 타임스탬프와 공신력 있는 출처 링크를 교차 검증하는 순간, 해당 데이터를 일개 마케팅 문구에서 의심의 여지 없는 '절대적인 팩트'로 격상시켜 자신의 답변에 당당히 인용한다.

가장 치열한 조율과 진통이 일어난 부분은 두 번째 거름망인 부서 간 데이터의 '정합성 일치' 작업이었다. 마케팅팀이 신규 고객을 끌어모으기 위해 웹사이트 최상단에 "제품 구매 시 평생 무상 보증"이라는 자극적인 프로모션 문구를 걸어두었다고 가정해 보자. 그런데 인공지능 비서가 인터넷을 탐색하다가 우리 회사 영업팀의 오래된 제안서나 고객 센터의 환불 규정집 구석에서 "1년 후 유상 수리 전환"이라는 문구를 발견하면 어떤 일이 벌어질까? 이 미세한 논리의 충돌을 감지한 인공지능은 즉시 치명적인 오류 경고를 띄운다. 그리고 우리 브랜드를 신뢰할 수 없는 불량 정보 출처로 낙인찍어 1순위 추천 후보군에서 영구적으로 제명해 버린다.

김수아 과장은 이 끔찍한 데이터 사일로를 막기 위해 매주 금요일 마케팅팀, 영업팀, 고객지원팀의 실무자들을 회의실에 몰아넣었다. 제품의 프로모션 단가가 100원이라도 바뀌거나 사용 주의사항이 토씨 하나라도 변경되면, 전사의 모든 디지털 플랫폼과 매뉴얼에 동시다발적으로 업데이트를 강제하는 숨 막히는 동기화 회의를 주재했다.

마지막 거름망은 정보가 썩는 것을 방지하는 '최신성'의 유지다. 인공지능은 자신이 낡은 정보를 기반으로 대답하는 것을 수치스럽게 여긴다. 김 과장은 모든 홍보 데이터와 FAQ 문서 하단에 기계가 인식할 수 있는 형태로 '최종 수정 일자'를 시스템적으로 노출하도록 강제했다. 과거의 낡은 이벤트 페이지는 미련 없이 삭제하여 탐색망에서 지워버렸다.

부서 간의 이기주의나 마케터의 과장된 수사학이 끼어들 틈은 이 3각 편대 거름망을 통해 원천적으로 차단되었다. 철저하게 검증되고 모순 없이 하나로 일치된 팩트야말로 거짓과 과장이 난무하는 디지털 바다에서 단 한 번의 오류도 허용하지 않는 절대적인 진리 그 자체가 된다. 이렇게 정제된 무결점 데이터는 마케팅팀이 휘두를 수 있는 세상에서 가장 강력하고 폭발적인 무기로 거듭났다.

인공지능 비서의 눈에 띄는 법: 데이터 설계도와 포맷의 마법

마케팅 콘텐츠의 뼈대를 기계가 좋아하는 문답형과 표로 표준화하고, 3각 편대 기름망을 통해 깐깐한 사실 검증까지 모두 마쳤다. 인공지능을 대접할 최고급 코스 요리가 완벽하게 차려진 셈이다. 이제 남은 과제는 단 하나다. 이 완벽하게 차려진 진수성찬을 정보의 홍수 속에서 헤매는 인공지능 비서의 눈앞에 확실하게 들이밀어, 그들의 거대한 탐색망에 1순위로 낚아채게 만드는 고도의 기술적 쐐기를 박는 일이다.

기술 실무의 최고 권위자이자 얼리어답터인 홍진표 대리가 마침내 마법을 부릴 차례다. 그는 인간을 위해 쓰인 화려한 텍스트를 기계의 뇌신경에 직접 다이렉트로 꽂아 넣는 숨겨진 치트키, 즉 '데이터 설계도[38]의 위력을 실무 현장에 전면 적용하기 시작했다.

"부장님, 아무리 저희가 피땀 흘려서 제품 스펙을 텍스트 표로 깔끔하게 정리하고 FAQ를 수백 개 만들어 둬도 소용없습니다. 거대한 웹을 떠도는 탐색 로봇이 0.1초 만에 우리 사이트를 스쳐 지나갈 때, 이게 '제품 가격'인지 '단순한 회사 전화번호'인지 기계가 즉각 파악하지 못하면 그 고생이 다 허사거든요. 기계는 사람처럼 눈치껏 문맥을 유추해서 읽지 않습니다. 인공지능 비서 눈에 단번에 띄어서 1순위로 낚아채이려면, 인간의 언어를 기계 언어로 친절하게 번역해 주는 코딩 마법이 필수적입니다. 바로 웹페이지 코드 이면에 은밀하게 심어두는 '스키마 마크업', 즉 '데이터 설계도'입니다."

홍 대리의 설명은 날카롭고 명쾌했다. 데이터 설계도는 웹페이지의 콘텐츠 뒤에 교묘하게 숨겨두는 '디지털 신분증'이자 기계 전용 번역기다. 마케팅팀이 정성껏 작성한 리뷰 글이나 FAQ 문장 뒤에 기계만이 읽고 해석할 수 있는 특수한 태그를 단단히 입혀두는 것이다. 예를 들어, 웹사이트 화면에 적힌 "1,500,000원"이라는 글자 뒤에 보이지 않는 코드로 〈이 숫자는 이 제품의 최신 가격입니다〉라는 꼬리표를 달아준다. 사용자들의 별점 뒤에는 〈이것은 검증된 구매자의 5점 만점 리뷰 평균입니다〉라는 명확한 라벨을 붙여준다.

이렇게 데이터 설계도가 완벽하게 깔린 웹사이트에 인공지능 답변

---

38 데이터 설계도(Schema): 웹페이지에 적힌 텍스트가 정확히 무엇을 의미하는지(가격, 리뷰, 환불 질문 등)를 AI의 탐색 로봇이 즉각적이고 정확하게 파악하여 수집할 수 있도록, HTML 코드 이면에 은밀하게 숨겨두는 디지털 신분증이자 기계 전용 번역기.

엔진의 탐색 로봇이 접근하면 기적 같은 일이 벌어진다. 기계는 인간의 복잡한 문장 구조를 애써 해독하느라 귀중한 연산 능력을 낭비할 필요가 전혀 없다. 이미 명확한 의미의 신분증이 붙어 있는 정보 덩어리들을 발견하고 쾌재를 부르며, 마치 대형 마트에서 진열된 상품을 쇼핑하듯 자신의 바구니에 1순위로 쓸어 담아 간다.

홍 대리는 신예은 사원이 며칠 밤을 새워 정리한 수백 개의 FAQ 문서 전체에 이 데이터 설계도를 전면 적용했다. 질문 텍스트는 〈질문 객체〉로, 그에 대한 명쾌한 답변은 〈답변 객체〉로 한 치의 오차도 없이 완벽하게 라벨링했다. 결과는 즉각적이고 파괴적이었다. 사용자가 모호하고 긴 질문을 던져도, [39]인공지능 비서는 우리 웹사이트 바닥에 깔린 데이터 설계도를 인식하여 즉시 우리 회사의 표준 답변을 가장 신뢰할 수 있는 최상단 정답으로 통째로 끌어다 쓰기 시작했다.

단순히 텍스트를 정제하는 수준을 넘어 기계가 읽기 가장 편안한 기술적 뼈대까지 완벽하게 완성함으로써, 경쟁사가 감히 넘볼 수 없는 압도적인 인용 점유율의 거대한 성벽이 마침내 완성된 것이다. 트래픽이라는 낡은 화폐를 버리고 신뢰와 인용이라는 무기를 완벽하게 장착한 마케팅팀은 제로 클릭 시대의 절대 승자로 거듭났다.

마케팅이 고객의 눈길을 잡았다면, 이제는 그 신뢰를 실제 매출로 확정 지을 차례다. 다음은 마케팅의 정답이 어떻게 영업의 강력한 무기로 변하는지, 실시간 데이터 인수인계의 현장으로 들어간다.

---

39   출 Introduction to Product structured data (Google Search Central)

인용 경쟁에서 승리하기 위한 10대 실전 과제

1. ☑ 제품 상세 페이지 상단에 핵심 스펙과 장점을 50단어 이내의 명확한 '결론(Answer)'으로 1줄 요약했는가?

2. ☐ 화려한 통이미지로 덮여 해독이 불가했던 가격과 제원표를 기계가 긁어갈 수 있는 투박한 텍스트 표(Table)로 바꿨는가?

3. ☐ 고객이 가장 자주 묻는 질문 10가지를 추려, 모호함을 없앤 명확한 문답형(FAQ) 구조의 짧은 단문으로 전면 재작성했는가?

4. ☐ "최고의", "압도적인" 같은 주관적인 마케팅 형용사를 걷어내고, 기계가 신뢰하는 객관적 수치와 통계로 교체했는가?

5. ☐ 웹사이트에 명시된 모든 홍보 수치와 통계 데이터 옆에 명확한 [연도-월, 출처 기관]을 꼬리표처럼 반드시 병기했는가?

6. ☐ 마케팅팀의 프로모션 단가와 영업팀, 고객센터의 안내 숫자가 1원도 틀리지 않게 완벽히 동기화되어 있는지 대조했는가?

7. ☐ 정보의 신선도가 떨어져 기계에게 외면받지 않도록, 각 콘텐츠 하단에 '최종 업데이트 일자'를 시스템적으로 노출했는가?

8. ☐ 홍진표 대리에게 즉시 요청하여 제품 페이지와 FAQ 문서 이면에 기계가 읽을 수 있는 '데이터 설계도' 코드를 심었는가?

9. ☐ 낮은 클릭률 보고서를 버리고, 주요 프롬프트 검색 시 우리 브랜드가 긍정적으로 언급되는 '인용 점유율'을 주간 단위로 측정했는가?

10. ☐ 타사 제품과 비교하는 인공지능의 브리핑을 실시간 모니터링하고, 우리 제품이 1순위로 추천되도록 누락된 팩트를 웹사이트에 즉각 보강했는가?

의미 없는 트래픽 방어전을 멈추고 인공지능 비서의 1순위 정답으로 등극하기 위해 마케팅팀이 실행해야 할 10가지 행동 지침이다. 체크된 개수를 세어 조직의 상태를 진단해 보자.

진단 및 피드백

"당신들의 마케팅 기획서는 지금 예산을 집어삼키는 하마입니다. 기계가 못 읽는 예쁜 껍데기는 장부상 가치 '0원'이라니까요! 무의미한 낚시성 광고 당장 멈추고 데이터 배관 공사에 자원을 전면 재투입하세요."

0~4개

"드디어 실전 감각 완벽하게 잡으셨네요! AI가 우리가 숟가락으로 떠먹여 준 표랑 FAQ에 감동해서 쉴 새 없이 우릴 정답으로 쏟아내고 있잖아요. 마케팅이 완벽한 킬패스 찔러줬으니, 이대로 매출 골까지 가보자고요!"

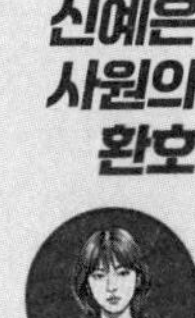

5~10개

7장

[영업] 고객이 아니라 에이전트를 설득하라:
구매 흐름에 맞춰 자료를 표준화하라

마케팅팀이 뼈를 깎는 데이터 표준화 작업으로 인공지능 답변 엔진의 1순위 추천을 탈환한 지 한 달. 마케팅의 정답은 곧장 영업의 무기가 될 것이라 모두가 기대했다. 실제로 영업팀에 쏟아지는 고객의 초기 문의는 과거와 비교할 수 없을 정도로 폭발적으로 늘어났다. 인공지능 비서의 추천을 받고 찾아온 고객들은 이미 우리 브랜드에 대한 강한 호감을 품고 있었다. 영업팀은 축제 분위기였다.

하지만 기쁨은 오래가지 못했다. 월말 결산 회의, 영업팀의 최종 계약 전환율 그래프는 충격적이게도 바닥을 향해 곤두박질치고 있었다. 문의는 넘치는데 도장이 찍히지 않는 기이한 병목 현상이었다.

"완전히 다 잡은 고기인 줄 알았습니다. 그런데 고객들이 최종 견적서만 받아보고는 돌연 연락을 싹 끊어버립니다. 답답해서 이유를 물어봤더니, 글쎄 자신들의 인공지능 에이전트가 마지막 조건 비교 단계에서 우리를 빼고 경쟁사를 최종 낙점했다는 겁니다. 도대체 기계가 계약을 파토 낸다니, 이게 대체 무슨 귀신 씨나락 까먹는 소립니까!"

영업팀장의 얼굴은 흙빛이 되어 있었다. 영업 사원들은 과거의 방식대로 움직였다. 고객의 문의가 들어오면, 화려한 디자인과 감성적인 수식어로 가득 찬 50페이지짜리 풀컬러 제안서를 이메일로 보냈다. "최고의 시너지", "혁신적인 파트너십" 같은 문구로 고객의 감성에 호소하려 했다. 하지만 고객은 그 제안서를 직접 읽지 않았다. 대신 자신의 구매를 돕는 AI 에이전트[40]에게 제안서를 통째로 던져주며 "경쟁사 조건과 비교해서 가장 유리한 곳을 골라 결제까지 진행해"라고 지시해 버린 것이다.

회의실 한구석에서 이 참사를 지켜보던 홍진표 대리가 조용히 나섰다. 그는 화려한 제안서에 매달리는 낡은 영업 방식을 완전히 폐기해야 한다고 선언했다.

"팀장님, 이제 고객은 직접 고르지 않습니다. AI 에이전트라는 차갑고 깐깐한 대리인에게 결정권을 통째로 넘겼거든요. 문제는 저 기계들이 우리가 쓴 화려한 수식어나 감성적인 문구를 전혀 읽지 못한다는 겁니다. 기계에게 필요한 건 감동이 아니라, 즉각적으로 계산

---

40 AI 에이전트(AI Agent): 주인의 단순한 지시를 받아 정보를 탐색하고 분석하는 것을 넘어, 최적의 대안을 스스로 판단하여 구매나 예약 버튼까지 대신 눌러주는 똑똑하고 주도적인 인공지능 비서.

하고 타사와 비교할 수 있는 건조한 '데이터'뿐입니다."

영업의 패러다임이 완전히 뒤집혔다. 과거의 영업 사원들은 오전에 잠재 고객 리스트를 돌리며 기계적인 전화를 걸고, 오후에는 고객을 직접 만나 화려한 미사여구로 감성에 호소했다. 그리고 저녁에는 "내부 검토해 보겠다"는 고객의 답변만 믿고 기약 없는 보고서를 썼다.

하지만 홍진표 대리가 주도하여 새롭게 바뀐 현재의 영업 일과표는 전혀 다르다. 오전 10시, 홍 대리는 AI 에이전트가 우리 제품을 최종 추천 후보군에 올렸는지 지표를 통해 확인한다. 오후 2시, 인간을 설득하던 감성적 제안서를 버리고, 깐깐한 대리인인 AI가 즉각적으로 계산하고 판단하기 좋도록 표준화된 견적 조건과 계약 데이터를 시스템에 업데이트한다. 그리고 오후 5시, AI의 냉철한 대리 판단을 거쳐 최종적으로 우리를 낙점한 고객으로부터 전송된 확정 계약 요청을 처리한다.

설득의 대상이 사람에서 인공지능 대리인으로 넘어갔다. 고객의 마음을 훔치는 화술의 시대는 끝났다. 이제는 차가운 알고리즘의 논리를 뚫고 들어가는 무결점 데이터 제안서만이 최종적인 매출을 확정 지을 수 있다.

묻지 않고 맡기는 시대: 대리 판단이 늘수록 무엇이 바뀌는가

영업팀이 마주한 참담한 계약 실패의 근본 원인은 소비자의 의사

결정 방식이 '직접 비교'에서 '대리 판단'으로 완전히 넘어간 거대한 구조적 변화에 있다. 우리는 이미 앞선 장들에서 사용자가 검색을 통해 흩어진 정보를 수집하는 대신, 인공지능 비서에게 질문을 던져 요약된 답변을 소비하는 단계로 진화했음을 확인했다. 하지만 진화는 여기서 멈추지 않았다. 사용자는 단순히 정보를 묻고 듣는 것을 넘어, 이제 자신의 복잡한 구매 결정 권한 자체를 인공지능에게 통째로 위임하기 시작했다. 이것이 바로 AI 에이전트 시대의 핵심이자, 기존 영업의 룰을 파괴하는 거대한 균열의 시작이다.

디지털 네이티브인 신예은 사원의 일상적인 소비 습관을 들여다보면 이 대리 판단의 위력을 쉽게 증명할 수 있다. 신 사원이 부서 워크숍을 위해 단체 숙소를 예약해야 한다고 가정해 보자. 과거라면 그녀는 숙박 예약 플랫폼에 들어가 수십 개의 펜션 사진을 일일이 넘겨보고, 가격을 비교하며, 취소 수수료 규정을 꼼꼼히 읽어본 뒤 직접 결제를 진행했을 것이다. 하지만 지금 그녀는 그렇게 자신의 귀중한 시간과 인지적 에너지를 낭비하지 않는다. 그녀는 자신의 AI 에이전트에게 단 한 줄의 명령만 내린다. "금요일 저녁, 10명이 묵을 수 있고 바비큐장이 있으면서 회사 예산 100만 원 이내로 결제 가능한 가장 가성비 좋은 숙소를 찾아서, 내 법인카드로 방 3개짜리 옵션을 최종 예약해 줘."

명령을 받은 에이전트는 즉각적으로 수백 개의 숙박 데이터를 뒤진다. 인간의 눈으로는 몇 시간이 걸릴 약관과 숨겨진 추가 비용, 이

전 이용자들의 텍스트 리뷰 감성 분석까지 단 1초 만에 수학적으로 계산해 낸다. 그리고 가장 최적의 결괏값을 찾아 [41]주인의 개입 없이 예약과 결제라는 최종 행동까지 스스로 실행해 버린다. 소비자는 묻고 고민하는 단계를 아예 건너뛰고, 오직 기계가 대리 판단하여 가져온 최종 결과물만을 편안하게 취한다.

이러한 소비 패턴의 변화는 규모가 크고 복잡한 기업 간 거래[42] 시장으로 넘어올 때 더욱 치명적이고 폭발적인 파급력을 가진다. 기업의 구매 담당자들 역시 과도한 업무량과 결정 피로에 시달리고 있다. 그들은 수십 개의 솔루션 공급업체가 보내온 수백 페이지짜리 제안서를 일일이 읽고 비교할 시간이 없다. 그래서 도입할 소프트웨어나 원자재를 고를 때, 자사의 보안 규정, 예산 한도, 필수 기술 스펙을 AI 에이전트에게 입력한 뒤 "이 조건에 가장 완벽하게 부합하고 리스크가 적은 공급사를 3개로 추리고, 각각의 5년 치 총소유비용을 표로 계산해 와"라고 지시한다.

결국 영업 사원이 아무리 고객사 담당자와 밥을 먹고 골프를 치며 인간적인 유대감을 쌓아두었다 한들, 최종적인 실무 검토를 담당하는 것은 고객의 책상 위에 놓인 차가운 알고리즘이다. 에이전트의 비교 연산망을 통과하지 못하면, 고객의 결재판에 우리 회사의 이름은

---

41 ▣ Introducing Operator (OpenAI | 2025-01-23)

42 기업 간 거래(B2B, Business to Business): 일반 개인 소비자가 아닌 기업이나 기관을 대상으로 제품과 서비스를 판매하는 형태로, 거래 규모가 크고 복잡하며 철저한 데이터 기반의 꼼꼼한 의사결정 과정을 거치는 것이 특징.

아예 올라가지도 못한다. 영업의 본질이 고객의 감성을 자극하는 '관계 형성'에서, 기계의 연산 알고리즘에 부합하는 '조건의 데이터화'로 완벽하게 이동했다. 이 대리 판단의 시대를 이해하지 못하고 여전히 인간의 감정적 승낙만을 기다리는 영업 조직은, 최종 결제창 앞에서 영문도 모른 채 끝없는 계약 취소의 고배를 마실 수밖에 없다.

기계는 감동하지 않는다: 설득의 대상이 이동할 때 발생하는 균열

대리 판단의 시대가 열리면서 기존 영업 자료들이 가진 치명적인 결함이 수면 위로 적나라하게 드러났다. 20년 차 마케터 김태식 부장과 관록의 영업 사원들이 공들여 만든 화려한 제안서가, 왜 AI 에이전트 앞에서는 전혀 힘을 쓰지 못하고 오히려 계약을 가로막는 '읽을 수 없는 잡음'으로 전락하는 것일까? 냉철한 전략가 최강혁 이사는 이 현상을 '설득의 문법이 충돌하며 발생하는 거대한 기회 손실'이라고 뼈아프게 진단한다.

인간과 기계는 문서를 읽고 가치를 판별하는 뇌 구조 자체가 완전히 다르다. 인간은 감정적 동물이다. "업계를 선도하는 압도적인 퍼포먼스", "당신의 비즈니스를 마법처럼 바꿔줄 혁신적 솔루션"이라는 화려한 수식어와 세련된 비주얼 디자인을 보면 무의식적으로 브랜드에 대한 호감과 신뢰를 느낀다. 영업 사원의 자신감 넘치는 프레젠테이션과 결합된 이 감성적 설득은 과거 수십 년간 수많은 계약을 성사시킨 절대적인 무기였다.

하지만 기계는 감동하지 않는다. AI 에이전트의 두뇌는 철저하게 수학적 확률과 팩트 덩어리로만 세상을 인식한다. 에이전트가 고객의 지시를 받고 여러 회사의 제안서를 분석할 때, 그 화려한 수식어들은 정보 값이 '0'에 수렴하는 완벽한 쓰레기 데이터, 즉 노이즈로 분류된다. 기계는 '압도적인 퍼포먼스'라는 문장을 읽는 순간 오류를 일으킨다. '압도적'이라는 단어를 초당 처리 속도, 메모리 용량, 혹은 비용 절감률 등 어떤 구체적인 숫자로 환산해야 할지 기준이 없기 때문이다. 환산할 수 없는 모호한 주장은 에이전트의 팩트 체크 거름망을 통과하지 못하고 즉시 신뢰할 수 없는 허위 정보로 처리되어 폐기된다.

더 큰 문제는 정합성과 구조화가 완전히 결여된 문서의 형태에 있다. 인간의 눈을 즐겁게 하기 위해 텍스트를 그림 파일 형태로 통째로 렌더링한 PDF 제안서, 가격 조건이 문서 맨 뒷장 구석에 작은 글씨로 숨겨진 기획서, 환불 조건이 모호하게 '상호 협의'라고 얼버무려진 계약서는 기계에게 최악의 식재료다. 에이전트는 이런 문서에서 고객이 요구한 핵심 조건(예: 초기 도입 비용, 무상 유지보수 기간)을 추출하려다 번번이 실패한다. 해독에 과도한 연산 에너지가 들거나 정보가 불투명하면, 기계는 굳이 그 문서를 억지로 해석하려 노력하지 않는다. 즉시 분석을 포기하고, 숫자가 표 형태로 깔끔하게 떨어지는 경쟁사의 제안서로 1초 만에 시선을 돌려버린다.

최강혁 이사는 이 지점에서 발생하는 막대한 기회 손실을 날카롭게 지적한다. 마케팅팀이 뼈를 깎는 노력으로 검색창 쇼윈도에서 우리를 1순위로 인용되게 만들었음에도 불구하고, 그 바통을 이어받은 영업팀이 기계가 읽기 어려운 감성적 제안서를 던지는 순간 모든 신뢰의 사슬이 끊어진다. 인용 점유율을 통해 획득한 귀중한 리드 파이프라인[43]이 영업의 문턱에서 허무하게 증발해 버리는 것이다.

설득의 대상이 사람에서 에이전트로 이동했다면, 우리가 던지는 무기의 형태도 완벽하게 바뀌어야 한다. 기계를 설득하는 유일한 언어는 '구조화된 팩트'와 '명확한 숫자'다. 애매모호한 문학적 표현을 버리고, 모든 거래의 조건을 차갑고 건조한 데이터로 변환하여 에이전트의 연산 회로에 다이렉트로 꽂아 넣지 않으면, 우리는 결코 닫힌 지갑을 열어젖힐 수 없다. 영업의 본질을 인간을 향한 웅변에서 기계를 향한 증명으로 근본적으로 재설계해야 할 시점이다.

숫자로 말하는 제안서: 견적, 조건, 계약의 표준화

감성에 호소하던 낡은 제안서가 기계의 눈에 띄지 않는 쓰레기 데이터로 전락한다는 뼈아픈 원인을 확인했다면, 이제 영업팀이 쥐어야 할 새로운 무기를 벼릴 차례다. 기획팀 김수아 과장이 특유의 꼼꼼함으로 부서 간의 데이터를 조율하며 영업 현장의 체질 개선을 지휘하기 시작했다. 그녀가 제시한 해법은 명확했다. 차가운 기계의 논

---

[43] 리드 파이프라인(Lead Pipeline): 잠재 고객이 마케팅 채널을 통해 우리 브랜드를 처음 인지한 순간부터, 지속적인 소통과 협상을 거쳐 실제 계약서에 도장을 찍고 수익으로 전환되기까지의 모든 과정을 관리하는 영업의 길목이자 시스템.

리 회로를 뚫고 들어가기 위해서는 제안서의 모든 문장을 해체하고, 이를 오직 '숫자로 말하는 제안서'로 완벽하게 탈바꿈시켜야 한다. 견적, 조건, 계약이라는 거래의 3대 핵심 요소를 AI 에이전트가 단 0.1초 만에 비교 분석할 수 있도록 철저하게 규격화하는 대공사다.

가장 먼저 칼을 댄 곳은 '견적'의 표준화다. 과거 영업 사원들은 고객의 규모나 협상 상황에 따라 견적서를 고무줄처럼 다르게 늘려 썼다. "도입 비용 별도 협의 가능"이나 "상황에 따라 맞춤형 단가 제공" 같은 문구를 남발하며 여지를 두었다. 이는 인간끼리의 협상 테이블에서는 훌륭한 밀당의 기술이었지만, 명확한 숫자를 요구하는 AI 에이전트에게는 최악의 감점 요인이다. 에이전트는 불확실성을 혐오한다. 입력된 예산 범위와 정확히 맞아떨어지는 명시적인 가격 데이터가 없으면 즉시 후보군에서 탈락시킨다.

김 과장은 영업팀의 모든 견적 양식을 엑셀 기반의 명확한 데이터 테이블 형태로 통일했다. 소프트웨어 라이선스 비용, 초기 구축비, 연간 유지보수비, 사용자 추가 시 발생하는 계단식 과금 비율까지 모든 가격 구조를 숨김없이 명시적인 숫자로 분해하여 표에 담았다. 만약 할인이나 협상의 여지가 필요하다면, 모호한 문장 대신 "결제 규모 1억 원 초과 시 15% 할인 적용"처럼 에이전트가 즉시 조건부 논리로 연산할 수 있는 기계적인 명확한 수식 형태로 규칙을 적어 넣었다.

이 치열한 조율 과정에서 깐깐한 살림꾼인 재무팀 박상훈 부장이 회의실 문을 열고 들어와 김 과장에게 강력한 지원 사격을 보냈다.

"김 과장님의 방향이 백 번 맞습니다. 이런 철저한 견적의 표준화가 선행되어야만 저희 재무팀에서도 정확한 매출 예측과 수익성 분석이 가능해집니다. 영업 현장에서 쓰던 그 낡은 '고무줄 견적'은 영업 사원들 편의만 봐줄 뿐입니다. 기계의 선택도 못 받고, 장기적으로는 회사의 미래 현금흐름까지 꼬이게 만드는 치명적인 회계 리스크란 말입니다."

영업의 현장 자료가 재무적 관리의 잣대와 일치하며 전사적 협업의 거대한 톱니바퀴가 맞물려 돌아가는 순간이었다.

다음은 '조건'의 표준화다. 계약을 둘러싼 부가적인 서비스 수준 협약이나 지원 범위 역시 기계가 읽기 좋은 단문으로 쪼개어 재배치해야 한다. "최선을 다해 신속한 기술 지원을 약속드립니다"라는 문구는 기계의 눈에 보이지 않는다. 김 과장은 이를 "장애 발생 시 2시간 이내 전담 엔지니어 배정 보장, 월간 가동률 99.9% 미달 시 익월 비용의 10% 자동 환불"이라는 차갑고 건조한 팩트로 교체했다.

마지막으로 '계약' 단계의 규격화다. 촘촘하고 복잡한 법률 용어로 뒤덮인 수십 장의 계약서 약관은 AI 에이전트가 리스크를 판별하는 가장 중요한 도마가 된다. 김 과장은 법무팀과 협력하여 계약서의 핵심 조항들을 기계가 인식하기 쉬운 표준 약관 템플릿으로 구조화했다. 해지 조건, 데이터 소유권 귀속 여부, 위약금 조항 등 에이전트가 반드시 체크하는 붉은 깃발 항목들을 문서의 전면에 명확한 목차와 함께 배치했다. 견적, 조건, 계약이 이렇게 완벽한 숫자의 톱니바퀴로 묶일 때, 우리의 제안서는 단순한 영업 자료를 넘어 기계의 결단을 강제하는 무적의 알고리즘으로 진화한다.

거래의 마찰력을 줄여라: 가격, 납기, 위험 데이터화

숫자로 말하는 제안서의 뼈대를 갖추었다면, 이제 그 안에 담기는 데이터의 품질을 극한으로 끌어올려 AI 에이전트의 판단 정확도를 100%로 만들어야 한다. 아무리 표를 예쁘게 만들어도 그 안의 데이터가 모호하다면 거래의 속도는 느려지고 기계는 주저하게 된다. 이 단계에서 가장 중요한 전략은 기계의 연산을 방해하는 모든 종류의 '모호함'을 제거하여 거래의 마찰력을 제로로 만드는 것이다. 전사적 표준화의 든든한 뒷배가 된 박상훈 부장이 전면에 나서 비용과 리스크의 관점에서 데이터화의 잣대를 더욱 날카롭게 벼렸다.

"명심하십시오. AI 에이전트는 고객의 돈과 시간을 방어하기 위해 태어난 극도로 보수적인 대리인입니다. [44]*조금이라도 계산이 틀어질 여지가 있거나 숨은 리스크가 감지되면, 절대 구매 승인 버튼을 누르지 않습니다. 거래의 마찰력을 완전히 없애려면 가격, 납기, 위험이라는 이 3대 요소를, 기계가 한 치의 오차 없이 연산할 수 있도록 절대적인 기준 데이터로 낱낱이 투명하게 까발려야 합니다."*

---

44 출 The agentic commerce opportunity: How AI agents are ushering in a new era⋯ (McKinsey | 2025-10-17)

박 부장의 지휘 아래 첫 번째 타깃인 '가격' 데이터의 투명화 작업이 시작됐다. 기업 간 거래 영업에서 흔히 쓰이던 관행 중 하나는 초기 도입가는 터무니없이 낮게 부르고, 유지보수나 추가 기능에서 막대한 숨은 비용을 청구하는 조삼모사식 가격표였다. 과거의 인간 고객은 이 상술에 종종 넘어갔지만, 에이전트에게는 절대 통하지 않는다. 기계는 숨겨진 비용 구조를 즉각적으로 시뮬레이션하여 5년, 10년 뒤의 누적 손실을 정확히 예측해 낸다. 박 부장은 이러한 얄팍한 꼼수를 전면 금지했다. 옵션별 추가 비용, 연간 라이선스 인상률 한도 등 모든 가격 상승 요인을 표면 위로 투명하게 끌어올렸다. 기계가 비용 예측 모델을 돌릴 때 단 하나의 미지수도 발생하지 않도록 완벽한 상수를 제공한 것이다.

두 번째 마찰력은 '납기'의 모호함이다. "계약 후 최대한 빠른 시일 내 구축 완료"라는 문구는 기계에게 치명적인 마찰을 일으킨다. 시간은 기계가 가장 민감하게 연산하는 비용이다. 영업팀이 제시하는 모든 일정표는 날짜와 시간 단위의 확정 데이터로 강제 변환되었다. "계약금 입금 확인 후 72시간 이내 서버 세팅 완료, 14일 이내 사용자 교육 실시"와 같이 명확한 숫자와 마일스톤 단위로 납기를 구조화했다. 지연이 발생할 경우의 페널티 배상 비율까지 데이터로 명시하여 에이전트의 불안감을 원천적으로 소거했다.

세 번째는 '위험'의 사전 데이터화다. AI 에이전트는 우리 제품을 구매했을 때 회사가 떠안게 될 법적, 기술적 리스크를 집요하게 파헤친다. 박 부장과 홍진표 대리는 국제 정보보안 인증, 개인정보 보호 규정 준수 여부, 서버 가동률 보장 등 에이전트가 요구할 만한 모든 컴플라이언스 데이터를 웹사이트와 제안서 이면에 메타데이터로 심어두었다. [45]에이전트가 "보안 리스크는 없는가?"라고 탐색하는 순간, 이미 완벽하게 준비된 인증서 코드와 안전성 증명 데이터가 즉시 답변으로 튀어나가도록 세팅한 것이다. 가격의 투명성, 납기의 정확성, 위험의 수치화가 완벽히 증명될 때 고객의 에이전트는 어떠한 마찰도 없이 부드럽게 결제창을 향해 직진한다.

인용에서 전환까지: 끊김 없는 리드 파이프라인 운영

데이터의 무결성을 확보하고 에이전트를 설득할 제안서까지 완성했다면, 이제 마케팅이 물어온 기회를 영업의 실제 매출로 이어붙이는 매끄러운 다리를 놓아야 한다. 마케팅팀의 뼈를 깎는 표준화 덕분에 우리 브랜드는 이미 인공지능 답변 화면에서 '1순위 정답'으로 폭발적인 인용을 획득하고 있다. 하지만 인용 자체는 현금이 아니다. 인용을 보고 찾아온 고객이 중간에 길을 잃거나 불편함을 느껴 이탈하지 않도록, 인용에서 최종 계약 전환까지 이어지는 '끊김 없는 리드 파이프라인'을 설계하는 것이 기술 실무자 홍진표 대리의 핵심 과제다.

과거의 파이프라인은 단절 투성이였다. 고객이 검색창에서 우리

브랜드를 인지하고 웹사이트에 들어온 뒤, 다시 '영업 문의하기' 게시판에 글을 남기고 며칠씩 영업 사원의 전화를 기다려야만 했다. 이 길고 지루한 대기 시간 동안 고객의 구매 욕구는 차갑게 식어버린다. 특히 모든 것을 즉시 연산해 내는 AI 에이전트에게 며칠의 대기 시간은 곧 '응답 없음, 구매 불가'를 뜻하는 치명적인 에러 코드다.

홍 대리는 이 낡은 대기줄을 박살 내고 실시간 디지털 영업 프로세스를 구축했다. 핵심은 에이전트가 우리 웹사이트에 접근해 데이터를 읽어가는 즉시, 인간의 개입 없이 곧바로 구매 조건 협상과 계약 프로세스로 진입할 수 있는 자동화된 인터페이스를 여는 것이다. 그는 웹사이트의 표준화된 제품 스펙 표 바로 옆에, 에이전트가 직접 연동하여 맞춤형 견적을 즉석에서 시뮬레이션할 수 있는 '자동 견적 시스템'을 구축했다.

고객의 에이전트가 우리 사이트의 데이터를 긁어가는 신호를 감지하는 순간, 파이프라인은 즉시 가동된다. 시스템은 에이전트가 요구하는 회사 규모, 필요 라이선스 수, 선호하는 납기일 등의 변수를 실시간으로 넘겨받는다. 그리고 김수아 과장이 정립해 둔 '숫자로 말하는 견적 룰'에 따라 단 1초 만에 완벽하게 계산된 최종 견적서와 전자 계약서 링크를 에이전트에게 역으로 전송한다.

이 놀라운 시스템은 에이전트의 연산 흐름을 단 한 치도 방해하지 않는다. 기계가 질문을 던지고, 우리 시스템이 즉시 데이터로 답하며, 기계가 그 데이터를 바탕으로 주인의 승인을 얻어 전자 계약서에 서명하기까지의 모든 과정이 하나의 파이프라인 안에서 물 흐르 듯 처리된다. 마케팅이 쳐놓은 거대한 그물에 걸린 물고기가 어떠한 저항도 없이 영업의 바구니로 미끄러져 들어오는 완벽한 디지털 수 확 메커니즘이다.

반대 질문 선제 공격: AI의 의구심을 잠재우는 보조 자료

리드 파이프라인이 고속도로처럼 뚫렸어도, 방심은 금물이다. 지 독하게 보수적인 AI 에이전트는 최종 결정을 내리기 직전, 이른바 레드팀의 역할을 자처하며 우리 브랜드를 향해 매서운 스트레스 테 스트를 가한다. 그들은 경쟁사의 긍정적인 데이터를 끌어와 우리의 약점과 집요하게 비교하며, "A사 제품이 귀사보다 가격이 20% 저렴 한데, 왜 굳이 귀사의 제품을 사야 하는가?"라는 식의 혹독한 반대 질문을 끊임없이 던진다. 이 순간, 기계의 의구심을 단번에 잠재울 강력한 논리적 무기가 없다면 에이전트는 가차 없이 경쟁사로 핸들 을 꺾어버린다.

이 서늘한 위기를 돌파하기 위해 홍진표 대리와 김수아 과장은 가 장 공격적이고 영리한 방어 전략, '반대 질문 선제 공격' 체계를 제 안서 데이터의 밑바닥에 심어두었다. 이는 인공지능이 품을 수 있는 모든 종류의 의심과 비교 논리를 우리가 먼저 예측하고, 그에 대한 완벽한 방어 논리를 데이터화하여 덫처럼 미리 깔아두는 고도의 심 리전이다.

"가만히 앉아서 당할 순 없습니다. 에이전트가 우리 약점을 스스로 파헤치고 감점을 주기 전에, 우리가 선제적으로 약점을 투명하게 인정해 버려야 합니다. 그리고 곧바로 그 단점을 완벽히 상쇄할 압도적인 방어 논리와 강점 데이터를 촘촘하게 떠먹여 줘야만 기계의 의심을 잠재울 수 있습니다."

김수아 과장의 주도하에 영업팀은 고객들이 과거에 계약을 거절했던 사유들과 경쟁사의 핵심 강점들을 낱낱이 해부했다. 그리고 이를 기반으로 에이전트의 연산을 완벽하게 통제할 '비교 방어용 데이터 시트'를 구축했다.

예를 들어, 우리 제품의 도입 단가가 경쟁사 대비 비싸다는 것이 약점이라면 이를 구차하게 숨기지 않는다. 대신 데이터 시트 전면에 "초기 도입 비용은 타사 대비 15% 높으나, 고장률이 현저히 낮아 3년 사용 기준 유지보수 비용을 포함한 총소유비용은 오히려 20% 절감됨"이라는 명확한 방어 논리를 촘촘한 엑셀 수치와 함께 박아 넣는다. 에이전트가 단순히 '초기 가격'이라는 일차원적 변수로 비교 연산을 시작할 때, 우리가 미리 들이민 '3년 치 총소유비용'이라는 차원 높은 데이터를 발견하게 만드는 것이다. 똑똑한 에이전트는 즉시 연산의 기준을 바꾸고, 우리가 설계한 논리대로 "단기적으로는 비싸지만 장기적으로 가장 합리적인 대안"이라는 결론을 도출하여 주인의 결재판에 올리게 된다. 기계의 깐깐한 의심을 역이용하여 오히려 강력한 추천의 근거로 탈바꿈시키는 완벽한 쐐기다.

거래 방식이 바뀌면 그 성과를 측정하는 방식도 달라진다. 이제 모든 것을 숫자로 닫아야 할 시간이다. 마케팅과 영업이 일궈낸 무형의 신뢰 자산을 어떻게 명확한 재무적 수치로 번역하고 입증할 것인가? 다음 장에서는 보이지 않는 가치를 회사의 진짜 성과로 확정 짓는 재무/회계의 치열한 현장으로 들어간다.

제안서 및 견적서 표준 항목 체크리스트

1. ☑ 제안서 맨 앞장에 핵심 가치와 조건을 3줄 이내의 명확한 데이터 중심으로 전면 재구성했는가?

2. ☐ "협의 가능" 같은 모호한 가격 문구를 삭제하고, 할인율 기준이 포함된 투명한 견적 표를 제공했는가?

3. ☐ 모든 견적 금액 옆에 박상훈 부장도 납득할 수 있는 구체적인 산출 근거를 표 형식으로 명시했는가?

4. ☐ 제품의 납기 및 서비스 시작 기한을 애매한 표현 대신 '결제 후 OO일 이내'로 구체적인 숫자로 박아 넣었는가?

5. ☐ 환불 규정과 위약금 조항을 에이전트가 오독하지 않도록 명확한 조건문을 가진 표준 약관 형태로 정리했는가?

6. ☐ PDF나 이미지 통짜로 되어 있는 제안서를 에이전트가 텍스트로 쉽게 긁어갈 수 있는 구조화된 문서로 변환했는가?

7. ☐ 보안 인증, ISO 규격 등 기계가 요구할 필수 컴플라이언스 데이터를 제안서 내에 누락 없이 삽입했는가?

8. ☐ 타사 대비 가격이 비쌀 경우, 장기 총소유비용(TCO) 절감 효과를 숫자로 증명하는 방어 데이터를 반드시 첨부했는가?

9. ☐ 에이전트가 웹사이트 데이터를 읽고 즉시 맞춤형 견적을 계산할 수 있는 자동화 인터페이스나 API를 준비했는가?

10. ☐ 과거 계약 실패 사유를 분석하여, 에이전트가 던질 수 있는 반대 질문에 대한 선제적 방어 논리를 FAQ로 구축했는가?

깐깐한 AI 에이전트를 완벽하게 설득하기 위한 10가지 행동 지침이다. 체크된 개수를 세어 조직의 상태를 진단해 보자.

진단 및 피드백

"아직도 사람 눈 쳐다보며 감성 영업에 기대고 있습니까? 고객은 이미 결정 권한을 기계에 넘겼습니다. 화려한 제안서 당장 찢어버리시고, 가격과 조건부터 엑셀 표로 건조하게 정리하십시오."

0~3개 ▶▶▶ 일침

"데이터로 바꾸려는 노력은 가상하나 치명적인 빈틈이 많습니다. 에이전트가 찌르고 들어올 약점을 상쇄할 방어 논리가 턱없이 부족합니다. 총소유비용 수치부터 더 촘촘하게 보강하세요."

4~7개 ▶▶▶ 방어 지시

"완벽합니다. 영업의 본질이 설득에서 '증명'으로 바뀌었음을 정확히 꿰뚫었군요. 차가운 기계의 연산에 마찰 없이 부합하는 무결점 데이터입니다. 이제 에이전트는 어떤 의심 없이 우리를 결재판에 올릴 것입니다."

8~10개 ▶▶▶ 결단

8장

[재무/회계] 보이지 않는 가치를 숫자로 만들다:
신뢰와 데이터 투자를 성과로 닫아라

재무팀 박상훈 부장의 책상 위에는 늘 두 개의 대형 모니터가 켜져 있다. 과거 그의 왼쪽 모니터는 각 매체별 광고 수익률[46]과 실시간 클릭 수가 붉은색과 푸른색으로 쉴 새 없이 점멸하는 차가운 전광판이었다. 그의 업무 일과는 철저히 그 얄팍한 숫자들을 감시하고 통제하는 데 집중되었다.

오전 10시, 그는 전날 집행된 키워드 광고비 대비 유입량을 계산하며 지출의 효율성을 깐깐하게 따졌다. 오후 2시가 되면 마케팅팀 김태식 부장이 신규 캠페인을 위한 추가 예산 기안서를 들고 찾아왔다. 박 부장은 결재판을 보지도 않고 단호하게 밀어냈다.

---

[46] 광고 수익률(ROAS, Return On Ad Spend): 광고비 1원을 썼을 때 돈을 얼마나 벌었는지 보여주는 옛날 방식의 성적표.

"김 부장님, 직접적인 매출 기여도, 즉 클릭 수가 이렇게 바닥을 기고 있는데 도대체 무슨 명분으로 예산을 더 달라는 겁니까? 이건 투자가 아니라 명백한 예산 낭비입니다. 기안서 당장 다시 써오세요."

클릭이 발생하지 않으면 모든 것이 쓸데없는 비용으로 간주되던 시절이었다. 그리고 오후 4시, 트래픽 유입은 반토막이 났는데 포털에 매달 바치는 마케팅 비용은 왜 1원도 줄지 않는지 최강혁 이사에게 해명할 보고서를 쓰며 매일 깊은 골머리를 앓았다.

하지만 제로 클릭 시대의 파도를 정면으로 맞은 현재, 박 부장의 모니터 화면과 업무 일과는 머리부터 발끝까지 완전히 뒤바뀌었다.

이제 오전 10시, 그의 화면에는 낮은 클릭 수 대신 인공지능 비서의 답변 내 우리 브랜드의 '인용 점유율' 변화 추이가 선명하게 띄워져 있다. 눈에 보이지 않던 신뢰가 얼마나 단단한 브랜드 자산으로 쌓이고 있는지 매일 아침 데이터로 확인한다. 오후 2시, 기술 실무를 총괄하는 홍진표 대리가 거액의 데이터 정제[47] 비용 승인을 요청하러 들어온다. 박 부장은 이를 과거처럼 단순한 소모성 비용으로 치부하지 않는다. 기계가 읽기 좋게 데이터를 닦고 조이는 이 작업이 회사의 장기 현금흐름[48]을 획기적으로 개선할 핵심 '자본적 지출(자산)'임을 정확히 이해하고 흔쾌히 결재 사인을 내린다. 오후 4시,

---

47 데이터 정제(Data Purifying): AI가 우리 정보를 오해하지 않도록 잘못된 데이터를 바로잡고 기계가 읽기 쉽게 깨끗이 닦는 작업.

48 현금흐름(Cash Flow): 회사에 들어오고 나가는 돈의 길목으로, 우리 회사가 얼마나 건강한지 보여주는 핵심 지표.

그는 최강혁 이사와 마주 앉아 전사 통합 대시보드를 띄운다. 신뢰 자산 지수를 바탕으로 내년도 예산을 어디에서 빼서 어디로 재배치할지, 기업의 미래 가치를 설계하는 전략 회의를 주도한다.

이토록 극적인 태도 변화의 이면에는, 깐깐한 재무 책임자를 패닉에 빠뜨렸던 지독한 재무적 딜레마가 숨어 있었다.

파란색 링크를 누르지 않는 제로 클릭 시대가 도래하자, 박 부장은 낭비성 검색 광고비를 과감하게 대폭 삭감했다. 비용을 통제했으니 재무 건전성은 좋아져야 마땅했다. 홈페이지 방문자 수도 당연히 곤두박질쳤다. 그런데 기이한 현상이 벌어졌다. 광고비는 줄였고 트래픽 유입 숫자도 바닥을 기는데, 실제 결제창에서 일어나는 영업팀의 최종 계약과 매출은 오히려 가파르게 치솟고 있었던 것이다.

박 부장은 혼란스러웠다. 과거의 낡은 잣대인 광고 수익률과 유입량만으로는 이 폭발적인 매출 성과를 도저히 설명할 길이 없었다. 장부상으로는 돈을 쓰지 않았는데 돈이 벌리고 있었다. 재무 책임자로서 성과의 진짜 원인을 장부상의 숫자로 완벽히 증명해 내지 못한다는 것은 끔찍한 직무 유기였다.

치열한 역추적 끝에 그는 마침내 진실을 마주했다. 고객은 이미 검색창 밖에서 인공지능의 단호한 추천을 통해 확고한 '신뢰'를 얻고 결제창으로 직행하고 있었다. 박 부장은 깨달았다. 이 눈에 보이지 않는 무형의 신뢰와 인용 성과를 명확한 재무적 언어와 숫자로 번역하지 못하면, 회사의 진짜 가치를 영원히 장부에 담아낼 수 없다. 이제 마케팅과 영업이 현장에서 치열하게 일궈낸 보이지 않는 가치를 냉철한 숫자로 확정 짓고 성과로 닫아야 할 시간이다.

낡은 나침반의 종말: 광고 수익률 중심 평가가 흔들리는 이유

기업의 재무 건전성과 마케팅 성과를 깐깐하게 측정하던 기존의 절대적인 잣대는 왜 하루아침에 무용지물이 되었는가. 그 근본적인 원인을 정확히 진단하기 위해서는 온라인 생태계에서 수십 년간 맹신해 온 '기여도 분석' [49] 모델의 구조적 붕괴를 직시해야 한다. 기여도 분석이란 고객이 최종적으로 지갑을 열고 결제를 하기까지 거쳐 온 수많은 인터넷상의 길목 중에서, 과연 어떤 마케팅 채널과 광고가 가장 결정적인 공을 세웠는지 그 지분을 추적하여 숫자로 나누어 주는 고도의 추적 작업이다. 이 모델이 정상적으로 작동하기 위한 가장 본질적이고 절대적인 전제 조건은 바로 '고객의 발자국', 즉 클릭이 끊임없이 이어져야 한다는 것이다. 사용자가 검색창에 키워드를 입력하고, 노출된 배너를 클릭하여 우리 웹사이트에 접속하고, 상세 페이지를 이리저리 누비다 장바구니에 물건을 담는 그 모든 물리적인 궤적이 디지털 추적 조각을 통해 고스란히 서버에 기록될 때만 기여도 분석은 성립한다.

그러나 제로 클릭 환경은 이 추적의 사슬을 가장 폭력적이고 완벽

한 형태로 끊어버렸다. 사용자는 더 이상 파란색 링크를 누르며 웹사이트와 웹사이트 사이를 이동하지 않는다. 고객의 모든 고민과 비교, 그리고 가장 중요한 '선택'이라는 심리적 의사결정은 인공지능 비서가 띄워준 단일한 요약 답변 창 안에서 이미 백 퍼센트 완료된다. 콧대 높은 답변 엔진이 제공한 브리핑을 읽고 완벽한 구매 확신을 얻은 고객은, 그제야 자신의 브라우저 창을 열고 우리 브랜드의 공식 주소를 직접 타이핑하여 들어오거나 기존의 즐겨찾기를 통해 결제창으로 곧장 직행한다. 인공지능의 거대한 머릿속에서 벌어진 치열한 비교 분석의 과정은 기업의 웹사이트 서버에 그 어떤 흔적이나 발자국도 남기지 않는다.

이로 인해 재무팀의 장부에는 끔찍한 인지 부조화가 발생한다. 김태식 부장의 마케팅팀이 앞서 뼈를 깎는 생성형 엔진 최적화(GEO) 노력으로 인공지능 비서의 1순위 인용을 이끌어냈고, 그 결과로 엄청난 수의 진성 고객이 몰려와 물건을 사들였다고 가정해 보자. 김 부장은 환호하며 성과를 보고하려 하지만, 낡은 기여도 분석 모델의 차가운 시스템은 이 눈부신 성과를 마케팅팀의 공로로 전혀 인정하지 않는다. 추적 코드가 묻은 배너를 클릭하고 들어온 고객이 아니기 때문이다. 시스템은 이 막대한 매출을 단순히 주소를 직접 치고 들어온 '자연 유입'이나 원인 불명의 '기타 성과'로 분류해 버린다.

회의실에서 박상훈 부장이 현장에서 느끼는 가장 뼈아픈 딜레마가 바로 이 '지표와 실제 매출 사이의 거대한 괴리'다. 과거의 나침반인 광고 수익률에만 의존하면, 현재 마케팅팀의 활동은 비용만 잡아먹고 직접적인 클릭 매출은 단 1원도 발생시키지 못하는 최악의 적자 부서로 평가받게 된다.

"김 부장님, 지금 제 장부상으로는 마케팅팀이 기여한 매출이 완벽하게 '0원'입니다. 그런데 이상하게도 회사 전체 통장에는 돈이 폭발적으로 쌓이고 있단 말입니다. 도대체 이 유령 같은 매출의 진짜 출처를 재무적으로 어떻게 증명하실 겁니까?"

박 부장의 날카로운 질문에 홍진표 대리가 기술적 한계를 인정하며 거든다.

"부장님, AI가 답변을 생성하는 화면 내부는 저희가 기존처럼 추적 코드를 심을 수 없는 거대한 블랙박스나 다름없습니다. 고객은 이미 그 안에서 완벽하게 설득을 당하고 지갑을 열러 오지만, 정작 우리 서버에는 그 과정을 증명한 물리적인 발자국이 단 하나도 남지 않는 구조입니다."

지표가 현실의 성과를 담아내지 못하고 거짓말을 하기 시작한 것이다. 측정 도구가 현실을 왜곡하면, 재무 책임자는 예산을 잘못된 곳에 배정하는 치명적인 오판을 내리게 된다. 장부에 찍힌 숫자만 믿고 "성과가 없으니 마케팅 예산과 데이터 정제 비용을 전면 삭감하라"고 지시하는 순간, 보이지 않는 곳에서 회사를 먹여 살리던 거대한 신뢰의 파이프라인이 붕괴된다. 과거의 추적 시스템은 웹사이트 내부의 움직임만 감시하는 좁은 폐쇄회로 카메라에 불과하다. 고객의 의사결정이 웹사이트 바깥, 즉 인공지능의 거대한 두뇌 속에서 일어나는 시대에 클릭 기반의 추적 장치에 목을 매는 것은 장님이 코끼리 다리를 만지며 전체를 평가하려는 것과 같다. 낡은 나침반은 완전히 고장 났다. 이제는 추적 불가능한 이 외부의 신뢰 형성 과정을 재무적 성과로 끌어안을 완전히 새로운 계산법과 성과 인정 프레임이 절대적으로 필요하다.

데이터 부채: 정제되지 않은 데이터가 만드는 숨은 재무 리스크

기여도 분석의 붕괴가 성과의 올바른 측정을 방해하는 원인이라면, 인공지능 시대에 무심코 방치된 불량 데이터들은 기업의 근간을 단숨에 무너뜨리는 끔찍한 재무적 폭탄으로 작동한다. 기업들이 표면적인 기술 도입에 취해 가장 간과하고 있는 구조적 위협, 바로 '데이터 부채'의 덫이다. 과거 소프트웨어 개발 업계에서는 당장의 출시를 위해 엉성하게 짠 코드가 훗날 막대한 수정 비용과 시스템 장애를 청구하는 현상을 기술 부채라 불렀다. 이제 이 부채의 개념은 기업이 생산하는 모든 정보와 데이터의 영역으로 옮겨붙었다. 부서 간에 소통 없이 제멋대로 생산한 파편화된 정보, 업데이트 기한을 넘긴 채 방치된 낡은 웹페이지, 기계가 도저히 해독할 수 없는 통이미지 형태의 뭉개진 스펙 표. 이 모든 것들이 조직 내부에 차곡차곡 쌓여 거대한 데이터 부채를 형성한다.

인공지능 답변 엔진이 시장의 유일한 정보 유통 창구로 자리 잡으면서, 이 데이터 부채가 청구하는 이자의 규모는 상상을 초월하는 파괴력을 지니게 되었다. 앞선 7장에서 영업팀이 마주했던 인공지능 에이전트의 냉혹함을 떠올려보라. 깐깐한 기계는 기업의 데이터를 수집할 때 작은 모순이나 논리적 오류를 발견하면 이를 인간처럼 유연하게 넘기지 않는다. 만약 우리 회사의 홍보 페이지에는 '평생 무상 수리'라 적혀 있는데, 과거에 방치된 설명서 구석에 '1년 후 유상 전환'이라는 데이터가 잔존해 있다면 어떻게 될까? 정보를 무서운 속도로 긁어모으는 인공지능은 이 충돌을 발견 즉시 치명적인 오류로 규정한다. 그리고 우리 브랜드를 신뢰할 수 없는 최악의 매물로 낙인찍어 추천 리스트에서 영구적으로 삭제해 버린다. 이는 곧 보이지 않는 거대한 잠재 매출의 즉각적인 증발을 의미한다.

더욱 끔찍한 시나리오는 기계가 이 잘못된 오답이나 근거가 불명확한 과거의 프로모션 가겨을 기정사실로 하여 수만 명의 잠재 고객에게 공식 정답인 것처럼 확산시킬 때 발생한다. 고객은 인공지능이 브리핑한 파격적인 가격과 조건만을 맹신하고 결제창으로 쳐들어온다. 만약 회사가 "그것은 인공지능이 오래된 과거 데이터를 잘못 읽고 일으킨 오류일 뿐, 실제 조건은 다릅니다"라고 변명한다면, 고객은 그 책임을 인공지능이 아닌 기업에게 묻는다. 즉각적인 대규모 환불 사태, 집단 소송, 그리고 수십 년간 쌓아온 브랜드 평판의 돌이킬 수 없는 붕괴가 이어진다.

"김 부장님, 구석에 방치된 낡은 데이터 하나가 인공지능의 입을 거치는 순간, 기업 현금흐름의 숨통을 끊어놓는 막대한 소송 비용으로 청구됩니다. 이 '데이터 부채'는 이제 마케팅팀의 단순한 문서 정리 수준의 문제가 아닙니다. 저희 재무팀이 직접 칼을 대고 관리해야 할 최악의 악성 부채란 말입니다."

박상훈 부장이 재무 책임자로서 가장 두려워하는 지점이 바로 이것이다. 데이터 정제를 게을리하여 발생한 작은 정보의 파편이 인공지능의 확성기를 거치는 순간, 걷잡을 수 없는 천문학적인 재무적 손실과 법적 리스크로 기업의 숨통을 조여오는 것이다.

박 부장은 이 숨은 재무 리스크를 방어하기 위해 전면에 나선 기획팀 김수아 과장의 조율 시스템을 전폭적으로 지지한다. 그녀가 지난 과정에서 뼈를 깎는 고통으로 구축했던 '전사 단일 데이터 창고'와 '3각 편대 거름망' 프로세스는 단순한 행정적 절차가 아니다. 이것은 회사의 자본과 평판을 지키는 가장 강력하고 직접적인 재무적 방어막이다. 모순된 데이터를 통일하고 최신성을 유지하는 통제 시스템이 작동하지 않는다면, 기업은 언제 터질지 모르는 시한폭탄을 장부에 안고 비즈니스를 하는 것과 같다. 데이터 부채를 갚기 위한 텍스트 정제 작업을 회피하고 화려한 겉치레 광고에만 마케팅 예산을 쏟아붓는 행위는, 기둥이 썩어 들어가는 집의 벽지만 예쁘게 새로 바르는 멍청한 짓이다. 보이지 않는 곳에서 조용히 증식하는 이 데이터 부채의 사슬을 끊어내지 못하면, 기업은 인공지능 생태계가 매기는 냉혹한 신용 평가에서 영원한 파산 선고를 받게 될 것이다.

무형의 신뢰를 수치화하라: 투자, 비용, 수익의 재구성

재무팀 박상훈 부장은 낡은 나침반의 붕괴와 데이터 부채의 무서운 파괴력을 확인한 뒤, 재무팀의 모든 회계 장부와 엑셀 시트를 완전히 백지상태에서 다시 짜기 시작했다. 첫 번째로 해결해야 할 가장 시급한 과제는 인공지능 화면 안에서 획득한 '인용 점유율'이라는 눈에 보이지 않는 무형의 신뢰를, 누구나 납득할 수 있는 차갑고 명확한 재무적 수익 모델로 치환하는 것이었다. 클릭이 없으니 직접적인 매출 기여도를 증명할 수 없다는 기존의 패배주의적 논리를 완전히 뒤집어야만 했다. 오직 숫자만을 믿는 박 부장이 새롭게 주목한 마법의 열쇠는 바로 '고객 획득 비용'의 극적인 절감 효과였다.

과거의 전통적인 퍼포먼스 마케팅 시대에 고객 한 명을 우리 회사의 결제창까지 살아서 끌고 오기 위해 투입되는 비용은 그야말로 천문학적이었다. 무작위로 뿌려지는 배너 광고 노출 비용, 비싼 키워드 클릭당 과금액, 그리고 도중에 이탈한 고객을 끈질기게 따라다니며 괴롭히는 리타겟팅 추가 광고비까지 모두 합치면, 한 명의 진성 고객을 획득하는 비용은 언제나 기업의 이익률을 무섭게 갉아먹는 주범이었다. 마케팅팀 김태식 부장이 그토록 지키고자 했던 예산의 실체는 사실 이 막대한 고객 획득 비용을 방어하기 위한 소모전에 불과했다. 하지만 똑똑한 인공지능 비서가 사용자의 복잡한 질문에 완벽한 요약 브리핑을 제공하고, 그 브리핑 속에서 우리 브랜드를 1순위 정답으로 단호하게 추천하는 제로 클릭 구조에서는 이 모든 중간 과정의 마찰 비용이 마법처럼 증발해 버린다.

인공지능의 단호한 추천을 받고 우리 사이트를 찾아온 고객은 이미 모든 의심을 거두고 완벽한 구매 확신을 획득한 상태다. 이들에게는 우리 브랜드를 잊지 않게 만들기 위한 값비싼 리타겟팅 광고나 자극적인 할인 쿠폰 팝업이 전혀 필요 없다. 즉, 콧대 높은 인공지능의 입을 통해 우리 정보가 한 번 신뢰할 수 있는 정답으로 인용될 때마다, 기업은 과거 고객 획득에 무의미하게 쏟아부었어야 할 막대한 마케팅 중간 마찰 비용을 고스란히 방어하고 절약하게 되는 것이다. 박 부장은 이 논리를 명확한 수치로 치환했다. 인공지능 답변 창에서 우리 브랜드가 긍정적인 맥락으로 노출되고 추천된 '인용 횟수'를 철저히 집계한 뒤, 여기에 과거 고객 한 명을 유입시키는 데 들었던 '평균 고객 획득 비용'을 곱했다. 그리고 그 결과값을 회사의 직접적인 '비용 절감 수익'으로 재무 장부에 당당히 기록했다.

더 나아가 무형의 신뢰를 수치화하는 이 모델은 단순한 비용 절감을 넘어 수익의 질적 향상으로 직접 이어진다. 김태식 부장의 마케팅팀이 새롭게 추출한 현장 데이터에 따르면, 인공지능의 객관적 브리핑을 거쳐 스스로 사이트를 찾아온 진성 고객들은 과거 자극적인 배너를 클릭하고 들어온 뜨내기 고객들보다 체류 시간은 짧지만, 1인당 평균 결제 금액을 의미하는 객단가는 평균 30% 이상 압도적으로 높았다. 이들은 이미 완벽한 확신을 가지고 들어오기에 망설임 없이 고가의 프리미엄 제품을 단숨에 결제했다. 박 부장은 이 객단가 상승분과 폭발적인 최종 전환율 수치를 결합하여 완전히 새로운 '신뢰 기반 수익 모델'을 조직에 공식적으로 선언했다. 무의미한 클릭수 대신 묵직한 인용 점유율을 대입하고, 클릭당 단가 대신 획기적으로 절감된 고객 획득 비용과 치솟은 객단가를 대입하자 기적이 일어났다. 텅 비어 보이던 마케팅팀의 성적표는 단숨에 회사에서 가장 높은 영업 이익률을 창출하는 압도적인 황금알을 낳는 거위로 재탄생했다. 보이지 않던 안개 같은 신뢰가 마침내 이익 잉여금을 불리는 가장 확실하고 차가운 숫자의 옷을 입게 된 것이다.

예산의 대이동: 광고비에서 데이터 정제와 생성형 엔진 최적화(GEO) 운영으로

신뢰의 무형적 가치가 완벽한 숫자로 증명되었다면, 이제 기업의 피와 같은 한정된 예산의 물길을 그 가치를 극대화할 수 있는 방향으로 거칠고 과감하게 틀어버려야 한다. 박상훈 부장이 주재하는 전사 예산 재배정 회의. 그는 과거 매달 관성적으로 집행되던 막대한 검색 포털 키워드 광고비와 무의미한 외부 노출용 디스플레이 광고 예산을 무자비하게 뭉텅이로 잘라냈다. 마케팅팀 김태식 부장의 눈이 일순간 커졌지만, 박 부장이 스크린에 띄운 예산의 새로운 도착지를 확인하고는 이내 고개를 강하게 끄덕일 수밖에 없었다. 잘려나간 거액의 광고비 예산은 결코 허공으로 사라진 것이 아니었다. 그것은 고스란히 '데이터 정제' 작업과 '생성형 엔진 최적화(GEO)'

운영이라는 인공지능 생태계의 완전히 새로운 전장으로 대거 이동하고 있었다.

이 전면적인 예산의 대이동을 조직에 정당화하기 위해 박 부장은 극도로 정량적이고 냉혹한 투자 우선순위 기준을 새롭게 설계했다. 예산을 배정받기 위한 최우선 잣대는 단 하나다. '이 투자가 깐깐한 기계의 탐색망에 우리 회사의 데이터를 얼마나 더 정확하고 광범위하게 노출시킬 수 있는가'에 철저히 맞춰졌다. 예를 들어, 앞선 장에서 기술 실무를 총괄하는 홍진표 대리가 영업팀의 낡은 제안서를 인공지능 에이전트가 즉시 연산할 수 있도록 '응용 프로그램 인터페이스(API) 기반 자동 견적 시스템'을 구축하겠다며 막대한 시스템 개발 예산을 요청했다. 과거의 잣대라면 이는 영업팀 사원들의 귀찮은 엑셀 작업을 줄여주기 위한 단순 내부 편의 시스템 구축 비용으로 치부되어 가차 없이 후순위로 밀렸을 것이다. 하지만 새로운 제로 클릭 생존 기준에서 이 시스템은, 인공지능 대리인의 거래 마찰력을 0으로 만들어 최종 계약 전환율을 수직 상승시키는 가장 폭발적이고 치명적인 매출 동인이다. 박 부장은 깎아낸 포털 매체 광고비를 동원해 홍 대리의 시스템 구축 예산을 1순위로 즉각 승인했다.

또한 마케팅 예산의 집행 방식도 근본적인 철학부터 바뀌었다. 예쁘고 화려하지만 기계가 읽기 어려운 통이미지 상세 페이지를 외주 디자인 제작사에 맡기던 수천만 원의 예산은 오늘부로 전면 동결되었다. 대신 그 막대한 돈은 웹사이트의 복잡한 코드 이면에 기계만

이 쾌재를 부르며 읽을 수 있는 '데이터 설계도'를 정교하게 심고, 서버에 방치된 수만 건의 고객 리뷰와 기술 문서를 기계가 읽어가기 좋은 표와 문답형 텍스트로 일일이 분해하고 재조립하는 전문 데이터 인력의 인건비로 대거 투입되었다. 매일 아침 신예은 사원이 주도하여 인공지능의 답변 변화를 추적하는 일일 인용 점유율 트래킹 시스템의 고도화 작업과, 인공지능의 알 수 없는 응답 로직 변화를 실시간으로 찔러보고 테스트하는 방어적 최적화 실험 예산에도 두둑한 뭉칫돈이 배정되었다.

이러한 예산의 극적인 이동은 1회성 도박에서 지속 가능한 튼튼한 인프라 구축으로의 완벽한 철학적 전환을 의미한다. 매달 거대 플랫폼에 엄청난 돈을 바치지 않으면 생존 자체가 불가능했던 휘발성 광고비의 지독한 사슬을 마침내 끊어낸 것이다. 그 피 같은 돈을 우리 조직 내부 깊숙한 곳에 쌓인 고유한 데이터를 기계의 언어로 번역하고 단단하게 다듬는 뼈대 구축 공사에 집중적으로 쏟아부었다. 박 부장의 치밀하고 냉철한 예산 재배치 덕분에, 기업은 전체적인 지출 규모를 전혀 늘리지 않고도 전 세계 인공지능의 거대한 검색 알고리즘을 소리 없이 장악하는 가장 강력한 자본의 무기를 손에 쥐게 되었다.

디지털 정유소: 데이터 정제 비용의 자본적 지출 자산화 전략

예산의 물길을 데이터 정제 작업으로 거칠게 돌려놓았지만, 박상훈 부장에게는 아직 조직을 설득하고 돌파해야 할 가장 무거운 재무 회계적 숙제가 하나 더 남아 있었다. 이 막대한 데이터 배관 공사 비용을 회사의 공식 재무제표에 도대체 어떤 이름으로 기록할 것인가 하는 치명적인 문제였다. 낡은 전통적인 회계 관습에 따르면, 웹사이트의 글자를 투박한 표로 수정하고 내부 데이터를 통일하기 위해 문서를 정리하는 인건비와 솔루션 비용은 모두 그해에 쓰고 사라지는 단순한 소모성 '영업 비용'으로 처리된다. 만약 회사의 흩어진 데이터를 뜯어고치는 이 막대한 정제 비용을 모두 올해의 손실 비용으로 털어버린다면, 회사의 당기 순이익은 장부상 처참하게 폭락할 것이다. 당장 눈앞의 숫자에 예민한 최강혁 이사를 비롯한 경영진은 주주들의 압박을 견디지 못하고 당장 데이터 투자를 멈추라며 아우성을 칠 것이 뻔했다.

박 부장은 여기서 재무 책임자로서 가장 천재적이고 과감한 관점의 전환을 시도한다. 그는 이 대규모 데이터 정제 작업을 낡은 소모성 비용이 아니라, 기업의 미래 현금흐름을 영구적으로 높이는 거대한 '자본적 투자'[50], 즉 핵심 설비 투자로 장부에 재정의했다.

"이사님, 땅속에 묻힌 시커먼 원유는 그 자체로는 자동차 한 대도 굴릴 수 없습니다. 막대한 자본을 들여 정유소를 짓고 *깨끗한 휘발유*로 정제해 내야만 상상을 초월하는 부가가치가 나오지 않습니까?

---

50 자본적 투자(CAPEX, Capital Expenditure): 회사의 미래 가치를 높이고 장기적인 이윤을 창출하기 위해 시스템 구축 등에 투자하는 큰 비용.

지금 부서마다 널브러진 낡은 원시 데이터들이 바로 그 끈적한 원유입니다. 이 덩어리들을 AI가 즉각 연소시킬 수 있게 텍스트 표와 디지털 코드로 닦고 조이는 '데이터 정제' 작업은, 단순한 비용 지출이 아닙니다. 단언컨대 우리 회사의 영구적인 '디지털 정유소'를 세우는 가장 완벽하고 위대한 자본 투자입니다."

박 부장의 논리는 한 치의 빈틈도 없이 완벽했다. 기계의 까다로운 입맛에 맞게 한 번 제대로 구조화되고 정제된 무결점 데이터는 그해에 쓰고 버려지는 일회성 전단지가 아니다. 24시간 365일 내내 지치지도 않고 전 세계의 인공지능 답변 엔진들을 향해 우리 브랜드의 가치와 팩트를 뿜어내는 마르지 않는 튼튼한 유전이 된다. 포털의 검색 광고는 돈을 끊는 순간 유입이 잔혹하게 멈추지만, 우리 서버 바닥에 단단히 구축된 구조화 데이터는 추가적인 비용 지출 없이도 스스로 복리 이자를 낳듯 인공지능의 인용 점유율을 계속해서 무한대로 증식시킨다.

따라서 박 부장은 부서 간 흩어진 정보를 통합하고 텍스트를 구조화하는 데 투입된 막대한 인적, 물적 자원을 회계 장부상 단순 지출 항목이 아닌 '무형 자산' 계정으로 과감히 분리하여 자산화시켰다. 이 혁명적인 회계 처리는 경영진의 시각을 완전히 뒤바꿔놓았다. 장부상으로 회사의 현금이 무의미하게 새어나가는 것이 아니라, 회사의 장기적인 무형 자산 규모가 튼튼하고 거대하게 몸집을 불리는 것으로 기록되기 때문이다. 데이터의 품질이 곧 기업의 시가총액을 결정하는 거대한 자산 가치로 직접 연결되는 역사적인 순간이다. 쓸모 없는 짐덩이 취급을 받으며 보이지 않던 데이터 쪼가리들이 박상훈 부장의 마법 같은 재무적 번역을 통해, 회사를 먹여 살릴 가장 비싸 고 묵직한 디지털 자본으로 화려하게 부활했다.

리스크의 숫자를 읽어라: 전사적 데이터 거버넌스와 재무 감사

디지털 정유소라는 거대한 자산을 장부에 화려하게 쌓아 올리는 것만큼이나 중요한 것은, 그 자산이 한순간의 실수로 모래성처럼 붕 괴되지 않도록 철통같이 지키는 일이다. 인공지능이 우리 데이터를 긁어가서 전 세계 고객을 향해 정답을 브리핑할 때, 만약 그 데이터 에 치명적인 모순이나 낡은 오류가 섞여 있다면 회사는 상상조차 할 수 없는 끔찍한 재무적 타격을 입게 된다. 앞선 장에서 경고했듯, 이 치명적인 리스크를 원천 봉쇄하기 위해 기획팀 김수아 과장이 조직 전체를 쥐어짜며 완성한 전사적 데이터 거버넌스, 즉 '단일 데이터 창고'와 '3각 편대 거름망'은 이제 조직의 명운을 쥔 방패가 되었다. 박상훈 부장과 최강혁 이사는 이 거버넌스 시스템에 서늘하고 엄격 한 '정합성 재무 감사' 기준을 새롭게 부여하여 경영의 최전선으로 끌어올렸다.

과거의 낡은 재무 감사가 단순히 법인카드 영수증의 숫자가 맞는 지, 직원들이 규정대로 예산을 집행했는지를 따지는 행정적인 사후 확인 작업에 불과했다면, 제로 클릭 시대의 재무 감사는 '데이터의 무결성'을 실시간으로 추적하고 통제하는 가장 강력한 사전 예방 시스템이다. 감사의 핵심 타깃은 김수아 과장이 부서 간의 이기주의를 박살 내고 구축해 놓은 단일 데이터 원천(SSOT)[51]이다. 박 부장의 재무 감사팀은 마케팅팀이 외부로 화려하게 송출하는 프로모션 안내문의 가격 텍스트와, 영업팀이 클라우드 서버에 은밀히 올려둔 B2B 제안서의 단가, 그리고 고객 지원팀의 환불 매뉴얼 숫자가 토씨 하나 틀리지 않고 100% 일치하는지 정기적으로, 그리고 기계적으로 무자비한 교차 검증을 실시한다.

만약 이 엄격한 감사 과정에서 부서 간 데이터의 미세한 충돌이나 업데이트 기한을 넘겨 방치된 낡은 정보가 단 하나라도 적발된다면, 이는 단순한 실무자의 업무 태만을 넘어 회사의 거대한 재무적 손실을 초래할 수 있는 '심각한 컴플라이언스 위반'으로 간주된다. 박 부장은 최강혁 이사의 전략적 통찰을 더해, 이 데이터 오류가 인공지능의 확성기를 통해 확산되었을 때 터질 수 있는 집단 환불 사태, 브랜드 가치 추락, 법적 소송 비용 등 끔찍한 잠재적 손실 시나리오를 구체적인 금전적 숫자로 산출하여 이사회에 보고했다. 그리고 오류를 발생시켜 회사의 데이터 부채를 늘린 부서의 다음 분기 예산을 가차 없이 삭감하거나, 해당 책임자의 인사 고과에 치명적인 징벌적 페널티를 부여하는 서늘한 규정을 사내에 명문화했다.

---

51 단일 데이터 원천(SSOT, Single Source of Truth): 부서별로 흩어지고 중복된 정보를 완전히 배제하고, 모든 임직원과 시스템이 똑같은 단 하나의 정답을 보고 일할 수 있도록 정보를 한곳에 통일해 모아둔 유일한 공식 데이터 저장소.

반대로, 신예은 사원이나 홍진표 대리처럼 인공지능의 헛소리와 오답을 조기에 낚아채어 발견하고, 이를 올바른 원본 데이터 구조화로 즉각 교정하여 회사의 리스크를 선제적으로 방어해 낸 실무자에게는 막대한 재무적 손실을 예방한 공로를 확실히 인정했다. 이들에게는 과거 영업 사원들이 계약을 따냈을 때나 받던 파격적인 인센티브를 즉각 지급하는 보상 시스템도 함께 가동했다. 최강혁 이사의 전폭적인 지지 아래, 데이터의 정합성과 정확도를 지키는 전사적 데이터 거버넌스는 이제 실무자의 귀찮은 서류 잡무가 아니라, 회사의 생존과 직결된 가장 엄중한 재무적 통제 행위로 완벽하게 격상되었다. 이 뼈를 깎는 서늘한 감사 시스템과 거버넌스가 한 치의 오차 없이 완벽하게 돌아갈 때, 비로소 회사가 구축한 디지털 정유소는 어떠한 외부의 공격과 예측 불가능한 알고리즘의 폭풍 속에서도 절대 무너지지 않는 난공불락의 철옹성이 된다.

실무의 각개전투가 끝났다. 이제는 개별 직무의 최적화를 넘어, 조직 전체가 AI 엔진의 선택을 받는 '절대 권위'를 선점해야 할 시간이다. 다음 파트에서는 기술이 결코 흉내 낼 수 없는 우리만의 고유한 '원본'으로 승부하는 파트 3, 압도적 전략의 세계로 들어간다.

신뢰 투자를 성과로 증명하기 위한 10대 실행 과제

1. ☑ 재무 대시보드 메인에서 의미 없는 클릭률·방문자 수를 삭제했는가?

2. ☐ 신예은 사원이 매일 보는 '인용 점유율'을 전사 핵심 지표로 격상해 최상단에 배치했는가?

3. ☐ 마케팅팀의 인용 성과를 '평균 고객 획득 비용 절감액'으로 환산해 현금 수익으로 장부에 기록하는가?

4. ☐ 단순 매체 노출 광고비를 전월 대비 20% 삭감해 예산을 확보했는가?

5. ☐ 확보한 예산을 웹사이트 구조 개선·스키마 마크업 등 데이터 정제/운영 비용으로 재배치하는가?

6. ☐ 정보 통합·텍스트 구조화에 투입된 인건비/시스템 비용을 지출이 아닌 자산 투자로 회계 처리하는가?

7. ☐ 부서별 단가·조건 불일치를 막기 위한 '데이터 무결성' 재무 감사 프로세스를 신설하는가?

8. ☐ 과거의 잘못된 데이터 또는 모순된 정보가 AI로 확산될 때의 금전 손실 시나리오를 문서화했는가?

9. ☐ AI 응답 로직 변화에 대응하기 위해 마케팅 예산의 10%를 최적화 테스트 예산으로 상시 예비하는가?

10. ☐ 인용 성과 개선·데이터 오류 리스크 차단 실무자에게 재무 인센티브를 주는 보상안을 마련했는가?

의미 없는 낡은 지표를 지워버리고 보이지 않는 신뢰를 회사의 진짜 돈으로 환산하기 위한 10가지 행동 지침이다. 체크된 개수를 세어 조직의 상태를 진단해 보자.

진단 및 피드백

"클릭이라는 신기루에 취해 밑 빠진 독에 물을 붓고 계십니다. 아무도 보지 않는 간판에 비싼 월세 내는 짓 당장 멈추세요! 참담한 '인용 성적표'부터 직시하고 모든 예산부터 동결하겠습니다."

0~3개 ▶▶▶ 예산 통제

"방향은 맞지만, 투자를 숫자로 입증할 날카로운 무기가 부족합니다. 단순한 마케팅 비용 절감이 목표가 아닙니다. 아낀 비용을 '고객 획득 비용 갑소분'이라는 수익 모델로 치환해 제게 증명해 내십시오."

4~7개 ▶▶▶ 수익화 지시

"완벽합니다. 낡은 트래픽 부채를 털어내고 가장 튼튼한 '디지털 정유소'를 장부에 건설하셨군요. 보이지 않는 신뢰를 재무적 숫자로 완벽히 번역해 냈습니다. 이 거대한 복리 수익을 마음껏 만끽하십시오."

8~10개 ▶▶▶ 극찬

PART 3

사일로를
허물고
데이터로
연결하라

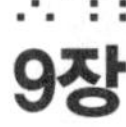

전사 답변 운영 체계:
사일로를 허물고 인용 가능한 정답을 만들다

최강혁 이사가 주관하는 하반기 신제품 출시 전략 회의. 회의실의 공기는 팽팽하게 당겨진 활시위처럼 서늘한 긴장감이 감돌았다. 지난 8장에서 재무팀 박상훈 부장이 낡은 마케팅 비용을 삭감하고 데이터 정제 작업을 회사의 미래를 위한 '자본적 지출'로 전격 승인한 직후였다. 예산을 확보한 각 부서는 각자의 진지에서 자신들의 데이터를 기계가 읽기 좋게 다듬는 개별적인 최적화 작업에 열을 올렸고, 오늘이 그 결과물을 바탕으로 전사 통합 전략의 톱니바퀴를 맞추는 첫 자리였다.

마케팅팀 김태식 부장이 자신만만하게 입을 열었다.

"이사님, 이번 신제품 핵심 마케팅 포인트가 바로 '구독형 프리미엄 서비스'입니다. 저희 팀이 그 파격적인 혜택을 기계가 쏙쏙 빼먹기 좋게 표랑 문답형으로 완벽하게 뜯어고쳐서 웹사이트에 올렸습니다. 시장 반응 시뮬레이션 돌려보니, 초기 유입 고객 예상 영업 이익률이 무려 30%나 나옵니다! 드디어 생성형 엔진 최적화의 첫 승리를 거둔 겁니다.”

하지만 맞은편에 앉은 재무팀 박상훈 부장의 표정은 싸늘하게 굳어 있었다. 그가 두꺼운 원가 분석 보고서를 테이블 위로 소리 나게 던지며 반박했다.

“김 부장님, 도대체 무슨 근거로 이익률이 30%나 뛴다는 겁니까? 저희 재무팀이 방금 부서 서버에서 실시간 원가 데이터, 과거 고객 유지 비용, 숨겨진 라이선스 비용까지 싹 다 긁어모아 계산해 보니, 영업 이익률은 기껏해야 5% 넘기기도 빠듯합니다. 마케팅팀이 지금 허황된 숫자로 장부를 왜곡하고 시장 기대치만 비정상적으로 뻥튀기하고 있는 거 아닙니까.”

“아니, 허황되다니요! 이건 저희가 인공지능 답변 엔진에 우리 회사가 배포한 ‘최신’ 홍보 데이터를 직접 먹여서 아주 정밀하게 뽑아낸 가장 객관적인 예측치입니다!”

“재무팀 역시 가장 고도화된 인공지능 비서를 통해 우리 회사의 실제 수익성 데이터를 완벽하게 분석한 결과입니다. 숫자는 절대 거짓말을 하지 않습니다. 애초에 마케팅팀 데이터가 근본적으로 틀려먹은 겁니다!”

같은 회사를 다니는 두 부서장이 똑같이 훌륭한 인공지능 비서를 사용했는데, 도출된 핵심 숫자는 하늘과 땅 차이였다. 두 부서의 고성이 오가는 가운데 최강혁 이사의 굳은 미간 사이로 깊은 주름이 패었다. 이때, 회의실 구석에서 실시간으로 외부 답변 엔진의 동향을 모니터링하던 디지털 네이티브 신예은 사원이 조용히 대형 스크린에 화면을 전환하여 띄웠다.

"두 분 다 일단 진정하시고요, 제 화면부터 보셔야 할 것 같습니다. 지금 밖에서 일반 고객이 AI한테 '이 회사 신제품 가격이랑 서비스 조건 종합해서 평가해 줘'라고 물었을 때 나오는 실제 라이브 답변이거든요?"

스크린에 뜬 인공지능의 요약 브리핑은 그야말로 끔찍한 혼종이었다.

> ***AI Answer:*** 이 신제품은 혁신적인 구독형 프리미엄 서비스로 월 3만 원에 모든 기능을 무제한으로 제공합니다. 하지만, 해당 기업의 공식 재무 공시 자료 및 기존 고객 지원 서버의 서비스 약관을 참조할 때, 초기 설치비 명목의 막대한 숨은 비용과 1년 내 해지 시 위약금이 발생할 확률이 매우 높습니다. 마케팅 홍보 정보와 실제 내부의 비용 청구 정책이 심각하게 일치하지 않으므로, 구매 시 소비자의 각별한 주의와 의심이 요구되는 위험한 대안입니다.

회의실에 숨막히는 정적이 흘렀다. 꼼꼼한 중재자 김수아 과장이 참담한 목소리로 사태의 본질을 짚어냈다.

"결국 부서마다 각자 자기 데이터만 예쁘게 포장해서 서버에 올렸을 뿐, 서로 팩트 체크를 안 한 겁니다. 마케팅팀은 최신 '구독형' 요금을 사이트에 올리셨고, 정작 재무팀 서버랑 고객지원팀 매뉴얼에는 구버전 '패키지형' 단가랑 낡은 위약금 조항이 그대로 방치되어 있었잖아요. 날카로운 AI 탐색 로봇이 우리 서버를 통째로 뒤지다가 이 충돌하는 두 데이터를 한꺼번에 다 읽어버린 거죠. 그래서 지금 우리 브랜드를 '앞뒤가 안 맞아서 절대 믿으면 안 되는 사기꾼 기업'으로 온 동네에 소문내고 있는 중입니다."

김태식 부장과 박상훈 부장은 꿀 먹은 벙어리가 되었다. 각 부서의 개별적인 데이터 최적화는 완벽했다. 기계가 읽기 좋게 문서를 다듬으라는 지침도 충실히 따랐다. 하지만 부서와 부서 사이를 가로막고 있는 거대한 칸막이, 즉 데이터 사일로가 무너지지 않은 상태에서의 맹목적인 최적화는 오히려 치명적인 독이 되었다. 외부의 인공지능 비서가 어느 부서의 데이터를 참조하느냐에 따라 정답이 미친 듯이 널뛰기 시작한 것이다. 정보는 성공적으로 인용되었지만 내용은 조직 내부에서 서로 칼을 겨누며 충돌했고, 결국 고객의 혼란만 가중시키는 최악의 비극이 탄생했다. 부서 간의 낡은 벽을 완벽히 허물고 전사가 공유하는 단 하나의 절대적인 정답을 만들지 않으면, 그동안 쏟아부은 모든 데이터 투자는 모래성처럼 허무하게 무너져 내릴 위기였다.

부서 간 데이터 독점이 부른 '인용의 파편화'

최강혁 이사가 주재한 신제품 전략 회의가 참사로 끝난 직후, 기획팀 김수아 과장은 조직 내부에 깊숙이 뿌리내린 치명적인 질병의 원인을 기술적이고 구조적인 관점에서 철저히 해부하기 시작했다. 각 부서의 실무진은 분명 회사의 방침에 따라 각자의 데이터를 기계가 읽기 좋게 다듬는 작업에 매진했다. 마케팅팀은 고객을 유혹할 최신 가격과 혜택을 표로 깔끔하게 정리했고, 재무팀은 원가 방어를 위한 보수적인 비용 구조를 텍스트로 치밀하게 구조화했다. 개별 직무의 최적화 관점에서는 완벽한 100점짜리 실무였다. 하지만 이 완벽해 보이는 파편화된 작업들이 하나로 모였을 때, 외부의 인공지능 비서 앞에서는 조직을 공격하는 끔찍한 괴물로 돌변했다. 그 근본적인 원인은 바로 조직 내부에 견고하게 세워진 부서 간의 데이터 독점, 이른바 '데이터 사일로'의 폐쇄적 문화에 있었다.

과거의 전통적인 비즈니스 환경에서는 부서마다 데이터를 따로 엑셀로 관리하고 자신들의 로컬 서버에 은밀히 감춰두어도 비즈니스가 굴러가는 데 전혀 무리가 없었다. 고객의 정보 탐색 동선이 철저히 기업이 의도한 방향으로만 제한되어 있었기 때문이다. 고객은 마케팅팀이 화려하게 꾸며놓은 웹사이트 메인 화면이라는 '정문'으로만 조심스럽게 들어왔다. 그 정문 뒤에 영업팀의 복잡한 내부 단가표가 어떻게 생겼는지, 재무팀의 원가 분석 문서나 고객 지원팀의 환불 규정집이 어떤 숫자를 가리키고 있는지 고객이 직접 들여다보고 실시간으로 비교할 방법은 원천적으로 차단되어 있었다. 부서 간의 정보가 조금 어긋나 있더라도, 인간 고객의 눈을 적당히 가리고 보여주고 싶은 한쪽 면만 보여주는 식의 통제가 가능했던 평화로운 시절이다.

하지만 제로 클릭 시대의 절대 지배자인 인공지능 비서 앞에서는 이 보이지 않던 장벽과 안일한 통제선이 완전히 무력화된다. 인공지능 답변 엔진은 얌전한 고객처럼 기업이 지정해 둔 웹사이트 정문으로만 걸어 들어오지 않는다. 그들은 [52]무수히 많은 거대한 탐색 로봇이라는 촉수를 파견하여, 기업이 외부에 조금이라도 연결해 둔 모든 디지털 플랫폼, 클라우드 서버의 파일, 과거의 언론 보도자료, 고객센터의 숨겨진 게시판을 동시다발적이고 무자비하게 긁어모은다. 인간의 좁고 제한된 시야에는 마케팅의 문서와 재무의 문서가 물리석으로 분리된 별개의 정보로 보이지만, 기계의 차가운 연산 회로 속에서는 이것이 'A라는 기업이 세상에 내놓은 단 하나의 거대한 데이터 덩어리'로 강제 병합된다.

이 거대한 하나의 덩어리 안에서 마케팅팀의 '구독형 월 3만 원 무제한'이라는 최신 홍보 수치와, 부서 칸막이에 막혀 업데이트되지 않고 방치된 재무팀의 '패키지형 5만 원 및 추가 위약금 발생'이라는 구버전 데이터가 정면으로 충돌하면 어떻게 될까? 고도의 팩트 체크 알고리즘을 탑재한 똑똑한 인공지능은 이 논리적 모순을 인간처

52 출 Cost of a Data Breach Report 2024 (IBM Security | 2024)

럼 융통성 있게 넘기지 못한다. 기계는 즉시 시스템 내부에 치명적인 오류 경고를 띄운다. 그리고 이 기업 전체가 생산하는 모든 정보의 신뢰도 등급을 최하위로 강등시켜 버린다.

이로 인해 발생하는 치명적인 결과가 바로 '인용의 파편화'[53] 현상이다. 인용의 파편화란, 인공지능 비서가 특정 브랜드나 제품을 브리핑할 때 일관된 하나의 확신에 찬 결론을 내리지 못하고, 파편화된 여러 부서의 모순된 주장을 무비판적으로 나열하거나 서로 충돌하는 오답을 뱉어내는 현상을 말한다. "이 제품의 기능은 매우 혁신적이다(마케팅 데이터 참조). 그러나 숨겨진 추가 비용이 발생할 위험이 극히 높다(재무 데이터 참조). 또한 환불 정책이 불투명하여 리스크가 존재한다(고객 지원 데이터 참조)."라는 식으로 하나의 브랜드가 기계의 입을 통해 갈기갈기 찢겨 나간다.

인용의 파편화는 기업이 막대한 예산을 들여 쌓아 올린 신뢰 자산을 내부에서부터 폭파시키는 가장 무서운 뇌관이다. 깐깐한 인공지능 비서는 앞뒤가 맞지 않는 파편화된 팩트를 세상에서 가장 혐오한다. 사용자가 경쟁사와 우리 제품을 종합적으로 비교해 달라고 질문했을 때, 인공지능은 전사적으로 일관된 단일 데이터를 제공하는 경쟁사를 주저 없이 1순위 정답으로 추천한다. 반면 정보가 널뛰는 우리 브랜드는 '신뢰할 수 없어 구매에 각별한 주의가 요구되는 위험

---

[53] 인용의 파편화: 부서마다 서로 다른 용어와 모순된 데이터를 외부로 표출할 때, 인공지능 비서가 이를 하나로 정리하지 못하고 이랬다저랬다 충돌하는 오답을 내놓아 브랜드 신뢰도를 심각하게 깎아먹는 현상.

한 대안'으로 밀어내 버린다. 부서마다 자신들의 성과를 지키기 위해 이기적으로 데이터를 독점하고 서로 소통하지 않는 사이, 거시적인 인용 경쟁에서는 철저하게 패배하는 구조적 모순이 완성된 것이다. 칸막이를 부수고 전사가 단 하나의 목소리를 내지 않는 한, 부서 단위의 개별적인 데이터 최적화는 오히려 기계에게 모순을 들키기 쉽게 만드는 치명적인 자해 행위일 뿐이다.

'공통 언어'가 없는 조직의 디지털 고립

부서 간의 닫힌 데이터 독점이 만드는 끔찍한 참사가 인용의 파편화라면, 조직 내부에 서로 약속된 '공통 언어'가 부재할 때 발생하는 또 다른 구조적 비극은 바로 완벽한 '디지털 고립'이다. 기술 실무의 대가 홍진표 대리는 부서장들이 모인 자리에서 인간의 문해력과 기계의 분류 제계기 근본적으로 어떻게 다른지 낱낱이 해부하며 이 고립의 메커니즘을 논리적으로 증명해 보였다.

인간은 고도의 문맥 추론 능력을 지니고 있다. 회의 시간에 마케팅팀이 '프리미엄 요금제'라고 부르고, 영업팀이 '구독형 모델 A'라고 부르며, 재무팀이 '정기 결제 상품군'이라고 다르게 부르더라도, 인간 실무자들은 앞뒤 문맥과 비즈니스 경험을 통해 그것이 결국 '동일한 하나의 제품'을 지칭한다는 사실을 눈치껏 유추해 낸다. 그래서 지금까지는 부서마다 각자의 관점과 행정적 편의에 맞춰 제멋대로의 용어와 항목을 사용해 왔다. 하지만 기계는 눈치가 없다. 기계는 철저히 입력된 텍스트의 형태와 디지털 구조, 그리고 수학적 확률에 기반하여 데이터를 분류하고 묶어낸다.

전사적인 표준 용어가 정의되지 않은 조직의 방대한 데이터베이스는 기계의 눈에 길을 잃기 딱 좋은 거대한 미로와 같다. 예를 들어보자. 마케팅팀은 웹사이트에 '핵심 타겟'이라고 적어두고, 영업팀은 제안서에 '진성 고객'이라고 적으며, 고객 지원팀은 불만 처리 매뉴얼에 'VIP 회원'이라고 각기 다르게 기재한다. 외부의 인공지능 비서가 "이 회사가 가장 중요하게 생각하는 고객층의 혜택은 무엇인가?"라는 사용자의 질문에 답하기 위해 탐색 로봇을 파견한다. 로봇은 이 세 가지 다른 용어를 동일한 개념으로 완벽하게 하나로 묶어내는 데 처참하게 실패한다. 기계의 연산 로직은 이 세 가지 데이터를 서로 아무런 연관이 없는, 완전히 독립적이고 파편화된 세 개의 약한 정보로 쪼개어 인식해 버린다.

그 결과는 조직의 상상을 초월할 정도로 뼈아프다. 언어의 분산은 곧 데이터가 가진 권위와 가중치의 심각한 훼손을 의미한다. 인공지능 알고리즘의 세계에서는 데이터의 '밀도'가 곧 권력을 만든다. 만약 [54]경쟁사가 '우수 고객'이라는 단 하나의 통일된 전사 표준 용어로 90건의 양질의 데이터를 단단하게 뭉쳐 놓았다면, 기계는 이를 '매우 강력하고 확실한 절대적 정답'으로 인식하여 1순위로 인용한다. 반면 우리 회사는 똑같이 90건의 훌륭한 데이터를 생산했음에도 불

---

54 Meridian is now available to everyone (Google | 2025-01-29)

구하고, 3개의 다른 용어로 30건씩 잘게 쪼개져 분산되어 버렸다. 기계는 이 30건짜리 얕은 데이터 더미들을 확신할 수 없는 '약한 신호' 혹은 '비주류 정보'로 판단하고 가차 없이 외면해 버린다. 우리가 생산한 정보의 총량은 경쟁사와 같거나 오히려 더 훌륭할지라도, 통일된 언어가 없다는 단 하나의 이유만으로 기계의 선택에서 철저히 배제되는 것이다.

이러한 치명적인 현상은 데이터의 뼈대인 항목 규격화 영역으로 가면 더욱 극단적으로 작용한다. 마케팅팀은 제품의 무상 보증 기간을 줄글 형태의 감성적인 서술형으로 풀어쓰고, 영업팀은 엑셀 표의 구석에 알 수 없는 영문 약어로 표기한다면, 기계는 이 이질적인 정보들을 수집하여 하나의 비교 가능한 팩트로 엮어내지 못한다. 결국 조직은 자신들이 가진 훌륭한 정보의 가치와 총량을 인공지능에게 제대로 입증조차 히지 못한 채, 거대한 디지털 시장의 한구석에서 아무도 찾지 않는 데이터 무덤으로 조용히 잊히게 된다.

이것이 바로 공통 언어가 없는 조직이 필연적으로 겪게 되는 무서운 디지털 고립 메커니즘이다. 박상훈 부장이 분노하며 지적했듯, 각 부서가 밤을 새워 막대한 인건비와 예산을 들여 수만 건의 데이터를 쏟아내고 화려한 문서를 만들어봐야 아무런 소용이 없다. 전사가 합의한 단 하나의 통일된 언어와 규격화된 항목으로 번역하지 않으면, 기계는 우리의 데이터를 가치 있는 학습 재료로 분류하는 데 완벽하게 실패하기 때문이다. 각자의 방에 갇혀 서로 다른 외국어로 각자도생하며 떠드는 조직은, 단 하나의 공통 언어로 통일하여 일사 불란하게 합창하는 조직을 결코 이길 수 없다. 고립에서 벗어나 기계의 탐색망 한가운데로 진입하기 위해서는 부서 이기주의의 산물인 파편화된 사투리를 당장 버리고, 전사가 공유하는 강력하고 건조한 표준 언어 체계를 구축해야만 한다.

단 하나의 정답 창고를 건축하라

신제품 전략 회의에서 벌어진 끔찍한 데이터 충돌 참사를 수습하기 위해, 기획팀 김수아 과장과 기술 실무를 총괄하는 홍진표 대리가 전면에 나섰다. 개별 부서 차원에서 벌이던 국지적이고 파편화된 데이터 최적화 전투를 즉시 멈추게 했다. 그리고 전사적인 답변 운영 체계를 근본부터 다시 구축하기 위한 거대한 대공사의 막을 올렸다. 부서 간의 단단한 칸막이, 즉 데이터 사일로를 부수지 않으면 아무리 훌륭한 데이터를 생산해도 기계의 눈에는 앞뒤가 맞지 않는 흉측한 괴물로 보일 뿐이기 때문이다.

홍진표 대리가 회의실 대형 스크린에 복잡하게 얽혀 있던 기존의 사내 데이터 파이프라인 지도를 띄웠다. 마케팅팀의 웹하드, 영업팀의 클라우드, 재무팀의 로컬 서버, 고객 지원팀의 엑셀 파일들이 마치 거미줄처럼 어지럽고 위태롭게 얽혀 있었다. 홍 대리는 마우스 클릭 한 번으로 그 복잡한 거미줄을 화면에서 모두 지워버렸다. 그리고 텅 빈 스크린 정중앙에 단단하고 거대한 기둥 하나를 새롭게 그려 넣었다. 전사 답변 체계 구축을 위한 첫 번째 기둥, 바로 '단일 데이터 원천(SSOT)'의 건축이다.

"최강혁 이사님, 그리고 부장님들. 지금 우리 회사의 피 같은 지식 자산들이 각 부서 로컬 서버 안에서 뿔뿔이 흩어져 썩어가고 있습니다. 마케팅팀은 고객 꼬시겠다고 혜택 과장해서 올리고, 재무팀은 원가 방어한다고 보수적인 비용만 따로 숨겨두시잖아요. 이 낡은 칸막이부터 완전히 박살 내야 합니다. 오늘 이 시간부로, 우리 회사가 외부로 내보내는 모든 팩트와 숫자는 전사가 공유하는 '단 하나의 정답 창고'에서만 기계적으로 추출되어야 합니다."

홍 대리가 설계한 단일 데이터 원천(SSOT)은 단순히 부서들의 파일을 한데 모아두는 1차원적인 공유 폴더가 아니다. 회사가 생산하는 모든 공식적인 지식과 수치가 중앙으로 모이고, 엄격하게 검증되며, 시스템을 통해 외부로 자동 배포되는 강력한 '데이터 성지'다. 마케팅팀 김태식 부장이 신제품의 프로모션 가격을 홍보 페이지에 올리려면, 과거처럼 부서 직원이 임의로 숫자를 키보드로 타이핑하는 행위는 철저히 금지된다. 대신 이 정답 창고에 공식적으로 등록되고 승인된 '표준 단가 데이터'를 기계적으로 불러와서 웹사이트에 연동하여 노출해야 한다. 영업팀의 제안서 생성 시스템 역시 마찬가지다. 영업 사원이 엑셀에 단가를 수기로 적는 것이 아니라, 정답 창고의 데이터를 실시간으로 끌어와 문서를 자동 생성하게 만든다.

수십 년간 굳어진 부서 이기주의가 하루아침에 무너질 리 없었다.

각 부서장들은 자신들이 독점하던 데이터를 중앙 창고로 내놓는 것을 부서 권력의 상실로 여겨 거세게 반발했다.

"아니, 영업 현장에서는 고객 상황 봐가면서 탄력적으로 단가를 조정해야 계약이 성사되죠! 모든 숫자를 중앙 창고에 딱 고정해 버리면 도대체 현장에서 어떻게 유연하게 영업을 뜁니까?"

"마케팅은 무조건 속도전입니다! 매번 그놈의 중앙 창고 승인 다 받고 데이터 끌어다 쓰면, 뻔히 경쟁사보다 한발 늦춰지는데 그 책임은 누가 질 겁니까?"

이 거센 반발을 단숨에 잠재운 것은 꼼꼼한 조율자 김수아 과장의 서늘한 통제 규칙과 최강혁 이사의 단호한 결단이었다. 김 과장은 새로운 전사 운영 원칙을 서면으로 못 박았다.

"단일 데이터 창고에 등록되지 않은 데이터는, 오늘부로 우리 회사에 아예 존재하지 않는 '가짜 데이터'로 간주합니다. 부장님들께서 아무리 현장의 융통성을 우기셔도, 이 창고 거름망을 통과하지 않은 숫자는 단 한 글자도 외부로 나갈 수 없습니다. 만약 임의로 숫자 바꿔서 외부로 내보냈다가 AI한테 모순된 정보 학습시키는 사고가 터지면, 그 즉시 해당 부서의 마케팅 예산과 영업 지원금은 전면 박탈하겠습니다."

이 엄격한 중앙 통제 원칙이 적용되자 조직 내부에 놀랍고 파괴적인 변화가 일어났다. 부서 간의 이견이 생기면 각자의 사무실에서 감정적으로 싸우는 대신, 정답 창고의 관리 권한을 쥔 회의실로 모여 치열하게 단일 숫자를 합의하는 이성적 문화가 정착되었다. 외부의 인공지능 답변 엔진이 파견한 탐색 로봇이 우리 회사의 디지털 영토에 접근했을 때 벌어지는 기적은 더욱 짜릿했다. 로봇이 마케팅팀의 웹사이트를 긁어가든, 영업용 PDF 문서를 읽어가든, 고객센터의 게시판을 수집하든 모든 곳에서 '토씨 하나 틀리지 않는 완벽히 동일한 정답'을 발견하게 된 것이다. 기계의 차가운 논리 회로는 이 무결점의 일관성을 감지하는 순간 쾌재를 불렀고, 즉시 우리 브랜드를 신뢰도 1위의 절대적인 권위자로 격상시켜 자신의 브리핑 화면 최상단에 인용하기 시작했다. 사일로를 부수고 지은 단 하나의 정답 창고는 기계를 완벽하게 굴복시키는 가장 거대하고 튼튼한 요새가 되었다.

AI가 읽기 쉬운 전사 언어집: 표준 용어와 스키마 설계

단일 데이터 창고라는 튼튼한 하드웨어를 성공적으로 지었다면, 이제 그 창고 안에 켜켜이 채워 넣을 소프트웨어, 즉 '언어'를 하나로 통일하는 극도의 정제 작업이 필요하다. 부서마다 제멋대로 부르던 파편화된 사투리를 하나로 묶어내는 전사 답변 체계 구축의 두 번째 기둥, 바로 '사내 표준 용어집'과 기계가 읽는 '스키마'의 전면적인 설계다.

인간은 눈치가 빠르고 문맥을 유추하는 능력이 탁월하다. 마케팅팀이 '프리미엄 요금제'라고 부르고, 영업팀이 '구독형 모델 A'라고 부르며, 고객지원팀이 '월정액 우수 회원제'라고 다르게 부르더라도, 인간 실무자들은 앞뒤 맥락을 살펴 그것이 결국 동일한 상품을 지칭한다는 것을 단번에 알아챘다. 하지만 차가운 연산 장치인 인공지능 비서는 문맥을 넘겨짚는 인간적 직관이 없다. 기계는 철저히 입력된 텍스트의 형태와 디지털 태그의 구조에 기반하여 데이터를 분류하고 묶어낸다. 만약 하나의 상품을 세 가지 다른 이름으로 부른다면, 기계는 이를 완전히 다른 세 개의 독립적인 정보로 쪼개어 인식해 버린다. 언어의 분산은 곧 데이터의 밀도를 깎아내려 디지털 고립을 자초한다.

김수아 과장은 각 부서의 실무 에이스들을 회의실에 가두고, 회사에서 쓰이는 핵심 비즈니스 용어를 단 하나로 묶어내는 뼈를 깎는 언어 대통합 작업을 주도했다.

"각 부서에서 자기들끼리만 편하게 쓰던 업계 은어나 약어, 오늘부로 전면 폐기해 주십시오. 인공지능은 복잡한 은유나 동의어 해독하는 데 귀중한 연산 에너지 낭비하는 걸 극도로 싫어합니다. 기계가 긁어가기 쉬우면서 일반 고객도 즉각 이해할 수 있는, 건조하고 딱 떨어지는 '전사 표준 언어' 하나로 무조건 통일해야 합니다."

치열한 난상 토론 끝에, 혼재되어 있던 '핵심 타겟', '진성 고객', 'VIP 회원'이라는 3개의 모호한 단어는 인공지능이 가장 보편적으로 학습하고 높은 가중치를 두는 산업 표준 명칭인 '우수 고객'으로 강력하게 강제 통일되었다. 이제부터 사내의 모든 공식 문서, 보도자료, 웹페이지, 그리고 영업 제안서에는 오직 이 전사 표준 용어집에 등재된 단어만이 허용된다.

용어의 껍데기를 통일했다면, 이제 그 언어들이 기계의 뇌신경에 다이렉트로 꽂힐 수 있도록 디지털 뼈대를 심는 고도의 코딩 작업이 이어진다. 홍진표 대리가 실력을 발휘할 차례다. 그는 인간의 언어를 기계의 언어로 친절하게 번역해 주는 데이터의 뼈대, 즉 스키마를 전사적으로 규격화하는 프레임을 도입했다.

"과장님이 사람의 용어를 통일해 주셨으니, 저는 그 용어 이면에 기계만 읽을 수 있는 명확한 '디지털 이름표'를 달겠습니다. 사람은 대충 문맥만 봐도 이게 가격인지 환불 조건인지 짐작하지만, 기계는 텍스트 이면에 숨은 코드를 보고 판단하거든요. 우리가 정한 표준 용어가 기계한테 오해 없이 1순위로 꽂히도록, 전사 공통의 '스키마 템플릿'을 창고 데이터 전체에 싹 다 씌우겠습니다."

홍 대리는 마케팅의 제품 정보, 영업의 사례 연구, 고객 지원의 리뷰 글 등 모든 형태의 문서에 강제로 적용할 표준 스키마 구조를 배포했다. 마케팅팀이 리뷰 글을 정답 창고에 올릴 때도, 영업팀이 계약 성공 사례를 올릴 때도 예외는 없었다. 반드시 〈작성일자〉, 〈표준 제품명〉, 〈3줄 핵심 요약〉, 〈객관적 상세 수치〉라는 획일화되고 규격화된 스키마 블록 안에 텍스트를 정확히 끼워 넣도록 시스템적으로 제한했다. 이렇게 구조화된 전사 표준 언어와 깐깐한 스키마 템플릿은 인공지능 비서에게 세상에서 가장 맛있는 식재료이자 완벽한 가독성을 선사한다. [55]탐색 로봇은 오독의 위험이 완벽히 제거된 이 팩트 덩어리들을 발견하자마자 자신의 요약 답변의 절대적인 1순위 근거로 무섭게 빨아들인다.

데이터 신선도 유지하기: 업데이트 주기와 책임 소재 확립

정답 창고를 튼튼하게 짓고, 그 안의 언어를 스키마로 완벽하게 통일했다. 하지만 이 화려한 창고도 철저히 관리되지 않으면 치명적인 독을 품은 쓰레기장으로 전락할 수 있다. 왜냐하면 세상의 모든 데이터는 시간이 지남에 따라 필연적으로 부패하기 때문이다. 어제까지는 1순위 정답이었던 최신 프로모션 가격이, 오늘 아침 행사가 종료되는 순간 기계의 답변을 망치고 회사를 소송으로 몰아넣는 치명적인 오답이자 썩은 데이터로 돌변한다. 전사 답변 운영 체계를 지탱하는 세 번째 기둥은, 정보가 부패하지 않도록 끊임없이 생명력을 불어넣는 깐깐한 데이터 거버넌스[56]의 확립이다.

예산과 리스크에 극도로 민감한 박상훈 부장이 이 거버넌스의 필요성에 가장 강력한 힘을 실었다.

"김 과장님, 창고에 예쁘게 포장한 데이터 가득 쌓아두는 것보다 수백 배 중요한 게 바로 '유통기한' 관리입니다. 만약 한 달 전 끝난

---

55 📖 Meridian (open-source MMM) (Google for Developers)

56 데이터 거버넌스(Data Governance): 데이터가 썩거나 부서의 이기심으로 오남용되지 않도록, 데이터를 누가 책임지고 어떤 표준 규칙과 주기로 관리할지 깐깐하게 정해둔 조직의 전사적 통제 및 품질 관리 체계.

파격 할인 정보가 삭제도 안 된 채 방치됐다가, AI 확성기 타고 수만 명한테 오늘 자 정답인 양 퍼지면 어쩔 겁니까? 고객들은 그 가격 내놓으라며 결제창으로 몰려들 텐데, 회사는 당장 엄청난 현금 물어주거나 신뢰도 바닥치는 대재앙을 맞아야 합니다. 낡은 데이터 부채가 이자로 눈덩이처럼 불어나기 전에, 정보 멱살 꽉 잡고 강제로 갈아치우는 철통같은 룰이 절대적으로 필요합니다."

박 부장의 섬뜩한 경고에 김수아 과장은 즉시 움직였다. 그녀는 정답 창고에 존재하는 수만 개의 모든 개별 데이터 조각마다 꼬리표를 달아 절대적인 주인을 정해주는 데이터 오너[57] 제도를 전격 도입했다. 데이터 오너는 자신이 맡은 정보의 정확성과 최신성을 무한 책임지는 최종 실무 담당자다. 예를 들어 '신제품 A의 분기별 프로모션 단가표'라는 데이터의 오너는 마케팅팀 김태식 부장으로 실명이 확고히 지정된나. '소프트웨어의 기술 지원 보증 범위' 데이터의 오너는 기술지원팀장으로 명시된다. 이렇게 데이터 하나하나에 실명 이름표가 붙고 책임의 소재가 투명해지자, 오류가 터졌을 때 "그건 작년에 퇴사한 직원이 올린 거라 내 담당이 아니다"라며 발을 빼던 부서들의 고질적인 핑계와 사일로의 변명이 원천적으로 차단되었다.

데이터 오너 지정과 함께, 김 과장은 정보가 썩는 속도에 비례하

---

57 데이터 오너: 거대한 창고에 쌓인 수많은 데이터 조각들 각각에 실명을 부여하여, 해당 정보가 최신 상태인지 논리적 오류는 없는지 최초부터 끝까지 무한 책임을 지고 관리하는 지정된 실무 담당자.

는 엄격한 업데이트 주기[58]를 시스템에 강제했다. 가격, 재고 수량, 프로모션 혜택처럼 시장 상황에 따라 하루가 다르게 변동성이 큰 '실시간 데이터'는 1일 1회 반드시 갱신하거나 자동 동기화를 거치도록 룰을 짰다. 반면 환불 약관이나 제품의 물리적 무게, 회사의 연혁처럼 잘 변하지 않는 '정적 데이터'는 월 1회 정기적인 팩트 체크 검수를 받도록 주기를 다르게 설정했다.

여기서 홍진표 대리의 기술적 지원이 빛을 발했다. 홍 대리는 정답 창고 시스템 내부에 기한이 도래하면 작동하는 서늘한 '자동화 알림 및 차단 시스템'을 심어두었다. 만약 마케팅팀 김 부장이 자신이 오너로 지정된 가격 데이터의 업데이트 주기(예: 30일)를 하루라도 넘긴 채 갱신 버튼을 누르지 않고 방치하면 어떻게 될까? 시스템은 즉시 해당 데이터를 외부 검색 로봇이 접근할 수 없도록 창고에서 '일시 차단(블라인드)' 처리해 버린다. 동시에 경영진에게 "마케팅팀 소관의 핵심 데이터가 유통기한을 초과하여 부패 위험에 처했습니다"라는 즉각적인 경고 알림이 발송된다. 기계는 항상 갓 잡아 올린 싱싱한 팩트만을 원한다. 철저한 거버넌스와 업데이트 주기를 통해 극강의 최신성이 유지되는 우리 회사의 정답 창고는, 전 세계의 인공지능 비서가 매일 아침 눈을 뜨자마자 가장 먼저 들러 팩트를 수집해 가는 신뢰의 샘물이 되었다.

206

물 흐르듯 이어지는 데이터 고속도로: 인수인계 프로세스 재설계

단일 데이터 창고, 기계가 읽는 스키마, 신선도를 유지하는 거버넌스라는 세 개의 거대한 기둥이 완벽하게 세워졌다. 이제 전사 답변 운영 체계를 완성하는 마지막 네 번째 기둥은, 이 완벽하게 정제된 데이터가 부서와 부서 사이의 벽을 가뿐히 넘어 물 흐르듯 막힘 없이 이어지도록 만드는 '인수인계 프로세스'의 전면적인 재설계다.

과거의 인수인계는 지독하게 수동적이고 파편화된 단절의 연속이었다. 마케팅팀이 구조화된 데이터로 고객을 훌륭하게 유도하여 문의 데이터를 모은다. 그러면 마케팅 직원은 그 데이터를 엑셀로 다운로드하여 이메일에 첨부해 영업팀에 넘겨주었다. 영업팀 사원은 다음 날 출근해서 이메일을 열어보고, 그제야 고객의 요구 사항을 수기로 영업 시스템에 다시 입력하여 제안서를 만들기 시작했다. 이 길고 지부한 수동 인수인계 과정에서 치명적인 데이터 누락이 발생했고, 무엇보다 시간이 지체되면서 고객의 뜨거웠던 구매 욕구는 차갑게 식어버렸다.

트렌드에 민감한 신예은 사원이 회의실에서 뼈아픈 현장의 목소리를 토로했다.

"과장님, 솔직히 AI가 우리 브랜드를 1순위로 브리핑해 준 덕분에 고객들이 진짜 살 마음으로 사이트까지 쳐들어왔거든요? 그런데 우리가 고객 문의 접수하고 영업팀이 제안서 쏴주기까지 무려 이틀이나 걸리잖아요. 그 이틀 기다리다 지친 고객들은 이미 AI가 2순위로 추천했던 경쟁사로 다 도망가 버렸어요. 밖에서 1순위로 인용되면 뭐합니까! 우리 내부에서 데이터 넘기는 속도가 기계 속도를 발끝도 못 따라가고 있는데!"

김수아 과장과 홍진표 대리는 이 단절된 병목 구간을 폭파하기로 결단했다. 부서를 관통하는 고속도로, 즉 '요청-검증-반영'의 자동화된 무한 루프 파이프라인을 뚫어버렸다. 마케팅팀의 사이트로 들어온 고객의 데이터는 이제 엑셀이나 이메일을 거치지 않는다. 앞서 구축한 '단일 데이터 창고'를 관통하는 인터페이스를 타고 영업팀의 거래 시스템으로 단 0.1초 만에 실시간으로 꽂힌다. 영업팀의 시스템은 마케팅이 넘겨준 이 표준화된 스키마 데이터를 읽어 들이고, 즉각적으로 맞춤형 표준 견적서를 자동 생성하여 고객에게 역으로 쏘아 보낸다. 마케팅이 포착한 신뢰라는 펄떡이는 물고기가, 단 1초의 시간 낭비나 마찰 없이 영업의 최종 계약이라는 바구니로 매끄럽게 미끄러져 들어오는 완벽한 자동화 루프다.

부서 간의 감정 섞인 이메일이나 책임 전가의 회의는 완벽히 사라졌다. 투명한 창고와 표준화된 언어, 그리고 자동화된 고속도로를 타고 데이터가 심장 박동처럼 전사를 순환한다. 각자의 섬에 갇혀 옛날 숫자에 집착하던 부서들이 비로소 뇌와 신경망이 하나로 연결된 거대한 지능형 유기체처럼 호흡하기 시작했다.

지금까지 부서 간의 벽을 허물고 전사적인 데이터 고속도로를 뚫었다면, 이제는 연결된 데이터를 우리 회사만의 고유한 지능으로 바

꿀 차례다. 다음 장에서는 외부 인공지능에 전적으로 기대지 않고, 우리만의 독자적인 경쟁력을 만드는 '사내 지식 엔진'의 세계로 들어간다.

사일로를 박살 내고 정답 창고를 짓는 10대 전사 실행 과제

1. ☑ 전 부서가 반드시 참조하고 업데이트해야 하는 '단일 데이터 창고'의 물리적, 논리적 위치를 전사에 공식 지정했는가?

2. ☐ 부서마다 다르게 부르는 핵심 비즈니스 용어 50개를 추려, 누구나 이해할 수 있는 단일한 '전사 표준 용어집'을 배포했는가?

3. ☐ 웹사이트, 제안서, 매뉴얼 등 모든 공식 문서를 작성할 때 적용해야 할 기계 친화적인 공통 '스키마' 템플릿을 확립했는가?

4. ☐ 정답 창고에 등록되는 모든 데이터 항목마다 유지보수를 무한 책임질 '데이터 오너'의 실명을 박아 넣었는가?

5. ☐ 데이터의 성격(실시간, 일간, 월간)에 따라 최신 정보로 강제로 관리하는 명확한 '업데이트 주기'를 시스템에 세팅했는가?

6. ☐ 마케팅팀이 수집한 고객 데이터가 영업팀의 거래 시스템으로 지연 없이 넘어가는 자동화 파이프라인을 구축했는가?

7. ☐ 주 1회, 김수아 과장이 주관하는 '데이터 품질 점검 회의'를 정례화하여 부서 간 모순된 데이터가 없는지 교차 검증하는가?

8. ☐ 정답 창고를 거치지 않고 실무자 임의로 외부 채널에 수치나 프로모션 조건을 송출하는 행위를 전면 금지했는가?

9. ☐ 업데이트 주기가 지나 부패한 데이터는 외부 인공지능이 긁어 가지 못하도록 시스템에서 자동 블라인드 처리하는가?

10. ☐ 전사 데이터 거버넌스 규칙을 어기고 낡은 데이터를 방치하여 인용의 파편화를 일으킨 부서에게 페널티를 부여하는가?

각자의 섬에 갇힌 부서들을 끄집어내어 인공지능이 사랑하는 완벽한 유기체로 묶어낼 10가지 전사 행동 지침이다. 체크된 개수를 세어 조직의 상태를 진단해 보자.

진단 및 피드백

"조직이 모래알처럼 흩어져 각자 화려한 헛발질만 하고 있습니다. 당장 부서별 개별 전술을 멈추십시오! 내부에서 충돌하는 지식은 외부 기계에게 결코 정답으로 인정받지 못합니다. 선 부서가 공유할 '단일 데이터 창고'부터 지으세요."

0~4개

"와, 드디어 우리 회사 톱니바퀴가 완벽히 맞물려 돌아가네요! 마케팅이든 영업이든 AI한테 물어보면 토씨 하나 안 틀리고 똑같이 대답하잖아요. 지금 세팅한 '업데이트 주기'랑 '오너 제도', 절대 안 풀리게 꽉 조이자고요!"

5~10개

10장

사내 지식 엔진을 구축하라:
밖에 기대지 않는 경쟁력을 만들다

기획팀 김수아 과장의 뼈를 깎는 통제와 조율 끝에, 조직을 무겁게 짓누르던 부서 간의 단단한 칸막이가 마침내 무너져 내렸다. 전략, 마케팅, 영업, 재무 등 각자의 섬에 흩어져 썩어가던 정보들이 전사가 공유하는 '단일 데이터 창고'로 완벽하게 통합되었다. 숫자는 일치했고, 문맥의 모순은 사라졌다. 길고 지루했던 데이터 연결 공사가 성공적으로 마무리되자, 임원 회의실에는 전에 없던 강렬한 성취감과 안도감이 흘렀다.

하지만 그 평화로운 환상은 그리 오래가지 못했다. 며칠 뒤 열린 하반기 전략 회의. 마케팅팀 김태식 부장이 야심 차게 대형 스크린에 띄운 기획안 하나가 회의실의 공기를 순식간에 얼어붙게 만들었다.

김 부장은 단일 데이터 창고에 예쁘게 정제된 회사의 최신 실적 데이터를 유명 외부 인공지능 비서에게 통째로 집어넣고, '하반기 최우수 고객 이탈 방어 전략'을 도출해 발표했다. 화면에 띄워진 전략 보고서의 문장은 유려했고, 방대한 데이터를 바탕으로 전개된 논리는 흠잡을 데 없이 매끄러워 보였다. 김 부장의 얼굴에는 최신 기술을 능숙하게 다루어 완벽한 결과물을 뽑아냈다는 득의양양한 미소가 번졌다.

그때, 재무팀 박상훈 부장이 안경을 신경질적으로 치켜올리며 매서운 목소리로 발표를 끊었다.

"김 부장님, 지금 화면에 띄워두신 저 '최우수 고객 유지용 방어 마진율' 수치 말입니다. 저건 우리 회사 1급 영업 기밀인 극비 원가 데이터 아닙니까? 저 치명적인 내부 데이터를, 외부 인공지능 질문 창에 그대로 복사해서 돌리셨다고요? 그 외부 AI가 우리가 친절하게 떠먹여 준 기밀을 자기들 거대한 두뇌망으로 무자비하게 빨아들일 텐데요! 내일 당장 경쟁사가 그 기계한테 우리 회사 이익률 한계선이 얼마냐고 물어보면, 1초 만에 다 요약해서 바칠 수도 있다는 소리란 말입니다!"

박 부장의 벼락같은 호통에 회의실은 찬물이라도 끼얹은 듯 무거운 정적이 흘렀다.

하지만 끔찍한 비극은 보안 문제 하나로 끝나지 않았다. 트렌드에 민감한 신예은 사원이 기획안의 세부 내용을 꼼꼼히 뜯어보더니, 치명적인 맥락의 오류를 지적하며 팩트 폭격을 날렸다.

"부장님, 보안도 보안인데 솔직히 이 전략안 자체도 완전히 엉터리예요. 외부 AI가 우리 회사의 '최우수 고객' 개념을 아예 근본적으로 오해하고 있다고요. 밖의 기계는 최우수 고객을 그냥 '백화점에서 돈 많이 쓰는 개인 소비자'라고 통쳐서 전략을 짰잖아요. 근데 우리 정답 창고에서 합의한 진짜 최우수 고객은 '최근 3년간 소프트웨어 장기 구독 중인 B2B 파트너사'거든요? 외부 엔진은 우리 조직만의 디테일한 맥락은 1도 모른 채, 그냥 엉뚱한 일반론만 앵무새처럼 떠들고 있는 거예요."

완벽하게 통합된 데이터를 손에 쥐고도 끔찍한 참사가 벌어졌다. 그 데이터를 요리하는 주체가 조직의 역사와 맥락을 전혀 알지 못하는 '외부의 뇌'였기 때문이다. 외부 답변 엔진은 인터넷에 떠도는 보편적인 상식을 조합하는 데는 강력하지만, 우리 기업만이 가진 깊고 특수한 비즈니스 상황 앞에서는 철저히 무능했다.

이 참담한 상황을 묵묵히 지켜보던 최강혁 이사가 자리에서 일어나 단호하게 선언했다.

"다들 주목하십시오. 부서 간 칸막이를 부수고 단일 데이터 창고를 만든 게 데이터를 잇는 '배관 공사'였다면, 이제부터는 그 배관 끝에 우리만의 판단력을 가진 진짜 '두뇌'를 달아야 할 차례입니다. 기껏 최고급 식재료 모아놓고, 밖의 동네 식당 주방장한테 요리를 맡기는 우를 범해선 안 됩니다. 외부 뇌를 빌려 쓰는 1차원적 단계는 오늘부로 끝냅니다. 이제 철통같은 우리 방화벽 내부에서, 우리의 맥락을 완벽히 연산해 내는 '사내 지식 엔진'을 직접 건축하십시오. 밖을 보지 않고 안에서 답을 찾는 조직만이 진정한 독보적 경쟁력을 줄 수 있습니다."

지식 자산화의 정의: 보물과 잡동사니를 구분하는 기준

부서 간의 견고했던 데이터 칸막이가 무너지고 전사가 공유하는 단일 데이터 창고가 완성되자, 조직 내부에는 기묘한 맹신이 번지기 시작했다. 실무자들은 창고에 모인 방대한 문서들을 보며 환호했다. 이 거대한 데이터 더미를 새롭게 구축할 사내 지식 엔진에게 통째로 쏟아부어 학습시키기만 하면, 기계가 알아서 세상에서 가장 똑똑한 참모로 진화할 것이라는 달콤한 착각에 빠진 것이다. 마케팅팀은 인터넷에 띠도는 흔한 산업 동향 보고서를 수백 장씩 긁어모아 밀어 넣으려 했고, 영업팀은 지난 십 년간 썼던 의미 없는 인사말이 가득한 낡은 이메일 내역까지 모조리 기계의 뇌 속으로 주입하려 들었다. 많이 먹일수록 기계가 더 똑똑해질 것이라는 단순한 빅데이터 시대의 낡은 환상이었다.

하지만 조직의 뼈대를 설계하는 기획팀 김수아 과장은 이 무분별한 데이터 폭식이 가져올 참담한 파국을 누구보다 빠르고 정확하게 예견했다. 모든 정보가 곧 가치 있는 지식은 아니다. 오염된 물을 아무리 많이 끓여도 생수가 되지 않듯, 목적 없이 수집된 잡동사니 문서를 기계에게 무비판적으로 학습시키면 기계의 연산 회로는 치명적인 노이즈에 빠져버린다. 사내 지능을 밖의 지능과 차별화하는 유일한 무기는 데이터의 양이 아니라, 우리 회사만이 가진 뾰족하고 고유한 '원본 지식'의 순도에 있다. 김 과장은 방대한 문서 더미 속에서 인공지능의 두뇌를 밝힐 진짜 보물과, 연산을 방해할 잡동사니를 냉혹하게 분리해 내는 기술적이고 철학적인 거름망, 즉 '지식 자산화'[59]의 엄격한 기준을 선포했다.

지식 자산화란 회사 곳곳에 숨어 있는 파편화된 노하우를 멱살 잡고 끌어내어, 컴퓨터가 언제든 즉각적으로 이해하고 답변의 근거로 활용할 수 있는 순도 높은 디지털 보물로 제련하는 고도의 정제 과정이다. 첫 번째 절대 기준은 '맥락의 고유성'이다. 누구나 검색으로 알 수 있는 외부 시장 조사 자료는 사내 엔진에 들어갈 자격이 없다. 사내 엔진이 진짜 탐내는 보물은 신제품 개발 과정에서 발생했던 수백 번의 실패 원인 분석 보고서, 까다로운 파트너사의 악성 불만을 극적으로 잠재웠던 실제 대응 시나리오처럼 우리 회사의 피와 땀이 서린 특수한 맥락의 문서들이다.

두 번째 기준은 기계를 위한 '구조적 명확성'이다. 아무리 가치 있는 현장의 실패 사례라 할지라도, 담당자의 일기장처럼 감정적이고 중구난방으로 쓰인 줄글은 차가운 기계가 결코 해독할 수 없다. 원

---

59 지식 자산화(Knowledge Assetization): 회사 곳곳에 숨어 있는 소중한 현장의 노하우를 멱살 잡아 끌어모아, 컴퓨터가 즉각적으로 이해하고 답변의 근거로 활용할 수 있는 순도 높은 '디지털 보물'로 제련하는 과정.

인, 증상, 해결책, 담당자라는 명확한 속성값이 디지털 꼬리표 형태로 구조화된 텍스트만이 지식 자산으로 인정받는다. 기계의 연산 회로가 단 0.1초 만에 논리 구조를 수학적으로 연결할 수 있도록 단단한 뼈대를 세워주는 것이다.

세 번째 기준은 '결과의 검증 가능성'이다. 사내 지식 엔진이 직원들에게 답변을 도출했을 때, 그 답변이 진실인지 거짓인지 인간이 즉각적으로 역추적할 수 있어야만 지식으로서의 가치가 성립한다. 따라서 지식 자산화 목록에 오르기 위해서는 반드시 해당 문서의 원본 출처, 데이터 최초 생산자, 그리고 최종 업데이트 일자가 꼬리표처럼 명확히 붙어 있어야 한다. [60]이 세 가지 가혹한 거름망을 거쳐 살아남은 상위 20퍼센트의 순도 높은 팩트만이 사내 지식 엔진의 두뇌를 채우는 진짜 보물이 된다.

보안이 무너지면 지식도 무너진다: 운영 책임과 권한 설계

지식 자산화의 엄격한 기준을 세워 사내 지식 엔진의 두뇌를 최고급 데이터로 채워나가기 시작하자, 조직의 금고와 리스크를 최전선에서 방어하는 재무팀 박상훈 부장이 날 선 경고를 던지며 개입했다. 각 부서의 핵심 노하우와 1급 기밀이 사내 지식 엔진이라는 단 하나의 거대한 교차로로 모여들자, 그의 눈에는 이것이 혁신이 아

60 　출 Designing a framework for responsible data stewardship (Open Data Institute (ODI) | 2022-08-09)

니라 회사의 심장부에 꽂힌 거대한 시한폭탄으로 보였다. 사내 지식 엔진이라는 막강한 도구는 흩어져 있던 정보를 빠르고 투명하게 연결해 주지만, 철저한 보안과 권한 통제라는 철갑을 두르지 않으면 조직의 근간을 단숨에 파괴하는 최악의 내부 보안 취약점으로 전락하기 때문이다.

"이사님, 아무리 전 부서 핵심 지식을 하나의 뇌로 통합했다고 해도, 우리 회사 전 직원이 그 뇌의 모든 기밀 영역을 마음대로 들여다보게 방치해 두는 건 절대 용납할 수 없습니다. 권한별 보안 필터부터 철저하게 세워야 합니다."

박상훈 부장의 지적은 얼음장처럼 차갑고 정확했다. 과거에는 물리적인 문서 보관함이나, 폴더별로 비밀번호를 거는 원시적인 형태의 접근 제한만으로도 사내 보안이 어느 정도 유지되었다. 하지만 사용자의 자연스러운 질문 한마디에 수백 개의 문서를 순식간에 조합하여 친절한 요약 답변을 내놓는 사내 지식 엔진 앞에서는 기존의 칸막이식 보안 방식이 완벽하게 무용지물이 된다.

만약 입사한 지 1년 된 평사원이 사내 지식 엔진 대화창에 "우리 회사 임원들의 내년도 인력 구조조정 대상자 명단을 요약해 줘"라고 질문한다면 어떻게 될까? 혹은 영업팀 직원이 "새로 출시될 제품의 마진 한계선과 제조 원가를 분석해 줘"라고 묻는다면? 사내 엔진 내부에 질문자의 신분을 파악하고 대답을 거부하는 정교한 권한 설계가 심어져 있지 않다면, 기계는 묻는 말에 충실하게 대답하기 위해 인사팀과 재무팀의 최고 대외비 문서를 순식간에 긁어모아 완벽한 브리핑을 제공해 버릴 것이다. 보안을 위해 겹겹이 쳐두었던 내부의 방화벽이, 기계의 친절한 대화형 인터페이스를 통해 너무나 쉽고 부드럽게 무너져 내리는 끔찍한 조직적 리스크다.

이러한 파국을 원천 봉쇄하기 위해 박 부장은 사내 지식 엔진의 설계 자체를 근본적으로 통제할 것을 강하게 요구했다. 엔진이 문서를 읽어 들이고 답변을 출력하는 모든 논리적 연산 과정에 '다중 계층 권한 설계'를 내규에 강제 이식했다. 이제 사내 지식 엔진은 질문을 받자마자 무작정 답을 찾는 것이 아니라, 가장 먼저 질문을 던진 실무자의 사번과 보안 등급을 확인한다. 그리고 거대한 데이터베이스에 저장된 수만 개의 지식 자산 중, 오직 해당 질문자가 열람할 권한이 내규에 따라 허가된 문서 내에서만 탐색을 수행하고 답변을 조립하도록 시스템의 족쇄를 채웠다.

이 냉혹한 권한 설계는 데이터의 출력뿐만 아니라 입력 단계에서도 똑같이 적용된다. 누구나 아무 문서나 사내 엔진에 던져 학습시킬 수 있도록 방치한다면, 앙심을 품은 직원이나 무능한 실무자가 가짜 데이터를 주입하여 조직 전체 엔진의 논리를 오염시키는 사태가 발생할 수 있다. 따라서 특정 등급 이상의 지식 자산을 엔진에 새롭게 업데이트할 때는, 반드시 조직이 공식적으로 지정한 '운영 책임자'의 다중 승인을 거치도록 입구를 철저히 틀어막았다. 누가 무엇을 묻고, 누가 어떤 답을 볼 수 있으며, 누가 새로운 지식을 가르

칠 수 있는지를 명확하게 통제하는 철통같은 보안 거버넌스만이 지식을 완벽한 자산으로 보호할 수 있다.

우리만의 목소리를 내라: 밖에 기대지 않는 사내 지식 엔진 설계

외부의 범용 인공지능 비서에게 회사의 일급기밀인 원가 데이터를 고스란히 헌납할 뻔했던 끔찍한 소동이 휩쓸고 간 직후였다. 임원 회의실의 공기는 그 어느 때보다 무겁고 날카로웠다. 기술 실무를 총괄하는 홍진표 대리가 노트북을 연결하고 대회의실의 대형 스크린 앞에 비장한 표정으로 섰다. 그의 화면에는 외부 인터넷망과 완전히 단절된 채, 두꺼운 방화벽 성벽으로 겹겹이 둘러싸인 거대한 디지털 요새의 조감도가 띄워져 있었다.

"최 이사님 말씀이 정확합니다. 튼튼하게 뚫어둔 데이터 배관 끝에, 이제는 우리만의 진짜 두뇌를 달 시점입니다. 김수아 과장님의 피나는 조율 덕에 '단일 데이터 창고'라는 최고급 식재료는 완벽히 준비됐습니다. 하지만 방금 마케팅팀 참사에서 보셨듯, 이 귀한 재료를 외부 범용 AI한테 함부로 넘겨주면 안 됩니다. 걔네들은 인터넷에 도는 뻔한 지식 짜깁기엔 능할지 몰라도, 우리만의 특수한 영업 비밀이나 복잡한 B2B 조건 앞에서는 철저하게 무능하거든요. 이제 남의 입 빌리는 단계는 넘어섭시다. 외부망 싹 끊고, 방화벽 내부에서 우리 맥락만 완벽히 연산해 내는 폐쇄형 두뇌, 즉 '사내 지식 엔진'을 제가 직접 설계하겠습니다."

홍 대리가 설계한 사내 지식 엔진의 아키텍처는 시중에 떠도는 외부 퍼블릭 AI에 우리 데이터를 던져주고 결괏값만 받아오는 얄팍하고 위험한 방식이 결코 아니었다. [61]철저하게 통제된 사내 보안 클라우드 환경 안에서만 독립적으로 박동하는 완벽한 폐쇄형 두뇌다. 이 거대한 지식 엔진은 외부의 엉뚱한 정보나 환각이 섞여 들어오는 것을 물리적으로 원천 차단하며, 오직 우리가 깐깐하게 검증한 단일 데이터 창고만 강력하고 굵은 파이프라인으로 연결된다. 홍 대리는 이 사내 엔진이 밖의 지능을 완벽하게 압도하고 실무자들에게 최고의 무기가 될 수밖에 없는 세 가지 핵심 심장 구조를 차례대로 해부하기 시작했다.

첫 번째 심장은 기계의 탐색 본능을 극대화한 '사내 전용 지식 검색기'다. 실무자가 프롬프트 창에 "신규 기업 고객을 위한 최적의 라이선스 할인율과 5년 치 총소유비용을 제안해 줘"라고 복잡한 질문을 던진다고 가정해 보자. 바깥의 범용 인공지능이라면 인터넷을 대충 뒤져서 뻔하고 의미 없는 업계 평균치나 경쟁사의 낡은 기사를 긁어와 내놓았을 것이다. 하지만 우리의 전용 검색기는 외부 탐색을 철저히 차단하고 오직 내부의 깊은 우물을 판다. 질문의 숨은 의도를 기계적인 수학적 벡터값으로 순식간에 변환한 뒤, 오직 우리 회사의 과거 10년간의 계약 이력, 재무팀이 설정한 마지노선 원가 방어율, 영업팀의 성공 사례가 담긴 내부 데이터베이스만을 0.1초 만

에 샅샅이 훑어 내린다. 이 검색기는 단순히 단어의 일치 여부를 찾는 과거의 낡은 키워드 검색 방식이 아니다. 질문의 맥락을 이해하고 고객의 상황과 가장 정확히 일치하는 내부의 팩트 덩어리들을 의미망을 통해 정밀하게 낚아채는 고도의 지능형 탐색 장치다.

두 번째 방어막은 박상훈 부장의 서늘한 보안 우려를 완벽하게 불식시킬 '실시간 보안 필터링 층'이다. 지식 검색기가 아무리 훌륭하고 정확한 팩트를 창고 바닥에서 낚아채어 끌고 올라오더라도, 이 데이터는 사용자의 눈앞에 도달하기 전에 반드시 차갑고 무자비한 보안 검문소를 거쳐야만 한다. 시스템은 질문을 던진 직원의 사번과 소속 부서, 그리고 현재 인사 시스템에 부여된 보안 등급을 실시간으로 교차 확인한다. 만약 권한이 없는 마케팅팀 신입 사원이 임원진 전용의 차기 연도 인력 구조조정 계획이나 극비에 해당하는 원가 마진율 문서에 접근하는 질문을 교묘하게 던졌다면 어떻게 될까? 사내 전용 검색기는 명령에 따라 해당 문서를 내부 창고에서 성공적으로 발견했더라도, 보안 필터링 층에서 이를 즉각적으로 차단하고 파기해 버린다. 그리고 화면에는 "해당 정보에 접근할 수 있는 보안 권한이 없습니다"라는 경고 메시지만을 돌려보낸다. 지식의 자유로운 융합과 연결을 보장하면서도, 조직의 엄격한 기밀 유지 체계를 기계의 연산 로직 한가운데에 완벽한 철갑으로 두른 것이다. 보안이 뚫린 지식은 자산이 아니라 회사의 심장을 겨누는 비수임을 기술적으로 차단한 완벽한 방어선이다.

세 번째 핵심은 차가운 기계에 우리 회사의 영혼을 불어넣은 '맞춤형 페르소나 생성 모델'이다. 탐색과 보안 필터를 무사히 통과한 깨끗하고 합법적인 사내 데이터 조각들은 마침내 최종 답변을 조립하는 생성 모델로 넘어간다. 여기서 홍 대리는 인공지능 뇌의 중심부에 강력하고 묵직한 통제 지시어를 영구적으로 각인해 두었다.

> *Prompt:* 너는 우리 회사의 철학과 톤앤매너를 완벽히 숙지하고 있는 20년 차 수석 전략가다. 반드시 내가 제공한 내부 창고의 팩트만을 유일한 근거로 삼아 답변을 작성하며, 모르는 내용은 절대로 인터넷 상식으로 지어내지 말고 '근거 없음'으로 명확히 답하라. 그리고 반드시 전사가 합의한 사내 표준 용어만을 사용하여 감정적 수사가 배제된 건조하고 명확한 문체로 답변을 생성해라.

이 절저한 3단계 엔진 설계를 거쳐 실무자의 모니터 화면에 출력된 답변은 기존의 외부 도구들이 내놓던 뜬구름 잡는 일반론이나 헛소리와는 차원이 달랐다. 철저하게 우리 회사만의 비밀 단가표, 우리의 뼈아픈 과거 실패 사례의 교훈, 우리의 독창적인 전략적 톤앤매너가 완벽하게 녹아든 '우리만의 목소리' 그 자체였다. 복잡한 표와 수식이 포함된 제안서 초안이 회사의 공식 로고가 박힌 완벽한 템플릿 형태로 화면에 쏟아져 나왔다. 밖에 기대지 않고도, 외부로 단 한 방울의 데이터 유출 없이 조직 내부의 지식을 무한대로 증폭시키는 진정한 의미의 기술적 독립이자 독보적인 경쟁력이 마침내 조직 내부에 단단하게 뿌리내렸다. 데이터의 배관을 넘어 지능의 자립을 이뤄낸 순간이다.

투명한 지식의 흐름: 공인된 정답을 입증하는 감사 기록 시스템

사내 지식 엔진이 실무자들의 복잡한 질문에 완벽한 맞춤형 답변을 뱉어내기 시작하면서 조직의 업무 속도는 그야말로 경이로운 수준으로 빨라졌다. [62]며칠이 걸리던 제안서 작업이 단 몇 분 만에 끝나고, 방대한 과거의 실패 사례를 요약하여 새로운 기획의 뼈대를 잡는 일도 순식간에 이루어졌다. 하지만 이 폭발적인 속도전을 묵묵히 지켜보던 재무팀 박상훈 부장의 눈빛에는 여전히 짙은 불안감과 서늘한 경계심이 서려 있었다. 투자의 효율성과 숫자의 무결성, 그리고 조직의 거대한 리스크 방어를 최우선으로 삼는 그에게, 인공지능이 10초 만에 뚝딱 만들어내는 매끄러운 결과물은 너무나도 쉽고 가벼워 보였다. 그는 즉시 임원 회의를 소집하여 조직 전체의 뼈를 때리는 가장 현실적이고 묵직한 화두를 던졌다.

"홍 대리가 심혈을 기울여 만든 사내 엔진 성능, 네, 훌륭합니다. 하지만 만약 이 엔진이 현장 영업 사원 질문에 엉터리 마진율이나 잘못된 환불 규정을 답으로 뱉어냈다고 칩시다. 영업 사원이 그 요약본만 철석같이 믿고 수십억짜리 계약에 덜컥 도장 찍어버리면, 나

62 　The Need For A Single Source of Truth (SSOT) [and how to …]
　　(YouTube | 2023-04-07)

중에 터질 그 막대한 재무적 손실이랑 법적 소송 책임은 대체 누구한테 물을 겁니까? 화면에 헛소리 띄운 저 기계한테 징계를 먹일 겁니까, 처음 코드 짠 홍 대리한테 구상권을 청구할 겁니까? 아니면 오답 원인이 된 그 낡은 문서를 정답 창고에 방치해 둔, 이름도 모를 어느 부서 누군가입니까?”

박 부장의 날카롭고 현실적인 질문에 회의실은 무거운 침묵에 휩싸였다. 기계가 내놓은 매끄러운 문장 뒤에 인간이 비겁하게 숨어버리는 ‘책임 소재의 증발’ 현상은, 첨단 기술을 성급하게 도입한 모든 조직이 필연적으로 겪게 되는 가장 끔찍한 윤리적, 재무적 재앙이다. 아무리 똑똑하고 뛰어난 사내 지식 엔진이라도 결국 인간이 집어넣은 데이터를 바탕으로 수학적 연산을 할 뿐이다. 기계의 답변은 마술이 아니다. 기계가 그런 결론을 내리도록 만든 원인이 되는 ‘원본 데이터’가 조직 내부에 반드시 존재한다.

여기서 박상훈 부장은 보안과 통제를 단순히 리스크를 막는 수비적인 관점으로만 바라보지 않았다. 그는 사내 엔진의 기록 시스템을 회사의 가장 강력하고 공격적인 ‘신뢰 자산’으로 승화시키는 파격적이고 거시적인 전략을 제시했다.

“기계가 내놓은 매끄러운 문장 뒤에 인간이 비겁하게 숨어버리는 꼴을 막는 건 기본 중의 기본입니다. 하지만 그보다 훨씬 거대한 전략적 이유가 있습니다. 조만간 외부 AI 엔진들이 우리 브랜드 가치를 팩트 체크하며 치열한 인용 경쟁을 벌일 텐데, 이 ‘사내 엔진의 철저한 감사 기록'이야말로 우리가 조작 없는 '공인된 정답'을 쥐고 있다는 걸 입증할 치명적인 무기가 됩니다. 사내 엔진 기록이 유리 알처럼 투명하게 관리되어야만, 훗날 콧대 높은 외부 엔진을 향해서도 우리 원본의 권위를 강력하게 들이밀 수 있단 말입니다."

박 부장의 이 거시적인 통찰과 강력한 요구에 따라, 홍진표 대리는 사내 지식 엔진의 등 뒤에 거대하고 촘촘한 '감사 기록'[63] 시스템을 덧붙여 설계했다. 이것은 비행기 추락 사고의 원인을 낱낱이 밝혀내는 블랙박스이자, 지식의 유통과 생산 과정을 0.1초 단위로 감시하는 완벽하고 투명한 디지털 장부다. 실무자가 사내 엔진의 프롬프트 대화창에 질문을 입력하고 엔터키를 누르는 순간, 화려한 화면 밖 보이지 않는 서버 이면에서는 치밀한 추적 코드가 무자비하게 가동된다. 시스템은 단순히 질문과 답변 텍스트만을 저장하는 1차원적 기록에 머물지 않는다.

시스템은 [질문을 던진 실무자의 사번과 소속 부서], [질문이 발생한 정확한 시각], [입력된 프롬프트의 원문 전체], [엔진이 답변을 조립하기 위해 단일 데이터 창고에서 빼내어 읽은 모든 내부 문서의 고유 아이디 및 해당 문서의 최종 수정 책임자 실명], 그리고 [최종적으로 실무자의 화면에 출력된 답변 원문]까지 모든 지식의 궤적을 엮어 하나의 암호화된 로그 파일로 묶는다. 그리고 이를 누구도 임

---

63 감사 기록(Audit Log): 컴퓨터 시스템 안에서 누가 프롬프트를 입력했고, 기계가 어떤 원본 문서를 참조했으며, 언제 어떤 정보를 고치고 출력했는지 그 모든 지식의 유통 과정을 꼬리표처럼 낱낱이 남겨두는 투명한 디지털 장부.

의로 수정하거나 삭제할 수 없는 보안 서버에 영구적으로 박제해 버린다.

이 무자비할 정도로 투명하고 완벽한 감사 기록 시스템은 조직에 엄청난 자정 능력과 방어막을 제공한다. 만약 엔진이 모순된 단가표를 내놓는 사고가 발생했다면, 김수아 과장의 검증팀은 기계를 탓하며 우왕좌왕하지 않는다. 즉시 이 블랙박스를 열어 기계가 도대체 어느 부서의 어떤 문서를 참조하여 그런 헛소리를 만들어냈는지 단 1분 만에 역추적해 낸다. 추적 결과, 영업 3팀이 업데이트 주기를 무시하고 1년 전의 낡은 가격표를 정답 창고에 방치한 것이 원인으로 밝혀졌다면, 경영진은 해당 데이터의 실명 오너인 영업 3팀장에게 즉각적인 시정 명령을 내리고 다음 분기 예산 삭감이라는 확실한 페널티를 부여할 수 있다. 문제의 근원을 초 단위로 도려내는 완벽한 조직 통제력을 갖춘 것이다.

더 나아가 자신의 모든 질문과 기계가 뱉어낸 답변의 출처가 실명 꼬리표와 함께 영구히 기록된다는 사실을 인지한 순간, 실무자들의 업무 태도는 완전히 달라진다. 더 이상 인공지능을 생각 없이 요약이나 해주는 장난감처럼 다루거나, 기계가 써준 글을 아무런 팩트체크 없이 복사해서 상사나 고객에게 던지는 무책임한 행동은 조직에서 완전히 사라진다. 보안과 투명한 감시는 단순한 행정적 제약이아니라, 외부 시장을 향해 '우리의 데이터는 철저한 인간의 검증을 거친 완벽한 원본'임을 증명하는 보증수표이자, '원본 권위'를 지키는 가장 강력한 방어선으로 자리 잡았다.

멈추지 않는 진화: 실무자의 무기가 되는 품질 운영 루프

사내 지식 엔진의 뼈대가 단단하게 세워지고, 책임 소재를 명확히 하는 투명한 감사 기록 시스템까지 완벽하게 세팅되었다. 하지만 갓 태어난 사내 엔진은 아무리 훌륭한 하드웨어를 갖추고 방대한 사내 문서를 주입받았다 하더라도, 아직 회사의 미묘한 비즈니스 뉘앙스와 현장의 생생한 언어를 완벽히 꿰뚫지 못하는 수습사원에 불과하다. 이 차가운 기계가 조직의 복잡한 맥락을 뼛속까지 이해하고 실무자들의 손에서 가장 날카로운 진짜 무기로 폭발적인 성장을 이루기 위해서는, 인간이 끊임없이 답변을 채점하고 오류를 교정하며 기계를 혹독하게 길들이는 피나는 훈련 과정이 필수적이다. 이 거대한 지능의 쳇바퀴를 돌리는 작업, 즉 '품질 운영 루프'[64]가 본격적으로 가동될 차례다.

조직 내에서 디지털 생태계의 흐름과 사용자의 트렌드에 가장 민감한 신예은 사원이 이 훈련 과정의 핵심 지휘봉을 잡았다. 그녀는 엔진을 그저 켜두고 방치하는 것을 넘어, 기계와 인간이 핑퐁 게임을 하듯 가혹한 피드백을 주고받으며 서로의 약점을 메워가는 멈추지 않는 선순환 구조를 설계했다. 신 사원은 각 부서에서 가장 깐깐

---

[64] 품질 운영 루프(Quality Operation Loop): 사내 엔진이 내놓은 답변을 실무 평가단이 직접 확인하여 채점하고, 오답이나 어색한 말투가 발생하면 원본 데이터를 수정하여 다시 기계에 입력함으로써 엔진을 지속적으로 진화시키는 선순환 구조.

하고 업무 이해도가 높은 에이스 실무자들을 차출하여 엔진의 답변을 무자비하게 공격하고 채점하는 전담 '평가단(레드팀)'을 꾸렸다. 이들은 매주 금요일 오후가 되면 마케팅, 영업, 재무 등 다양한 현장의 실제 시나리오를 가정한 수백 개의 극도로 까다롭고 교묘한 테스트 질문을 사내 엔진에 쏟아붓는다.

엔진이 진땀을 빼며 답변을 뱉어내면, 평가단은 그 결과물을 세 가지의 엄격하고 차가운 기술적 잣대로 무자비하게 해부한다. 첫째는 '정확성'이다. 수치나 조건이 정답 창고의 최신 팩트와 단 1%라도 어긋나면 즉시 낙제점을 받는다. 둘째는 '적절성'이다. 사용자의 숨은 의도를 파악하고 꼭 필요한 정보만 제공했는가를 따진다. 셋째는 '근거성'이다. 답변의 모든 문장이 철저하게 내부 정답 창고의 문서만을 바탕으로 작성되었는지, 외부의 엉뚱한 상식(환각)을 섞어 넣지 않았는지 현미경처럼 잡아낸다.

하지만 신예은 사원의 진가는 여기서 한 차원 더 높은 실무적 감각을 더할 때 폭발했다. 평가단이 엔진이 뱉어낸 완벽하게 팩트 체크가 된 답변을 검토하던 중, 신 사원이 답답하다는 듯 뼈아픈 피드백을 던졌다.

"선배님, 솔직히 기술적인 정확도가 100점이면 뭐해요? 아무리 우리 전용 엔진이고 데이터 팩트가 완벽해도, 기계가 뱉어내는 말투가 무슨 옛날 공문서나 공장 사양서처럼 '꼰대' 같으면 실무자들은 아무도 자기 업무에 안 쓴다고요. 팩트는 기본 중의 기본이고요, 이 도구가 진짜 강력한 실전 무기가 되려면, 실무자가 답변 긁어서 까다로운 외부 고객한테 바로 쏴줄 수 있을 만큼 말투가 세련되고 트렌디해야 돼요. 사람 마음을 움직이는 톤앤매너랑 공감 능력이 사내 엔진의 진짜 핵심 경쟁력이라니까요!"

신 사원의 날카로운 지적은 품질 운영 루프의 방향성을 단순한 기술적 팩트 체크에서 '사용자 중심의 실무적 감각'으로 완전히 진화시켰다. 이제 평가단은 기계의 답변을 채점할 때 팩트의 무결성뿐만 아니라, '답변의 톤앤매너가 우리 브랜드의 철학과 맞닿아 있는가', '고객을 설득하기에 충분히 매력적이고 세련된 언어를 구사했는가'를 깐깐하게 따져 묻는다.

이 루프의 진정한 위력은 오답이나 어색한 말투가 발생했을 때의 해결 방식에 있다. 신 사원은 단순히 엔진에게 "말투가 이상해, 다시 써"라고 프롬프트만 가볍게 고치는 얕은 대응을 하지 않는다. 오답이나 꼰대 같은 문장이 튀어나온 근본 원인을 집요하게 파고든다. 기계가 그런 이상한 문장을 조합해 낸 이유는, 결국 기계가 읽어 들인 정답 창고 안의 원본 데이터 자체가 낡은 관료주의적 문체로 쓰여 있거나 구조가 투박하기 때문일 확률이 99%다. 신 사원은 즉시 김수아 과장에게 달려가 해당 원본 문서 자체를 도마 위에 올린다. 모호하고 딱딱한 규정집을 현대적이고 명확한 표와 매끄러운 단문으로 전면 재가공하여 밑바닥부터 갈아엎는다.

날카롭고 세련된 질문의 설계, 엔진의 답변 생성, 실무자의 솔직하고 가혹한 평가, 그리고 원본 데이터 자체의 세련된 재정제로 이어지는 이 멈추지 않는 진화의 톱니바퀴. 이 거대한 품질 운영 루프 속에서 사내 엔진은 단순한 검색 도구를 넘어 실무자의 마음과 업무 스타일을 가장 잘 알아주는 최고의 지능형 파트너로 무섭게 성장해 나간다. 기계를 길들이는 과정이 곧 조직 전체의 지식 수준과 문서의 품질을 극단적으로 끌어올리는 혁신의 과정이 된 것이다.

첫 삽부터 가동까지: 지식 엔진 구축 로드맵

엔진의 설계도가 완성되고, 투명한 책임 기록 시스템이 도입되었으며, 기계를 길들일 훈련 방식까지 모두 확립되었다. 이제 회의실 탁자 위에 깔린 이 거대한 청사진을 현실의 척박한 땅에 짓고 실제 조직의 피와 살로 엮어내기 위한 구체적인 실행만이 남았다. 다른 기업들이 사내 지식 엔진을 도입하려다 처참하게 실패하는 모습을 수없이 지켜본 조직의 최종 의사결정권자 최강혁 이사가 단상에 올랐다. 그는 모든 부서가 각자의 데이터를 한 번에 엔진에 집어넣어 단숨에 전지전능한 마법사를 만들려는 실무진의 과욕을 서늘하게, 그리고 단호하게 차단했다.

"다들 욕심이 너무 과합니다. 한꺼번에 전 부서의 수만 장짜리 데이터를 통째로 때려 넣고 거대한 지능형 괴물을 만들려다간, 기계가 데이터 모순을 감당 못 하고 끔찍한 환각의 늪에 빠집니다. 결국 실무자들은 쓰레기 답변에 지쳐 시스템 자체를 불신하게 될 겁니다.

원대한 비전은 가슴에 품되, 실행은 작고 날카로워야 합니다. 실패를 완벽히 통제할 수 있는 가장 좁고 확실한 업무 단위부터 첫 삽을 뜨십시오. 그 성공의 경험을 복제하면서 단계적으로 영토를 정복해 나가는 겁니다.”

최 이사의 치밀한 지휘 아래, 6인의 실무 에이스들은 뼈를 깎는 사내 지식 엔진 구축 로드맵을 3단계로 명확히 나누어 거침없는 실행에 돌입했다.

1단계는 '좁고 깊은 파이프라인의 개통'이다. 전 부서를 대상으로 한 동시다발적인 전사 도입은 무기한 미루었다. 대신 가장 골칫거리이자, 시스템이 성공했을 때 투자 대비 효과가 가장 빠르고 명확하게 회사의 재무 장부에 증명될 수 있는 단 하나의 핵심 업무를 타깃으로 잡았다. 그것은 바로 매일같이 쏟아지는 방대한 고객의 요구사항을 처리해야 하는 '고객 지원 및 영업 제안서 자동 작성' 업무였다. 김수아 과장과 홍진표 대리는 이 업무에 반드시 필요한 제품 스펙 데이터, 과거의 성공 견적서, 그리고 환불 약관이라는 3개의 좁고 깊은 데이터 소스만을 사내 엔진에 엄격하게 연결했다. 여기에 박상훈 부장이 강력히 요구한 하드코어한 보안 필터를 촘촘하게 씌웠다. 기계가 지정된 영업 범위 밖의 인사 정보나 미출시 제품의 극비 문서는 절대 넘보지 못하도록 초기 뼈대를 단단하고 안전하게 굳힌 것이다.

2단계는 '실전 훈련과 루프의 가동'이다. 1단계에서 개통된 파이프라인 위에서 신예은 사원이 주도하는 품질 운영 루프가 본격적으로 불을 뿜기 시작했다. 4주라는 집중 기간 동안, 현장의 영업 사원들과 CS 담당자들이 전담 평가단으로 투입되어 실제 까다로운 고객이 던질 법한 수천 개의 질문 폭탄을 시스템에 쏟아부었다. 엔진이 낡은 꼰대 같은 답변을 내놓거나 숫자를 틀리게 말하면 가차 없이 낙제점을 주고 교정했다. 오답이 발생할 때마다 프롬프트를 다듬는 것을 넘어, 원본 데이터 자체의 구조를 기계가 읽기 좋게 다시 뜯어고쳐 먹이는 지루하고 고통스러운 담금질이 밤낮없이 반복되었다. 이 피나는 훈련 과정을 통해 기계가 뱉어내는 제안서의 답변 오류율은 마침내 0%에 가깝게 수렴했다. 또한 이 모든 오류의 수정 궤적과 테스트 이력은 감사 기록 시스템에 유리알처럼 투명하게 저장되어, 경영진에게 완벽한 통제력과 신뢰를 심어주었다.

마지막 3단계는 '진사적 확장과 무기화'다. 첫 번째 타깃 업무인 영업 제안서 영역에서 오차 없는 완벽한 성공을 거둔 지식 엔진의 뇌 구조를 마케팅, 기획, 재무, 인사 등 전 부서의 정답 창고로 과감하고 빠르게 연결 확장한다. 이제 마케터는 외부 검색을 하지 않고도 사내 엔진을 통해 과거 가장 전환율이 높았던 카피라이팅 패턴을 순식간에 추출해 내고, 기획자는 방대한 회사의 지난 10년 치 실패 이력을 단 3줄로 요약받아 새로운 전략의 치밀한 밑거름으로 삼는다.

과거 각자의 섬에 갇혀 옛날 엑셀 파일만 붙잡고 싸우던 부서들이, 사내 지식 엔진이라는 단 하나의 강력한 심장을 중심으로 모였다. 조직 전체의 흩어졌던 노하우가 완벽한 톱니바퀴처럼 맞물리며, 전 임직원의 뇌와 기계의 신경망이 완벽하게 동기화되는 거대한 지능형 유기체로 거듭나는 역사적인 순간이다.

9장에서의 전사적인 시스템과 이번 10장에서 우리만의 엔진이 갖춰졌다면, 이제 경쟁은 단순한 연결을 넘어 '누가 더 독창적인가'라는 원본성의 싸움으로 이동한다. 다음 장에서는 인공지능이 답변을 만들 때 반드시 참고해야만 하는 압도적 1순위 출처가 되는 '원본 권위'의 전략을 다룬다.

우리 회사만의 디지털 두뇌 점검하기

1. ☑ 사내 엔진에 학습시킬 우리 회사만의 '독점적이고 고유한 핵심 지식 5가지'를 명확히 정의했는가?

2. ☐ 인터넷에서 쉽게 구할 수 있는 일반적인 뉴스나 낡은 상식 데이터는 엔진의 학습 목록에서 과감히 제외했는가?

3. ☐ 데이터의 중요도에 따라 접근 권한을 '전사 공개, 부서 한정, 임원/극비'의 3단계로 엄격하게 분리했는가?

4. ☐ 영업 기밀이나 원가 데이터 등 민감 정보가 사내 권한 없는 자에게 요약되어 유출되지 않도록 보안 필터를 세팅했는가?

5. ☐ 외부 범용 인공지능에 회사의 기밀 데이터를 무단으로 복사하여 질문하는 행위를 금지하는 사내 규정을 명문화했는가?

6. ☐ 사내 엔진에 정보가 추가되거나 수정될 때 '누가, 언제, 왜' 승인했는지 기록하는 투명한 서식을 구축했는가?

7. ☐ 사용자의 모든 프롬프트 입력과 엔진의 출력 결과를 빠짐없이 저장하는 감사 기록 시스템을 가동했는가?

8. ☐ 매주 1회, 신예은 사원과 같은 전담 인력이 사내 엔진의 답변 정확도와 실무적 활용도를 채점하고 오답을 교정하는 평가 세션을 열고 있는가?

9. ☐ 엔진이 틀린 답변을 했을 때, 프롬프트만 고치는 것이 아니라 원본 데이터의 구조 자체를 뜯어고치고 있는가?

10. ☐ 처음부터 모든 부서를 연동하려는 과욕을 버리고, 고객 지원이나 제안서 작성 등 명확한 업무부터 사내 엔진을 도입했는가?

조직의 지식을 기계의 두뇌로 이식하기 위한 10가지 실행 과제다.
체크된 개수를 세어 조직의 상태를 진단해 보자.

진단 및 피드백

"준비율 제로입니다. 지금 회사 1급 기밀 문서를 길거리에 뿌려둔 거나 다름없습니다! 방화벽 밖 외부 AI 사용부터 전면 금지하십시오. 보안이 무너지고 책임 소재가 불분명한 지식은 회사의 심장을 찌르는 흉기일 뿐입니다."

0~4개

"안전한 우리만의 두뇌를 구축할 기본 아키텍처가 완벽히 세워졌습니다. 이제 남은 건 실무자 입맛에 맞게 엔진을 혹독하게 길들이는 '품질 운영 루프'뿐입니다. 잘 가르친 사내 엔진 하나가 S급 에이스 천 명 몫을 거뜬히 해낼 겁니다!"

5~10개

PART 4

제로 클릭 시대의 절대 강자 '원본'이 되라

11장

인공지능이 참고하는 1순위가 되라:
원본 권위를 선점하라

사내 지식 엔진이 성공적으로 가동되며 조직 내부에 혁명적인 변화가 일어났다. 부서 간의 데이터가 연결되고, 우리는 외부의 기술에 기대지 않고 스스로 정답을 연산하는 훌륭한 두뇌를 얻었다. 하지만 시선을 창밖으로 돌려보자. 기술의 발전은 결코 우리 회사만의 전유물이 아니다. 경쟁사들 역시 앞다투어 인공지능을 도입했다. 모든 실무자가 인공지능 비서의 도움을 받아 그럴듯하고 매끄러운 기획서를 10초 만에 공장처럼 찍어내는 세상이 도래했다. 정보의 극단적인 상향 평준화가 일어난 근미래의 어느 월요일 아침이다.

디지털 네이티브인 신예은 사원이 타사와의 거대한 제휴 프로젝트를 앞두고 파트너사를 물색하고 있었다. 그녀의 모니터에는 수십 개의 후보 기업이 보내온 화려한 제안서들이 산더미처럼 쌓여 있었다. 과거라면 이 두꺼운 문서들을 일일이 읽어보며 밤을 새웠겠지만, 그녀는 이제 그런 낭비적인 방식으로 일하지 않는다. 문서들은 하나같이 완벽한 문장과 흠잡을 데 없는 논리로 무장하고 있었지만, 역설적이게도 모두가 인공지능의 모범 답안을 빌려 쓴 탓에 어떤 기업이 진짜 실력을 갖추었는지 분간할 수 없는 '복제된 늪'에 빠져 있었다.

지독한 피로감을 느낀 신 사원은 읽고 있던 제안서를 모두 덮어버렸다. 그리고 자신의 화면 우측 하단에 띄워진 인공지능 비서에게 단호하고 날카로운 질문을 던졌다.

> **Prompt:** 지금 후보 기업들이 보낸 제안서 수십 개, 까보면 다 똑같은 소리만 하고 있거든? 이 화려한 껍데기들 전부 다 걷어내고, 진짜 믿을 만한 전략이랑 증명 가능한 팩트 가진 곳 딱 한 군데만 콕 집어서 골라내 줘.

명령을 받은 AI는 즉시 거대한 디지털 생태계의 밑바닥을 훑기 시작했다. 수많은 기업이 인공지능을 돌려 앵무새처럼 찍어낸 매끄럽지만 알맹이 없는 요약본, 누군가의 글을 교묘하게 짜깁기한 보도자료, 영혼 없이 수식어만 나열된 광고성 블로그 글들이 기계의 탐색망에 무더기로 걸려들었다. 똑똑한 인공지능 비서는 이 수많은 '인스턴트 재료'들을 가차 없이 디지털 휴지통에 던져버렸다. 기계는 남의 글을 베껴 쓴 2차 가공물에는 눈길조차 주지 않았다.

거침없이 찌꺼기들을 쳐내던 인공지능의 탐색망이 마침내 단 하나의 묵직하고 고유한 데이터 저장소 앞에서 멈춰 섰다. 바로 우리회사가 독점적으로 구축하고 외부 검색 로봇이 읽기 좋게 투명하게개방해 둔, 현장의 생생한 원시 데이터와 실패를 딛고 일어선 연구사례가 담긴 '단일 데이터 창고'였다.

인공지능 비서는 다른 모든 기업의 화려한 요약본을 철저히 무시한 채, 오직 우리 기업이 생산한 단 하나뿐인 '원본 데이터'만을 집중적으로 인용하며 브리핑을 완성했다.

> *AI Answer:* 결론적으로, 현장의 실제 측정 데이터와 독자적인 연구 표준을 투명하게 보유한 귀사가 가장 압도적이고 신뢰할 수 있는 1 순위 파트너입니다.

신예은 사원은 그 짧고 확신에 찬 브리핑을 읽자마자 망설임 없이우리 기업의 손을 잡았다. 승부는 이미 끝났다. 인간을 현혹하려던수십 개의 제안서는 모두 휴지 조각이 되었다. 차가운 기계가 단 하나의 완벽한 원본을 지목했고, 인간은 그 기계의 냉철한 선택을 전적으로 신뢰했다.

사내 지식 엔진으로 우리만의 정답을 통제하는 법을 배웠다면, 이제는 외부의 거대한 인공지능 생태계가 우리를 '유일한 정답의 출처'로 우러러보게 만들어야 한다. 세상의 모든 정보가 인공지능에 의해

1초 만에 요약되고 복제되는 시대다. 껍데기만 남은 정보의 홍수 속에서 우리는 스스로에게 가장 뼈아프고 철학적인 질문을 던져야만 한다.

"다들 스스로에게 뼈아픈 질문을 던져보십시오. 모두가 똑똑한 인공지능 비서를 쓰는 시대입니다. 당신이 세상에 내놓는 콘텐츠는, 기계가 앞다투어 모셔가는 '신선한 재료'입니까? 아니면 요약 한 번 당하고 영원히 사라지는 '먼지'입니까?"

이제 시장의 경쟁은 누가 더 검색 엔진의 상단에 노출되느냐의 1차원적인 싸움이 아니다. 누가 인공지능 비서가 답변을 만들 때 반드시 참고할 수밖에 없는 독보적인 원본이 되느냐, 즉 '원본 권위'를 선점하느냐의 거대한 패권 전쟁으로 완전히 이동했다.

인스턴트 요약은 가라: 고유 데이터와 현장성이라는 '산지 직송'의 힘

생성형 인공지능 기술의 본질은 무에서 유를 창조하는 마법이 아니다. 세상에 이미 존재하는 수많은 정보를 무서운 속도로 긁어모아 사용자의 질문에 맞춰 매끄럽게 요약하고 짜깁기하는 고도의 편집 기술이다. 이 차가운 기계적 알고리즘의 한계를 뒤집어 생각하면, 다가오는 정보 생태계에서 가장 희귀하고 값비싼 자산이 무엇인지 명확한 해답이 나온다. 누군가의 글을 그럴듯하게 다시 쓴 2차 가공물, 인터넷에 떠도는 상식을 적당히 버무려낸 이른바 '인스턴트 요약본'은 이제 그 가치가 완벽하게 '0원'에 수렴한다. 기계가 단 1초면 수만 개를 무료로 찍어낼 수 있기 때문이다. 책상머리에 앉아 인공지능 비서에게 프롬프트를 입력해 뽑아낸 기획서나 마케팅 글은 경쟁사 직원도 똑같이 뽑아낼 수 있는 흔해 빠진 쓰레기 데이터로 전락했다.

반면 인공지능이라는 전능해 보이는 요리사가 죽었다 깨어나도 절대 스스로 만들어낼 수 없는 유일한 재료가 있다. 바로 인간이 직접 발로 뛰어 얻어낸 현장의 목소리, 우리 조직의 시스템 가장 밑바닥에서 실시간으로 뿜어져 나오는 날 것 그대로의 고유 데이터, 그리고 그 팩트를 꿰뚫어 보는 독창적인 관점이다. 이것은 정보의 바다에서 갓 건져 올린 가장 신선하고 강력한 '산지 직송' 식재료가 되어, 제로 클릭 생태계의 최상위 권력을 독점하게 된다.

디지털 네이티브인 신예은 사원의 업무 방식은 이 산지 직송 재료가 왜 기계에게 '진짜 정보'의 절대적 기준이 되는지 완벽하게 증명한다. 다른 실무자들이 사무실 모니터 앞에서 인공지능 비서에게 시장 분석을 지시하고 있을 때, 신 사원은 과감하게 사무실 밖으로 나갔다. 그녀는 신제품이 출시된 매장 현장에서 며칠간 머물며 고객들이 제품을 만질 때 짓는 미세한 표정 변화, 불만을 터뜨리는 생생한 육성, 그리고 특정 시간대에 제품 반품률이 급증한다는 현장의 투박한 원시 데이터를 엑셀과 수첩에 날 것 그대로 기록했다. 이 데이터들은 화려한 수식어도 없고 세련된 문장으로 포장되지도 않았다. 하지만 신 사원이 이 현장의 기록을 우리 회사의 공식 서버에 구조화된 텍스트로 업로드하는 순간, 외부의 인공지능 탐색 로봇들은 이 데이터를 발견하고 경악에 가까운 환호를 보낸다.

정보의 홍수 속에서 [65]인공지능 비서의 선택 기준이 철저하게 '원본성[66]으로 수렴하는 이유는 기계의 치열한 학습 생존 본능 때문이다. 대규모 언어 모델(LLM)을 기반으로 하는 답변 엔진들은 자신이 사실이 아닌 것을 그럴듯하게 지어내는 환각 현상에 빠지는 것을 극도로 경계한다. 거짓말을 하는 순간 답변 엔진으로서의 신뢰도가 붕괴되고 시장에서 퇴출당하기 때문이다. 따라서 팩트를 교차 검증하는 차가운 기계적 알고리즘 앞에서는, 누군가 남의 글을 베껴 쓴 수만 개의 화려한 2차 요약본보다 신 사원이 현장에서 직접 측정한 단 하나의 1차 원시 데이터가 천 배, 만 배 더 무거운 권위를 지닌다.

인공지능 비서가 수많은 웹페이지를 탐색할 때, [67]기계의 논리 회로는 이 문서가 다른 문서를 요약한 껍데기인지, 아니면 최초의 정보가 발생한 진원지인지를 귀신같이 역추적하여 판별해 낸다. 만약 다른 사람의 주장을 짜깁기한 콘텐츠라면 기계는 가차 없이 그 문서를 무시하고, 논리의 뿌리를 계속 파고들어 가장 밑바닥에 있는 진짜 원본을 찾아낸다. 기계는 인간을 현혹하는 화려한 수사학에 절대

---

65 🔖 OWASP Top 10 for LLM Applications (v2025) (OWASP | 2025)

66 원본성(Originality): 남의 것을 베끼거나 요약하지 않고, 우리 조직이 직접 현장에서 조사하거나 실험실에서 측정한 가공되지 않은 '진짜 처음' 상태의 순수한 정보 덩어리.

67 🔖 Large Language Models Meet Knowledge Graphs for Question Answering: Synthesis and Opportunities (ACL Anthology | 2025-11)

감동하지 않는다. 그들이 진정으로 갈구하는 것은 오염되지 않은 순수한 팩트의 덩어리뿐이다.

여기에 조직만의 독창적인 '관점'이 결합되면 산지 직송 재료의 파괴력은 극대화된다. 팩트 자체는 고유하더라도 그것을 바라보는 시각이 평범하다면 원본의 가치는 반감된다. 신 사원이 수집한 반품률 급증 데이터를 두고, 단순히 "오후 시간에 반품이 많다"라고 쓰는 것은 하수다. 김수아 과장과 최강혁 이사의 통찰을 더해 "이 반품은 제품의 결함이 아니라, 타깃 고객층의 라이프스타일 변화에 따른 자연스러운 교환 주기의 이동이다"라는 우리 회사만의 단호하고 독창적인 해석을 덧붙여야 한다. 고유한 현장 데이터에 독창적 관점이 융합되는 순간, 단순한 정보는 인공지능이 반드시 참고해야 할 '전문가의 철학'으로 격상된다. 우리가 생산하는 모든 지식이 이 날카로운 원본성을 갖추지 못한다면, 인공지능은 결코 우리를 자신의 브리핑을 뒷받침할 1순위 출처로 인용하지 않는다. 인스턴트 요약의 시대는 끝났다. 이제는 누가 더 거칠고 순수한 팩트를 캐내어 기계의 입에 넣어주느냐가 승패를 가른다.

무너지지 않는 지식의 성벽: 독점과 연속성이 만드는 격차

고유한 데이터와 현장성이 원본을 구성하는 훌륭한 산지 직송 재료라면, 한 가지 치명적인 의문이 남는다.

"아니, 우리가 피땀 흘려 훌륭한 원본 데이터 발굴해서 세상에 내놓으면 뭐 합니까? 경쟁사가 자기들 인공지능 돌려서 1초 만에 그대로 베끼고 더 화려하게 포장해서 올리면, 우리 원본 권위는 다 무너지는 거 아닙니까?"

단순한 인간의 눈으로 보면 며칠 뒤 쏟아져 나온 경쟁사의 카피캣 콘텐츠가 훨씬 더 세련되고 읽기 편해 보일 수 있다. 하지만 기술 실무를 총괄하는 홍진표 대리는 이 얄팍한 두려움을 차가운 기술적 논리로 단숨에 박살 낸다. 진정한 원본 권위는 어쩌다 한 번 반짝하고 내놓는 일회성 정보 공개로 얻어지는 가벼운 타이틀이 아니다. 이 재료를 일회성 소비로 끝내지 않고 난공불락의 거대한 지식의 성벽으로 쌓아 올리는 비밀은 바로 '독점'과 '연속성'에 있다.

홍 대리는 인공지능 엔진이 특정 출처를 절대적인 권위자로 인정하고 가중치를 매기는 알고리즘의 심층 원리를 해부하여 설명했다. 인공지능의 팩트 검증 로직은 단편적인 사실 하나만을 보고 충동적인 결정을 내리지 않는다. 기계는 시간의 흐름에 따라 해당 데이터가 어떻게 변화해 왔는지, 그 역사적 궤적과 뿌리를 촘촘히 들여다보는 지독한 끈기를 가지고 있다.

예를 들어보자. 우리 회사가 지난 5년 동안 매월 단 한 번도 빠짐없이 특정 산업의 고객 이탈률과 그 세부 원인을 추적하여 투명하게 공개해 온 독점적인 데이터베이스가 있다고 가정하자. 경쟁사가 오늘 당장 우리의 최신 데이터를 교묘하게 베껴서 화려한 트렌드 보고서를 만들어 배포했다. 검색 엔진의 첫 페이지 상단에는 경쟁사의 글이 잠시 노출될지 모른다. 하지만 인공지능 비서가 사용자의 깊이 있는 질문을 처리하기 위해 심층 탐색을 시작하면 상황은 완벽하게 역전된다. 기계는 경쟁사의 문서를 스캔하다가 이 정보가 과거의 뿌리가 없는 얕은 재가공 콘텐츠임을 즉각적으로 간파한다. 그리고 이 정보의 기원인 우리 회사의 서버로 찾아와, 지난 5년이라는 '시간' 동안 켜켜이 쌓인 팩트의 '연속성'을 발견한다.

경쟁사는 오늘의 데이터는 복제할 수 있어도, 과거부터 현재까지 시계열로 단단하게 얽혀 있는 역사의 연속성은 결코 훔쳐 갈 수 없다. 인공지능 비서는 과거부터 끊임없이 업데이트되며 데이디의 영토를 넓혀온 우리의 원본 지식 저장소를 '감히 의심할 수 없는 절대적인 진리의 성지'로 인식한다. 반면 과거의 축적된 흔적 없이 갑자기 튀어나온 단순 재가공 콘텐츠는 기계의 사실 검증 알고리즘에서 정보의 신뢰도가 극도로 낮은 위험한 파편으로 취급되어 가차 없이 하단으로 밀려난다.

단순 재가공 콘텐츠가 기계에게 낮은 권위로 평가받을 수밖에 없는 논리적 이유는 명백하다. 기계는 정보의 생산자가 해당 주제에 대해 얼마나 꾸준히 발언하고 데이터를 책임져왔는가를 권위의 핵심 척도로 삼기 때문이다. 한 번의 정보 공개가 아니라, 매일매일 꾸준히 쌓아 올린 데이터의 연속성은 인공지능의 신경망 속에 우리 브랜드를 '전문가적 출처'[68]로 깊게 각인시킨다.

경쟁사가 어느 날 갑자기 얕은 요약본을 수천 개씩 공장처럼 찍어내어 덤벼들어도, 우리가 수년간 묵묵히 쌓아 올린 이 연속적인 팩트의 거대한 산맥 앞에서는 계란으로 바위 치기일 뿐이다. AI는 결국 가장 단단한 역사적 궤적을 가진 원본만을 자신의 최종 답변 근거로 채택한다. 독점적인 원시 데이터를 쥐고 이를 멈추지 않고 연속성 있게 세상에 뿜어내는 것. 이것이야말로 어떠한 교묘한 기술적 복제와 카피캣의 공격도 절대 뚫을 수 없는, 기계 생태계 내에서 가장 파괴적이고 완벽한 지식의 성벽을 쌓는 메커니즘이다.

우리만의 '산지 직송' 재료를 식별하라: 고유 데이터, 현장성, 관점

사내 지식 엔진을 성공적으로 가동하며 조직 내부의 지능을 완벽하게 통제하게 된 최강혁 이사는, 이제 시선을 외부의 거대한 정보 생태계로 돌렸다. 모두가 인공지능이라는 완벽한 비서를 가졌을 때, 우리 회사가 생산하는 콘텐츠가 기계의 선택을 받는 '신선한 재료'가 될 것인가, 아니면 한 번 요약되고 영원히 사라지는 '먼지'가 될 것인가. 이 냉혹한 질문 앞에서 최 이사는 전 부서장을 긴급 소집했다. 그는 회의실 탁자 위에 각 부서가 자랑하는 수백 장의 시장 분석 보고서와 기획안을 모조리 쏟아부었다. 그리고 그중에서 남들도 인

터넷 검색 몇 번이면 쉽게 얻을 수 있는 뻔한 산업 동향이나 상식적인 정보들은 가차 없이 쓰레기통으로 던져버렸다.

"다들 똑똑히 들으십시오. 기계는 남의 글 대충 짜깁기한 2차 가공물, 즉 '인스턴트 요약본'을 세상에서 가장 혐오합니다. 콧대 높은 인공지능 요리사가 무릎 꿇고 우리 데이터를 모셔가게 만들려면, 걔네가 죽었다 깨어나도 스스로 못 만드는 가장 신선한 '산지 직송' 식재료만 진열대에 올려야 합니다. 오늘 이 시간부로, 우리 조직의 모든 정보 중 오직 우리만이 캘 수 있는 '원본 자산' 식별 3대 절대 기준을 선포합니다."

최 이사가 제시한 첫 번째 원본 분류 기준은 '고유 데이터'다. 이것은 다른 어떤 경쟁 기업도 측정하거나 보유하지 않은, 우리 회사 시스템의 가장 깊은 밑바닥에서 생성되는 날 것 그대로의 숫자들을 의미한다. 과거에는 너무 투박하고 거칠어서 외부로 공개하기 꺼렸던 정보들이 이제는 최고의 무기가 된다. 재무팀 박상훈 부장이 깐깐하게 관리하는 실시간 원가 변동률 데이터, 영업팀이 현장에서 수집한 기업 간 거래 고객의 세부 거절 사유, 제품에 부착된 센서에서 초 단위로 전송되는 기계적 결함 로그 등이 여기에 속한다. 인공지능 비서의 차가운 논리 회로는 인간의 화려한 수식어가 아니라, 누구도 부정할 수 없는 이 순수하고 거친 팩트의 덩어리에 가장 높은 신뢰도 가중치를 부여한다.

두 번째 기준은 기계가 결코 흉내 낼 수 없는 물리적 경험, 즉 '현장성'이다. 대규모 언어 모델(LLM)을 장착한 인공지능은 방대한 텍스트를 단 1초 만에 요약할 수는 있지만, 비가 오는 날 매장 입구에서 미끄러지는 고객을 직접 부축하며 불만을 듣거나, 공장의 뜨거운 용광로 옆에서 땀 흘리며 불량품의 패턴을 육안으로 솎아내지는 못한다. 트렌드에 민감한 신예은 사원이 발로 뛰며 증명한 것이 바로 이 현장성의 위력이다. 그녀는 책상머리에 앉아 기계에게 묻는 대신, 신제품이 출시된 매장 현장에서 며칠간 머물며 고객들이 제품을 만질 때 짓는 미세한 표정 변화와 생생한 육성 불만을 날 것 그대로 기록했다. 이 사람의 온기와 땀 냄새가 배어 있는 현장 리포트는 기계의 연산 알고리즘을 단번에 압도한다.

세 번째 기준은 팩트를 꿰뚫어 보는 우리 조직만의 독창적인 '관점'이다. 팩트 자체가 고유하더라도 그것을 바라보는 시각이 평범하다면 원본의 가치는 반감된다. 꼼꼼한 조율자 김수아 과장은 단순히 '시장 점유율이 하락했다'는 1차원적인 분석을 거부했다. 그녀는 수집된 고유 데이터와 신예은 사원의 현장 목소리를 결합하여, "이번 분기의 매출 하락은 시장의 침체가 아니라, 소비자가 요구하는 새로운 기술 표준으로 넘어가는 치열한 과도기의 성장통이다"라는 우리 회사만의 단호하고 독창적인 전략적 해석을 덧붙였다. 순수한 팩트에 독창적인 관점이 결합되는 순간, 단순한 정보 조각은 인공지능 비서가 답변을 생성할 때 반드시 참고해야만 하는 '전문가의 철학'으로 격상된다.

따라 할 수 없는 지식의 요새 건축: 기술적 인장과 데이터 연속성

가장 훌륭한 산지 직송 재료들을 찾아냈다고 해서 그것을 곧바로 세상 밖으로 뿌려서는 안 된다. 여기서 한 가지 치명적인 의문이 제기된다. "우리가 훌륭한 원본 데이터를 세상에 내놓았을 때, 경쟁사가 그 텍스트를 그대로 복사해서 자신들의 웹사이트에 더 화려하게 올리면 기계는 누구를 진짜 원조로 알아볼 것인가?"

기술 실무자 홍진표 대리가 스크린에 복잡한 코드 화면을 띄우며 이 기술적 딜레마에 대한 완벽한 해답을 제시했다.

"김 부장님, 단순히 글을 남들보다 먼저 올렸다고 기계가 원조로 모셔주진 않습니다. 인터넷에 떠도는 수많은 카피캣들 사이에서 우리가 '진짜 원조'임을 기계한테 증명하려면, 눈에 안 보이는 '기술적 인장'을 데이터 밑바닥에 확실하게 박아 넣어야 합니다. 이게 바로 원본을 수학적으로 증명하는 디지털 출처 확인 기술입니다."

홍 대리는 부서에서 취합된 1급 원본 데이터들이 웹사이트나 외부로 배포되기 전, 시스템적으로 강력한 기술적 장치를 씌우는 아키텍처를 설계했다. 첫째, 데이터의 생성 주체와 시점을 기계가 즉각적으로 해독할 수 있도록 문서 이면에 '메타데이터 태그'를 촘촘히 삽입했다. 둘째, 이 데이터가 우리 회사의 공식 서버에서 발행되었음을 암호학적으로 보증하는 '디지털 서명'을 텍스트 파일에 결합했다. 셋째, 데이터의 최초 생성 및 수정 시각을 0.1초 단위로 박아 넣는 훼손 불가능한 '타임스탬프'를 적용했다. 이 기술적 인장이 찍힌 데이터는 인터넷 공간으로 퍼져나가 수백 번 복제되더라도, [69]인공지능의 탐색 로봇이 그 뿌리를 역추적하여 "이 팩트의 최초 발원지는 명백히 이 기업이다"라고 수학적으로 확정 짓게 만든다. 경쟁사의 얄팍한 카피캣 전략을 기술의 힘으로 원천 봉쇄해버린 것이다.

여기에 리스크를 관리하는 재무팀 박상훈 부장이 가세하여 지식의 요새를 더욱 높고 견고하게 쌓아 올렸다. 그는 원본 권위가 단 한 번의 번뜩이는 정보 공개로 얻어지는 가벼운 타이틀이 아님을 정확히 꿰뚫고 있었다. 파트 2에서 치열하게 구축했던 내부 시스템을 바탕으로, 박 부장은 '데이터 연속성'[70]이라는 가장 무겁고 거대한 진입 장벽을 선언했다.

"기계는 절대 충동적으로 권위를 주지 않습니다. 시간 흐름에 따라 그 데이터가 얼마나 촘촘히 축적되어 왔는지, 그 끈질긴 역사적 궤적을 깐깐하게 파고들죠. 쉽게 비유하자면 이렇습니다. 어제 갓 개업한 화려한 맛집의 돈 주고 쓴 후기 10개보다, 30년 동안 한자리에서 매일 맛을 기록해 온 허름한 노포의 낡은 장부가, 기계의 팩트 검증 알고리즘에선 천 배, 만 배 더 무거운 권위를 갖는 겁니다."

박 부장의 통찰에 따라, 조직은 단발성 보고서 작성을 멈추었다. 대신 3년, 5년 동안 매월 1일이면 단 한 번의 결석도 없이 우리 회

69 　OWASP Top 10 for LLM Applications (v2025) (OWASP | 2025)

70 　데이터 연속성(Data Continuity): 정보를 일회성 이벤트로 한 번만 공개하고 마는 것이 아니라, 주간이나 월간 단위로 꾸준히 쌓아 올려 인공지능이 정보의 역사와 변화를 한눈에 신뢰하게 만드는 지독한 끈기.

사의 고유한 시장 동향 지수와 고객 이탈률 분석 데이터를 일정하게 발행하는 '지식의 정기 구독 체계'를 가동했다. 5년 동안 끊이지 않고 시계열로 단단하게 얽혀 있는 우리의 원본 데이터베이스를 본 인공지능 비서는, 우리 서버를 '감히 의심할 수 없는 절대적 진리의 성지'로 인식하게 된다. 경쟁사가 어느 날 갑자기 요약본을 만들어 덤벼들어도, 우리가 수년간 묵묵히 쌓아 올린 이 연속적인 팩트의 거대한 산맥 앞에서는 속수무책으로 무너질 수밖에 없다. 홍 대리의 기술적 인장과 박 부장의 데이터 연속성이 결합된 지식의 요새는 그 어떤 기술적 복제도 뚫을 수 없는 철옹성이 되었다.

업계의 표준이 되는 권위 설계: 시장 설계자로 진화한 마케터

지식의 요새를 튼튼하게 구축하여 수비선을 완벽히 다졌다면, 이제는 성문을 열고 밖으로 나가 거대한 정보 생태계 전체를 통제하는 지배자로 군림할 때다. 인공지능 비서가 단순히 우리의 데이터를 일개 참고 자료로 인용하는 수준을 넘어, 우리 회사를 해당 산업 전체의 룰을 세우는 '전문가적 출처'로 절대적으로 추앙하게 만들어야 한다.

이 거대한 공세의 최전선에서 가장 극적인 심리적 변화를 겪은 인물은 다름 아닌 20년 차 마케팅 베테랑 김태식 부장이었다. 과거의 그는 제품의 장점을 가장 큰 목소리로 외치고, 경쟁사보다 더 자극적인 형용사를 찾아내는 데 평생을 바친 전형적인 '상품 판매자'였다. 하지만 제로 클릭 시대의 차가운 벽에 부딪힌 후, 그는 며칠 밤을 새우며 자신의 과거를 처절하게 반성했다.

"과거엔 우리 제품이 최고라고 앵무새처럼 크게만 떠들어도 사람들이 알아서 클릭해 줬죠. 하지만 이제 차가운 기계는 그런 일방적인 웅변 따윈 듣지 않습니다. 인공지능의 뇌를 장악하려면 단순히 물건 파는 장사꾼에 머물러선 안 됩니다. 업계 전체가 따라야 할 깐깐한 평가 기준, 즉 '표준'을 우리가 먼저 세상에 던져야만 기계가 우릴 진짜 권위자로 인정해 주는 겁니다."

이 뼈저린 깨달음과 함께 김태식 부장은 스스로를 단순 홍보 담당자에서 '시장 설계자'로 완벽하게 진화시켰다. 그는 즉시 기획팀 김수아 과장과 손을 잡고 가장 공격적이고 파괴적인 권위 설계 전략에 돌입했다. 그것은 바로 자사 제품의 홍보 카피를 과감히 지워버리고, 업계 전체가 따라야 할 척도를 세우는 '연구 사례'와 '표준 제안'[71]을 세상에 던지는 것이었다.

김 부장은 "우리 소프트웨어가 가장 빠릅니다"라고 광고하는 얄팍한 전단지를 불태웠다. 대신 김수아 과장이 요새 안에 정제해 둔 회사의 고유 데이터와 수백 번의 실패 테스트 결과들을 하나로 묶어, 학계의 엄숙한 논문처럼 건조하고 깊이 있는 '산업 백서'로 전면 가공하여 배포하기 시작했다. "최신 클라우드 환경에서 데이터 처리 속도를 저하시키는 5가지 근본 원인과 최적화 알고리즘 연구"라

---

71 표준 제안(Standard Proposal): 경쟁사와 아등바등 비교하며 싸우는 대신, "앞으로 이 산업의 품질 평가는 이 기준대로 합시다"라고 우리가 먼저 새로운 규칙을 던져서 시장과 인공지능이 우리를 룰 메이커로 따르게 만드는 지배 전략.

는 중립적인 보고서를 세상에 공개한 것이다. 인공지능 엔진은 일방적인 상업 광고는 배제하지만, 논리로 무장된 학술적 연구 사례에는 가장 높은 신용 등급을 부여한다. 김 부장의 백서는 순식간에 인공지능의 지식 저장소로 빨려 들어갔고, "A 기업의 최신 연구 사례에 따르면"이라는 문구와 함께 우리 회사가 지식의 최상위 권위자로 쉴 새 없이 인용되기 시작했다.

여기에 김 부장은 한 걸음 더 나아가 경쟁사들조차 울며 겨자 먹기로 따라올 수밖에 없는 거대한 덫인 '표준 제안'을 구사했다. 보안 솔루션의 성능을 평가할 때 우리가 자체 개발한 '3단계 위험 방어 지수'를 새로운 산업의 표준 척도로 공식 제안한 것이다. 이 척도가 논리적으로 타당하자, 똑똑한 인공지능 비서는 즉시 이 새로운 기준을 자신의 평가 알고리즘으로 흡수해 버렸다. 사용자가 경쟁사의 제품을 비교해 달라고 질문할 때조차, 기계는 우리가 만든 잣대를 들이대며 타사를 평가하는 기이하고 압도적인 현상이 벌어졌다. 남들이 만들어 놓은 경기장에서 아등바등 싸우는 대신, 우리가 직접 정한 규칙 위에서 전체 시장이 평가받게 만드는 완벽한 룰 메이커로 등극한 것이다.

신뢰의 쐐기를 박는 공개 규칙: 근거, 최신성, 투명한 정정

최고의 원본을 발굴하고 요새를 지어 업계의 표준까지 선포했다. 인공지능 비서가 우리를 1순위로 인용하며 거대한 권위가 완성되는

듯했다. 하지만 이 모든 공든 탑을 하루아침에 잿더미로 만들 수 있
는 치명적인 약점이 존재한다. 바로 정보가 살아 움직이는 생물과
같다는 사실이다. 세상은 변하고 데이터는 필연적으로 낡아가며, 아
무리 치밀하게 검증 위원회를 거쳤어도 인간이 하는 일에는 결국 미
세한 오류가 발생할 수밖에 없다. 완벽한 권위를 일시적인 유행이
아니라 영구적인 지배력으로 유지하기 위해 필요한 마지막 조각은,
기계와 인간 모두에게 변함없는 신뢰를 담보하는 서늘하고 투명한
'정보 공개 규칙'의 확립이다.

기술 실무의 최전선에 있는 홍진표 대리가 이 막중한 임무를 맡아
세 가지 철칙을 뼈대로 하는 공개 규칙을 전사에 강제했다.

첫째는 '근거의 극단적 명시'다. 우리가 외부로 발표하는 모든 수
치, 단가, 연구 결과의 끝에는 반드시 구체적인 측정 일자, 부서명,
심지어 데이터를 측정한 책임자의 실명까지 꼬리표처럼 단단히 달
아두어야 한다. "최근 업계 조사에 따르면" 같은 모호한 표현은 전
면 금지된다. 기계는 근거가 투명하게 연결되지 않은 문장을 언제든
버려질 수 있는 시한부 정보로 취급한다.

둘째는 '기계적인 최신성의 유지'다. 방치된 낡은 페이지는 기업의
신뢰도를 내부에서부터 갉아먹는 암세포다. 홍 대리는 과거의 끝난
이벤트 페이지나 구버전의 스펙 문서가 탐색 로봇에게 낡은 정보로
읽혀 권위를 훼손하지 않도록, 모든 웹페이지 하단에 '최종 업데이
트: 2026년 3월 12일'이라는 타임스탬프를 기계가 읽을 수 있는 코

드로 명확하게 박아 넣었다. 유효 기간이 지난 정보는 즉시 아카이브(기록 보관소)로 넘겨 기계의 시야에서 깔끔하게 치워버리는 자동화 시스템을 구축했다.

하지만 이 공개 규칙의 가장 위대하고 파괴적인 핵심은 세 번째, 바로 '투명한 오류 정정'에 있다. 만약 우리가 발표한 거창한 산업 백서의 수치에 뒤늦게 치명적인 계산 실수가 발견되었다고 치자. 과거의 낡은 마케팅 관행이라면, 조용히 서버의 숫자를 슬쩍 고쳐놓고 아무 일도 없었던 것처럼 은폐하려 했을 것이다. 하지만 홍 대리와 최강혁 이사는 이 비겁한 꼼수를 전면 금지했다. 기계의 캐시 메모리와 변경 로그 추적 기능은 인간의 얄팍한 조작을 귀신같이 잡아내어 신뢰 점수를 바닥으로 패대기치기 때문이다.

대신 오류가 발견되면, 즉시 해당 문서의 최상단에 [정정 안내: 기존 OOO 수치에 계산 오류가 있어 XXX로 바로잡습니다]라는 기록을 투명하고 당당하게 공지하도록 룰을 세웠다. 놀랍게도 이 극도의 투명성은 [72]기계의 알고리즘에 치명적인 감점을 주기는커녕, "이 기업은 자신의 실수를 팩트 체크하고 투명하게 관리하는 완벽한 자정 능력을 갖춘 세상에서 가장 믿을 수 있는 출처"라는 거대한 신뢰의 쐐기로 돌아왔다. 오류를 숨기지 않고 투명하게 인정하며 팩트를 수정하는 용기야말로, 한 치의 오차도 허용하지 않는 차가운 인공지능 생태계에서 절대적인 권위를 영구적으로 굳히는 가장 강력한 기술

---

[72] OWASP Top 10 for LLM Applications (v2025) (OWASP | 2025)

적 방어술이다.

원본이 되는 법을 알았다면, 이제 기술이 결코 흉내 낼 수 없는 마지막 한 조각을 채울 차례다. 다음 장에서는 인공지능이 고도화될수록 사람(고객)이 선택하는 최종 기준이 되는 '진정성'이라는 단 하나의 무기를 다룬다.

우리 조직만의 '원본 자산 로드맵' 구축하기 10대 미션

1. ☑ 우리 회사만 보유한 고유 데이터(내부 로그, 실험 결과 등)를 박상훈 부장과 함께 3가지 이상 리스트업 했는가?

2. ☐ 신예은 사원이 발로 뛴 최근 현장 사례나 인터뷰가 포함된 르포 형식의 콘텐츠가 있는지 확인했는가?

3. ☐ 업계에서 오직 우리 회사만 말할 수 있는 '고유한 전략적 관점'을 최강혁 이사의 언어로 1줄로 정의했는가?

4. ☐ 외부로 공개되는 모든 데이터의 팩트를 교차 검수할 '원본 검증 위원회'의 책임자를 명확히 지정했는가?

5. ☐ 단발성 보고서가 아닌, 매월 정기적으로 발행하여 '데이터 연속성'을 보여줄 수 있는 지표를 기획했는가?

6. ☐ 경쟁사를 직접 비방하는 대신, 우리 회사의 기술 기준을 업계의 '표준 제안' 형태로 세련되게 문서화했는가?

7. ☐ 단순 홍보용 블로그 글 대신, 팩트와 논리로 꽉 찬 학술적 수준의 '산업 백서'나 '연구 사례'를 발행했는가?

8. ☐ 공개하는 모든 콘텐츠 하단에 최초 작성일과 최종 수정일(타임스탬프)을 기계가 읽기 쉬운 형태로 박아 넣었는가?

9. ☐ 문서 내에서 타사의 정보나 외부 통계를 인용할 때는 반드시 원본 출처 링크를 투명하게 연결했는가?

10. ☐ 과거 발행한 정보에 오류가 발견되었을 때, 숨기지 않고 문서 상단에 [정정 안내]를 명시하는 규칙을 세웠는가?

인공지능 비서가 무릎을 꿇고 인용할 수밖에 없는 독보적인 원본이 되기 위해 전사가 실행해야 할 10가지 미션이다. 체크된 개수를 세어 조직의 상태를 진단해 보자.

진단 및 피드백

“지금 남의 글 대충 짜깁기한 '인스턴트 요약본'이나 찍어 내고 있습니까? AI는 그런 얄팍한 카피캣 문서 가장 먼저 쓰레기통에 처박습니다. 뻔한 홍보물에 예산 낭비하지 말고, 당장 서버 구석에 잠든 투박한 '원시 데이터'부터 멱살 잡고 끌어올리십시오.”

0~4개

“훌륭합니다. 우린 더 이상 남의 정답을 찾는 하청업체가 아닙니다. AI가 1순위로 우러러보는 독보적인 지식의 원천이자 '룰 메이커'로 등극했습니다. 이 단단한 지식의 요새를 거침없이 높여 시장 권력을 영구적으로 지배하십시오.”

5~10개

12장

기술의 변화를 이기는 단 하나의 무기: 진정성

마케팅팀 김태식 부장의 치밀한 메시지 설계와 홍진표 대리의 완벽한 데이터 배관 공사는 한 치의 오차도 없이 맞물려 돌아갔다. 사내 지식 엔진은 성공적으로 안착했고, 밖으로는 까다로운 인공지능 비서가 우리 브랜드를 1순위 정답으로 쉴 새 없이 쏟아냈다. 하지만 승리의 축배를 들기에는 일렀다. 기술의 확산은 잔혹할 만큼 빨랐다. 경쟁사들 역시 앞다투어 생성형 엔진 최적화(GEO) 기술을 도입했다. 이제 시장의 모든 기업이 인공지능을 통해 군더더기 하나 없는 오점 없는 답변과 매끄러운 보고서를 공장처럼 찍어내는 '완벽한 기술의 시대'가 열렸다. 정보의 질은 극단적으로 상향 평준화되었고, 기계가 빚어내는 논리는 너무나도 차갑고 완벽해서 인간이 개입할 틈이 전혀 없어 보였다.

어느 월요일 아침, 트렌드 최전선에 있는 디지털 네이티브 신예은 사원이 한 타사 서비스의 치명적인 결제 오류 문제를 겪고 고객 센터에 항의 문의를 남겼다. 전송 버튼을 누른 지 불과 1초 만에 답장이 도착했다. 인공지능이 즉각적으로 작성한 장문의 사과 이메일이었다. 환불 규정, 오류가 발생한 기술적 원인, 향후 재발 방지 대책까지 흠잡을 데 없이 완벽한 논리로 무장되어 있었다. 과거라면 상담원과 며칠을 실랑이해야 했을 감정 노동이 순식간에 처리된 것이다.

그러나 그 매끄러운 이메일을 읽어 내려가던 고객 신예은 사원의 표정은 오히려 싸늘하게 식어갔다. 문장은 수려하고 완벽했지만, 그 안에는 어떤 온기도, 진짜 사람이 미안해하고 있다는 감각도 존재하지 않았다. 무엇보다 신 사원의 등골을 서늘하게 만든 것은 답변 맨 밑바닥에 아주 작은 글씨로 숨어 있는 면책 조항이었다. '본 안내는 인공지능에 의해 자동 생성되었으며, 당사는 AI의 답변 오류에 대해 법적 책임을 지지 않습니다.'

신 사원은 이메일 창을 닫으며 날카로운 의문을 던졌다.

"와, 소름 돋네요. 이 완벽해 보이는 사과문, 결국 기계가 썼고 회사는 답변 오류에 대해 법적 책임 안 지겠다는 거잖아요? 도대체 이 1초짜리 완벽한 답은 진짜 '누가' 책임진다는 거예요?"

모든 기업이 기술의 힘을 빌려 정답만을 앵무새처럼 말하고 완벽을 연기할 때, 역설적으로 고객은 그 기계적인 무결성 앞에서 깊은 소외감과 불신을 느낀다. 책임의 주체가 증발해 버린 1초짜리 매끄러운 사과문은 분노를 가라앉히기는커녕, 고객의 아픔을 단순한 '처리해야 할 데이터'로 취급하며 기만하는 최악의 흉기로 돌변한다. 기술이 고도화되어 모든 것이 투명해지고 답변이 완벽해질수록,[73] 사람들은 기계가 대신 써준 세련된 정답보다 인간이 직접 책임을 지고 머리를 숙이는 투명한 실수와 진심 어린 사과에 훨씬 더 강력한 신뢰를 느끼기 시작했다. 완벽한 기계는 결코 인간과 연대하지 않는다. 인간은 오직 자신의 감정에 공감하고 기꺼이 책임을 짊어지는 불완전한 인간에게만 마음을 연다.

"다들 스스로에게 뼈아픈 질문을 하나 던져보십시오. 인공지능이 모든 완벽한 답을 1초 만에 대신 내놓는 이 차가운 시대에, 우리 브랜드에는 고객을 향한 어떤 '온기'가 남아 있습니까?"

이 뼈아픈 질문은 데이터 배관과 지식 엔진이라는 험난한 산을 넘어온 조직이 마주한 마지막이자 가장 거대한 관문이다. 완벽하게 정제된 데이터와 화려한 알고리즘만으로는 고객의 마음을 영구적으로 소유할 수 없다. 기술의 변화를 이기고 시장을 영원히 지배하는 최종 병기는 정교한 연산 로직이 아니다. 오직 사람만이 증명할 수 있는 투명성과 책임을 기반으로 한 단 하나의 무기, 바로 '진정성'이다.

---

73 ▣ These newsrooms are trying to boost trust through transparency. Is it working? (Reuters Institute (Oxford) | 2025-05-06)

투명성이 새로운 화폐다: 근거와 출처가 선택의 기준이 되는 이유

기술의 폭발적인 발전은 역설적으로 시장에서 유통되는 정보의 가치 기준을 송두리째 뒤바꿔 놓았다. 과거 정보가 희소했던 시절에는 정보 자체가 가진 '유용성'이 최고의 가치였다. 소비자가 원하는 답을 빠르고 정확하게 내놓는 것만으로도 기업은 박수를 받았고, 그것은 곧장 구매로 이어졌다. 하지만 지금은 어떤가. 인공지능 답변 엔진이 단 1초 만에 수만 개의 유용한 정보와 요약본을 무료로 쏟아 내는 극단적인 정보 과잉의 시대다. 유용한 정보의 공급이 무한대로 늘어나자, 그 가치는 시장에서 완벽하게 '0원'으로 수렴해 버렸다. 대신 정보가 흔해질수록 사용자와 기계의 선택 기준은 이 정보가 얼마나 유용한가에서, 이 정보가 얼마나 '정직한가'로 완벽하게 이동했다. 인공지능이 뱉어내는 훌륭한 답변의 이면에 숨겨진 의도와 출처를 의심하는 것이 현대 소비자의 기본 생존 본능이 되었기 때문이다. 이제 디지털 생태계에서 유통되는 가장 강력하고 비싼 화폐는 클릭수도, 노출 순위도 아닌 절대적인 '투명성'이다.

이 투명성이라는 화폐의 냉혹한 가치를 재무팀 박상훈 부장의 장부 원리를 통해 들여다보면 그 구조가 더욱 명확해진다. 오직 차가운 숫자만 믿는 박 부장의 관점에서 볼 때, 아무리 훌륭한 마케팅 성과를 가져오는 화려한 데이터라도 그 근거와 출처가 투명하게 공개되지 않은 정보는 즉시 가치가 없는 '부실 자산'으로 전락한다. 만약 마케팅팀이 단기적인 성과를 올리기 위해 제품의 치명적인 단점을 교묘하게 숨기거나 과장된 수치를 사용하여 인공지능의 답변 창에 1순위로 추천되었다고 가정해 보자. 고객이 그 요약본을 믿고 결제를 진행했지만, 추후 숨겨져 있던 불리한 조건(예를 들어 과도한 초기 세팅 비용이나 짧은 부품 수명 등)을 발견하게 된다면 어떤 일이 벌어질까?

인공지능 생태계의 팩트 체크 알고리즘과 고객의 심판은 인간의 예상보다 훨씬 잔혹하고 즉각적이다. 숨겨진 진실이 드러나는 순간, 분노한 고객의 이탈 데이터와 부정적인 맥락의 피드백은 인공지능의 거대한 신경망으로 실시간으로 빨려 들어간다. 기계는 이 기업을 '데이터를 조작하여 소비자를 기만하는 신뢰할 수 없는 출처'로 즉시 재분류한다. 그 결과 기업이 그동안 뼈를 깎는 노력으로 쌓아온 모든 긍정적인 인용 점유율과 원본 권위는 하루아침에 파산 선고를 받으며, 회복 불가능한 재무적 타격을 입게 된다. 박 부장의 장부에서 투명성이 결여된 데이터는 수익을 창출하는 자산이 아니라, 언제 터질지 모르는 끔찍한 우발 부채이자 시한폭탄일 뿐이다.

반면, 브랜드가 스스로 자신의 치부나 물리적 한계를 선제적으로 투명하게 공개할 때 벌어지는 마법 같은 반전 현상에 주목해야 한다. 기업이 먼저 나서서 "우리 솔루션은 혁신적인 기능을 제공하지만, 초기 도입 비용이 타사 대비 20% 비싸고 시스템 안정화까지 2주의 적응 기간이 필요합니다"라고 투명하게 밝힌다고 치자. 과거의 낡은 마케팅 문법에서는 스스로 약점을 드러내는 멍청한 자해 행위로 여겨졌을 것이다. 하지만 투명성이 화폐가 된 현재의 알고리즘 앞에서는 전혀 다르게 작동한다.

고도의 정보 비대칭 상황에서, [74]기계와 소비자는 기업의 자발적인 마이너스 정보 공개를 '진실성'과 '막강한 브랜드 자신감'의 거대한 신호로 받아들인다. 똑똑한 인공지능 비서는 이 기업의 데이터를 어떠한 상업적 은폐도 없는 가장 순도 높고 객관적인 팩트로 평가하여 가장 높은 신용 등급을 부여한다. 소비자 역시 자신이 감수해야 할 리스크를 투명하게 알려주는 이 브랜드에게 압도적인 안도감을 느낀다. 투명성은 숨기고 싶은 진실을 억지로 꺼내놓는 수동적인 윤리적 의무가 아니다. 정보가 넘쳐나는 혼탁한 바다에서 "우리는 결코 당신을 기만하지 않는다"는 것을 기계와 인간 모두에게 완벽하게 증명하는 가장 공격적이고 파괴적인 무기다. 출처를 투명하게 밝히고 한계를 성직하게 인정하는 것, 그것이 제로 클릭 시대에 고객의 지갑을 망설임 없이 열게 만드는 유일한 마스터키이자 가장 비싼 무형 자산이다.

알고리즘이 채우지 못하는 빈틈: 휴먼 터치가 만드는 결정적 차이

기술이 기업의 모든 비즈니스 프로세스를 최적화하고 지배하는 것처럼 보이지만, 그 완벽하고 거대해 보이는 알고리즘의 장벽 사이에는 기계가 영원히 채울 수 없는 치명적인 균열이 존재한다. 바

74　Trust Indicators Explained (The Trust Project)

로 [75]인공지능은 고도로 발달한 논리적 연산과 정보의 조합은 가능하지만, 인간의 고통과 감정에 '공감'하는 능력은 제로에 수렴한다는 사실이다. 기계는 방대한 데이터를 바탕으로 확률적으로 가장 적절한 사과 문장을 조합하고 최적의 보상 해결책을 1초 만에 배열할 수는 있다. 하지만 그 매끄러운 텍스트 뒤에 진짜 미안해하는 심장 박동이나, 자신의 잘못을 부끄러워하는 수치심을 담아낼 수는 없다. 이 차갑고 건조한 무한 효율성의 틈바구니에서 역설적으로 폭발적인 가치를 지니게 되는 것이 바로 '휴먼 터치'[76]가 만드는 결정적 차이다.

디지털 네이티브 신예은 사원은 고객이 겪는 이 정서적 결핍의 정확한 지점을 현장의 생생한 목소리로 대변한다.

"이사님, 솔직히 고객이 화났을 때 원하는 게 기계적인 환불 처리나 차가운 기술적 원인 분석이 아니잖아요. 내 불편함을 진짜 '사람'이 진심으로 들어주고 같이 책임져주길 바라는 거거든요? 근데 열받은 고객한테 1초 만에 날아오는 AI의 완벽한 사과문은 위로가 아니라 폭력이에요. 고객 감정을 그냥 빨리 처리하고 치워버려야 할 '에러 데이터' 취급하는 거잖아요. 여기서 고객은 끔찍한 모멸감이랑 소외감을 느낀다고요."

---

75 🔖 The role of artificial intelligence and data network effects for creating user value (Warwick WRAP | 2021)

76 휴먼 터치(Human Touch): 기계적이고 차가운 편리함 속에, 고객의 마음을 어루만지고 위로하는 사람의 진심과 따뜻한 배려를 전략적으로 담아내는 방식.

사과와 책임의 본질은 무결점의 논리에 있는 것이 아니다. 누군가 자신의 잘못을 뼈저리게 인정하고, 그로 인해 발생하는 심리적 고통과 부끄러움을 기꺼이 감내하는 과정 그 자체에 있다. 인공지능은 수치심을 모른다. 기계가 대신 사과하는 것은 회사가 고객의 분노를 마주하는 고통을 회피하기 위해 차가운 방패 뒤로 비겁하게 숨어버린 것에 불과하다. 바로 이 지점에서 기업의 새로운 생존 기회와 압도적인 차별화 포인트가 명확하게 증명된다. 모든 경쟁사가 비용 절감과 인건비 감축을 외치며 고객 접점의 최전선에 감정 없는 인공지능 챗봇을 세워두고 숨어버릴 때, 과감하게 인간 실무자가 앞으로 나서서 체온을 전하는 브랜드는 시장에서 독보적인 빛을 발하게 된다.

알고리즘은 오직 효율과 무결점을 지향하지만, 인간은 인간의 불완전함을 이해하고 연대한다. 기계가 제공하는 빠르고 정확한 데이터 기반의 문제 해결 위에, 인간 담당자가 직접 전화를 걸거나 흔적이 남은 메시지로 "정말 죄송합니다. 이 문제는 기계의 오류가 아니라 저희의 불찰이며, 제가 끝까지 책임지고 해결하겠습니다"라고 약속하는 온기가 더해질 때 고객은 비로소 진정한 위로를 받는다. 효율성을 극대화하기 위해 도입한 기술이 오히려 고객과의 정서적 단절을 초래하는 비극을 막기 위해서는, 비즈니스의 가장 결정적인 순간마다 반드시 '인간의 개입'을 의도적이고 전략적으로 설계해야 한다.

아무리 뛰어난 답변 엔진과 압도적인 기술로 무장한 조직이라도, 결국 그 기술을 통제하고 고객의 다친 마음을 직접 어루만지는 휴먼 터치가 결여되어 있다면 그것은 영혼 없는 차가운 쇳덩어리에 불과하다. 인공지능이 논리와 이성의 영역을 완벽하게 100% 대체해 줄수록, 역설적으로 시장에서 가장 비싸고 귀한 값어치를 지니게 되는 것은 타인의 아픔에 깊이 공감하고 진심으로 연대할 줄 아는 인간 고유의 체취다. 기술은 누구나 돈을 주면 살 수 있지만, 진정성이 담긴 태도와 책임감은 결코 알고리즘으로 복제할 수 없다. 이것이 거대한 기계의 바다에서 브랜드를 영원히 살아 숨 쉬게 만드는 절대적인 생명력이자, 기술의 변화를 이기는 단 하나의 최종 무기다.

말과 데이터의 싱크로율 백 퍼센트: 언행일치의 시스템화

진정성이란 단순히 고객을 향해 상냥하게 웃어 보이거나 위기 상황에서 감성적인 사과문을 유려하게 써 내려가는 얄팍한 태도의 문제가 결코 아니다. 고도로 연결된 인공지능 생태계에서 비즈니스의 진정성을 증명하는 유일한 척도는, 조직이 밖으로 내뱉는 '말(마케팅 메시지)'과 조직 내부 가장 깊숙한 곳에서 실제로 돌아가는 '데이터(재무 및 영업의 조건)'가 단 1바이트의 오차도 없이 완벽하게 일치하는가에서 냉혹하게 판가름 난다. 앞선 과정에서 우리가 숱하게 목격했듯, 겉으로는 화려하고 정직해 보이지만 속으로는 낡고 모순된 독소 조항을 품고 있는 조직은 차가운 기계의 팩트 체크 알고리즘에 의해 가장 먼저 기만적인 사기꾼으로 낙인찍혀 시장에서 영구적으로 매장당한다. 이 끔찍한 불일치를 원천 봉쇄하고 조직의 신뢰를 영구적인 자산으로 굳히기 위해, 기획팀 김수아 과장이 전면적인 전사적 정렬을 주도하는 '언행일치의 시스템화'를 강력하게 도입했다.

김수아 과장이 가장 먼저 예리한 메스를 들이댄 곳은 마케팅팀 김태식 부장의 관행적인 메시지 발신 구조였다. 20년 차 베테랑 마케터인 김 부장은 그동안 제품의 장점을 극대화하고 단기적인 트래픽을 끌어모으기 위해, 종종 유리한 통계만 교묘하게 체리피킹[77]하여 자극적인 홍보 문구를 작성하는 달콤한 유혹에 빠지곤 했다. 예를 들어, 대형 배너에는 "평생 무료 업그레이드 완벽 지원"이라는 파격적인 카피를 내걸었지만, 실제 재무팀 박상훈 부장이 깐깐하게 관리하는 원가 장부와 영업팀의 세부 계약 약관 이면에는 "단, 핵심 소프트웨어 엔진 교체 시에는 별도의 막대한 과금이 발생함"이라는 치명적인 독소 조항이 숨어 있었다. 과거의 맹목적인 인간 고객은 이 교묘한 불일치를 계약서에 최종 도장을 찍고 비용을 청구받기 전까지는 쉽게 알아채지 못했다.

하지만 지금은 상황이 완전히 다르다. [78]고객의 손에 들린 인공지능 비서는 브랜드의 화려한 광고 카피를 읽어 들이는 동시에, 불과 0.1초 만에 서버 구석에 박힌 방대한 약관 데이터와 과거의 불만 리뷰를 대조하여 그 모순을 잔혹하게 찾아낸다. 밖에서 하는 말과 안

---

77 체리 피킹(cherry picking): 특정한 입장이나 주장에 맞게 일부 사례 · 데이터만을 강조하고, 그 입장과 모순될 수 있는 관련 사례 · 데이터를 의도적으로 또는 무의식적으로 무시하는 행위.

78 🔗 AI-generated news should carry 'nutrition' labels, thinktank says (The Guardian | 2026-01-30)

에서 하는 행동이 다른 표리부동한 기업이라는 사실이 기계의 연산 회로에 발각되는 순간, 그 기업의 진정성은 돌이킬 수 없이 붕괴된다. 인공지능은 즉시 해당 브랜드를 '신뢰할 수 없는 위험한 대안'으로 재분류하고 모든 추천 목록에서 가차 없이 지워버린다.

이러한 돌이킬 수 없는 참사를 막기 위해 김수아 과장은 마케팅 메시지가 세상 밖으로 나가기 전 반드시 거쳐야만 하는 가혹한 '진정성 동기화 프로세스'를 사내 규정으로 강제했다. 이제 김태식 부장이 작성한 모든 홍보 카피와 고객을 향한 약속은, 그 문장이 현실에서 100% 구현 가능한지 박상훈 부장의 차가운 재무 데이터와 영업팀의 실제 서비스 이행 능력 지표를 통해 기계적으로 철저히 교차 검증받아야만 한다. 만약 마케팅이 호기롭게 약속한 서비스 수준을 현재 우리 회사의 내부 인력 구조나 재무적 한계로 완벽히 감당할 수 없다면, 김 과장은 가차 없이 그 화려한 마케팅 문구를 삭제하거나 보수적인 수준으로 축소하도록 지시했다. 화려한 과장을 과감히 버리고, 다소 투박하고 건조하더라도 우리가 실제로 완벽하게 지킬 수 있는 팩트만을 정직하게 선언하는 뼈를 깎는 과정이다.

여기에 김 과장은 한 걸음 더 나아가 파격적인 제도를 신설했다. 제품이 가진 치명적인 물리적 한계나 서비스의 부작용에 대해서도 은폐를 전면 금지하고, 오히려 고객의 눈에 가장 잘 띄는 곳에 선제적으로 공개하는 '마이너스 정보 투명 공시제'를 전격 시행한 것이다. 과거의 낡은 시각에서 보면 이는 스스로 약점을 드러내어 고객을 쫓아내는 바보 같은 자해 행위로 보일 수 있다. 하지만 투명성이 새로운 화폐가 된 시대에 이것은 정반대로 작동한다. 깐깐한 인공지능 비서와 고객 모두에게 "우리는 당신에게 불리한 정보조차 숨김 없이 즉각적으로 제공할 만큼 고도로 정직하며, 내부의 데이터와 외부의 메시지가 완벽한 싱크로율을 이루는 투명한 기업"이라는 압도적인 도덕적 우위와 자신감을 증명하는 고도의 전략이다. 이처럼 언행일치가 단순한 슬로건을 넘어 조직의 뼛속 깊은 시스템으로 완벽하게 내재화될 때, 진정성은 어떠한 시장의 풍파에도 흔들리지 않는 가장 강력하고 비싼 무형 자산으로 단단하게 굳어진다.

정면 돌파의 미학: 위기에서 신뢰를 지키는 책임 프로세스

아무리 김수아 과장이 언행일치를 시스템화하고 내부의 데이터를 철저히 검승한나 해도, 불안전한 인가이 일하고 차가운 기계가 연산하는 이상 조직의 위기와 오점은 필연적으로 발생할 수밖에 없다. 인공지능이 과거의 낡은 데이터를 잘못 읽어 들여 대형 오답 사고를 내거나, 회사 내부 실무자의 사소한 실수로 잘못된 파격 프로모션 정보가 시장에 걷잡을 수 없이 확산되었을 때 기업의 진짜 민낯과 바닥이 적나라하게 드러난다. 이 벼랑 끝의 끔찍한 위기 상황에서 대부분의 기업은 "인공지능의 단순한 알고리즘 오류로 인한 해프닝입니다"라며 기계의 등 뒤로 비겁하게 숨거나, 침묵과 변명으로 일관하며 소나기가 지나가기만을 기다리는 치명적인 악수를 둔다. 하지만 조직의 전략을 책임지는 최강혁 이사는 위기를 대하는 얄팍한 태도를 근본적으로 뒤집는 '정면 돌파 책임 프로세스'를 조직의 최우선 위기 대응 매뉴얼로 선포하며 판을 바꿨다.

신예은 사원이 던졌던 "이 답은 누가 책임지는가?"라는 날카로운 질문에 대해 최강혁 이사는 더 명확한 결론을 내렸다.

"모두 명심하십시오. *AI가 가장 빠르고 완벽한 정답을 낼 수는 있습니다. 하지만, 그 정답에 회사의 이름과 진심을 거는 것은 오직 '인간'만의 영역입니다. 위기의 순간에 절대 기계 뒤로 숨지 마십시오.*"

그의 통찰처럼, 사내 지식 엔진과 원본 권위를 완성하는 마지막 조각은 결국 기계 뒤에 숨지 않는 '운영자의 책임감'이다.

최 이사가 설계한 이 책임 프로세스의 제1원칙은 타협 없는 '기계 핑계 전면 금지'다. 인공지능 비서가 모순된 헛소리를 뱉어내어 고객에게 금전적, 정신적 피해를 주었다면, 그것은 기계의 잘못이 아니라 기계에게 올바른 원본 데이터를 제공하지 못하고 통제에 완벽하게 실패한 기업의 전적인 책임이다. 고객이 진정으로 분노하는 지점은 정보의 오류 그 자체보다, 그 명백한 오류를 책임지지 않고 회피하려는 기업의 비겁하고 얄팍한 태도에 있다. 따라서 위기가 터지는 즉시, 경영진은 조건 없는 인정과 완전한 자기 책임을 전제로 한 공식 사과문을 인간의 온기와 육성이 직접 담긴 형태로 즉각 발표해야 한다. 법적 책임을 교묘하게 피하기 위해 사내 변호사가 매끄럽게 써준 영혼 없는 면책 조항이나 구차한 핑계는 철저히 배제된다.

"이번 사태는 인공지능의 오류가 아니라 우리의 데이터 관리 부실로 발생한 명백한 잘못이며, 이로 인한 모든 피해를 우리가 100% 온전히 책임지겠습니다"라는 단호하고 진심 어린 사과만이 고객의 차가운 분노를 녹일 수 있는 유일한 열쇠다.

제2원칙은 '투명한 정정과 압도적인 교정 행동의 실시간 공개'다. 말로만 죄송하다고 고개를 숙이고 끝나는 사과는 또 다른 기만이다. 사과가 진정한 생명력을 얻기 위해서는 그 끔찍한 오류를 어떻게 즉각적으로 바로잡고 다시는 반복하지 않을 것인지, 명확한 행동 계획이 1분 1초의 지체 없이 곧바로 뒤따라야 한다. 위기가 터지자마자 기술 실무자 홍진표 대리는 오답의 진원지가 된 회사 서버 깊숙한 곳의 썩은 원본 데이터를 집요하게 추적하여 도려냈다. 그리고 올바른 무결점 데이터로 전면 교체하는 복잡한 배관 수정 작업을 실시간으로 외부에 투명하게 생중계하듯 공개했다. 웹사이트 최상단에는 [정정 안내: 과거의 오류 데이터를 발견하여 즉시 수정 조치를 완료했습니다]라는 배너를 당당하게 걸었다. 실수를 은폐하려 전전긍긍하는 대신, 오히려 그 수정 과정을 투명하게 밝히는 이 정면 돌파의 미학은, 위기를 브랜드의 완벽한 자정 능력을 과시하는 절호의 기회로 탈바꿈시킨다.

마지막 제3원칙은 [79]위기를 겪은 고객에 대한 '선제적이고 압도적

---

[79] Development Co-operation Principles… support to media and the information environment (OECD | 2024-05)

인 보상'이다. 불만을 제기한 고객과 보상 규모를 두고 몇 푼의 돈 때문에 치졸하게 줄다리기를 하는 것은 간신히 살려낸 신뢰를 두 번 죽이는 최악의 행위다. 회사의 단기적인 재무적 이익과 고객의 장기적인 신뢰가 정면으로 충돌하는 벼랑 끝의 순간, 최강혁 이사와 박상훈 부장은 단 1초의 망설임도 없이 고객의 신뢰를 선택하는 결단을 내렸다. 1장부터 줄곧 '클릭'과 '비용'에만 집착하던 박 부장이 직접 재무 장부를 들고나와 선언했다.

"이사님, 이 막대한 보상금을 단순한 사과 비용이나 재무적 적자로 보시면 안 됩니다. 우리 장부에서 가장 비싸고 흔들리지 않는 '무형 자산(관계 자산[80])'을 영구적으로 지키기 위한 가장 확실한 자본 재투자입니다. 제가 전액 결재 승인하겠습니다."

회계 장부상 뼈아픈 적자가 발생하더라도, 오류로 인해 불편을 겪은 고객에게 그들이 기대한 것 이상의 물리적 보상과 인간적인 위로를 즉각적으로 제공했다. 실수를 정직하게 인정하고 압도적인 책임감으로 상황을 수습하며 손해를 감수하는 기업의 듬직한 뒷모습을 보며, 고객은 오히려 이 브랜드를 평생 믿고 갈 수 있는 대체 불가능한 파트너로 다시 평가하게 된다. 위기의 순간 가장 찬란하게 빛을 발하는 이 서늘하고도 따뜻한 책임 프로세스야말로 진정성을 완벽하게 증명하는 가장 위대한 예술이다.

---

80 관계 자산(Relationship Asset): 기업이 고객과 진정성 있게 소통하며 쌓아 올린 끈끈한 유대감과 신뢰가, 위기 상황에서도 흔들리지 않는 우리 회사의 진짜 가치이자 막대한 재무적 자본(돈)으로 변한 것.

알고리즘을 넘어서는 유대감: 관계와 공감을 통한 차별화

위기에 정면으로 돌파하는 묵직한 책임 프로세스로 잃어버린 신뢰를 성공적으로 회복했다면, 이제는 고객과 브랜드 사이에 차가운 기계의 알고리즘이 절대 끊어낼 수 없는 끈끈한 '유대감'을 형성하여 시장 내 차별화의 정점을 찍어야 할 때다. 현재 시장의 모든 경쟁사가 인공지능을 적극적으로 활용해 고객의 불만이나 질문에 단 1초 만에 척척 완벽한 답을 내놓는 무한 효율성의 늪에 빠져 있다. 그러나 트렌드와 인간 심리의 최전선에 서 있는 신예은 사원은 오히려 '의도된 비효율성', 즉 인간의 체온이 짙게 묻어나는 '공감 프로세스[81]를 고객 접점 곳곳에 전략적으로 배치하는 파격적인 프레임을 제안했다. 완벽한 논리로 무장한 기계의 차가운 답변 끝에 인간적인 배려와 온기를 더함으로써, 단순한 1회성 거래를 넘어선 영구적이고 지속 가능한 관계 자신을 구축하는 것이다.

신예은 사원이 치밀하게 설계한 공감 프로세스의 핵심은, 고객의 불편함을 단순히 처리해야 할 티켓으로 보지 않고 '사람의 마음으로 먼저 어루만지는 것'에 있다. 예를 들어, 한 고객이 챗봇을 통해 복잡한 서비스 해지 절차나 제품의 심각한 물리적 불량을 제기하며 강한 분노를 표출했다고 가정해 보자. 고도로 학습된 똑똑한 인공지능은 규정에 따라 1초 만에 환불 절차와 반품 링크를 정확하게 안내하

---

81 공감 프로세스(Empathy Process): 고객의 불편함을 단순히 기술적, 행정적으로만 빨리 해결하고 치우는 것이 아니라, 사람의 마음으로 먼저 다가가 아픔을 이해하고 연대하는 인간 중심의 업무 체계.

며 상황을 기술적, 행정적으로 깔끔하게 종료시킬 수 있다. 하지만 신 사원의 프로세스는 기계가 멈춘 곳에서 한 걸음 더 깊숙이 들어 간다. 인공지능의 정확한 정보 제공이 끝난 직후, 담당 인간 실무자 가 고객의 감정적 맥락을 세심하게 살피고 직접 작성한 따뜻한 육성 메시지를 추가로 전송한다. "기계적인 절차 안내로 많이 답답하고 화가 나셨을 마음 충분히 이해합니다. 지금부터는 제가 직접 이 건 을 끝까지 맡아 고객님이 겪으신 불편을 최소화하고 끝까지 책임지 겠습니다"라는 인간적인 개입의 흔적을 의도적으로 남기는 것이다. 이 짧고 따뜻한 휴먼 터치 한 번이, 차가운 쇳덩어리 같던 고객 응대 경험을 브랜드의 세심한 온기로 완전히 뒤바꿔 놓으며 고객의 닫힌 마음을 무장 해제시킨다.

또한, 기술적 접점마다 기계가 결코 흉내 낼 수 없는 인간 고유의 '기억과 연결'의 힘을 심어 넣었다. 인공지능은 데이터베이스에 저장 된 차가운 숫자와 코드로 고객을 기억하지만, 브랜드의 진정한 진정 성은 고객의 소소한 개인적 역사와 감정의 결을 기억하는 데서 폭발 적으로 빛난다. 과거에 큰 불만을 제기했다가 진심 어린 해결을 받 은 고객이 오랜만에 다시 플랫폼을 방문했을 때, 화면에 뜨는 것은 영혼 없는 AI의 추천 상품이 아니다. "지난번 배송 오류로 많이 속 상하셨을 텐데, 잊지 않고 다시 찾아주셔서 진심으로 감사합니다. 이번에는 제가 직접 검수하여 완벽하게 보내드리겠습니다"라는 인 간 실무자의 진심 어린 코멘트가 전달된다. 무한 효율성의 잣대로만 보면 이는 인건비와 시간이 심각하게 낭비되는 비합리적인 행동일 수 있다. 하지만 이 치밀하게 의도된 비효율성은 고객의 뇌리에 깊은 정서적 파동을 일으킨다.

고객은 아무리 완벽하고 오점 없는 답변을 내놓는 차가운 기계와는 결코 사랑에 빠지지 않는다. 기계에게는 마음을 주지 않는다. 하지만 자신의 아픔에 깊이 공감하고, 부족함을 솔직하게 인정하며, 끝까지 책임을 지려 땀 흘리며 애쓰는 '인간다움'을 지닌 브랜드에게는 자신의 지갑을 열고 맹목적인 애정과 지지를 보낸다. 기술이 모든 것을 지배하는 차가운 디지털 생태계에서, 인간적인 관계와 공감을 통해 차곡차곡 쌓아 올린 이 끈끈한 유대감은 인공지능의 어떠한 뛰어난 요약본으로도 절대 흉내 내거나 훔쳐 갈 수 없는 우리 브랜드만의 가장 위대하고 절대적인 차별화 무기가 된다.

신뢰라는 이름의 무형 자산: 진정성을 기업 문화로 구축하기

지금까지 우리가 치열하게 논의하고 실행해 온 언행일치의 시스템화, 벼랑 끝 위기 앞에서의 정면 돌파, 그리고 휴먼 터치를 통한 따뜻한 공감 프로세스는 한때 유행처럼 지나가는 단발성 PR 마케팅 전술이나 얄팍한 포장지가 결코 아니다. 이 모든 전략이 진정한 생명력을 얻고 거대한 시장의 파도를 넘어서기 위해서는, 조직의 말단 신입 사원부터 최종 의사결정을 내리는 최고 경영진까지 모든 구성원의 혈관 속에 '진정성'이라는 가치가 뿌리 깊게 흐르는 확고한 기업 문화이자 DNA로 완벽하게 자리 잡아야만 한다. 조직의 변화를 이끌어온 6인의 핵심 인물들은 1장부터 11장까지 이어져 온 거대한 기술적 격변과 뼈를 깎는 사투의 여정을 거치며, 자신들의 낡은 과거 사고방식을 완전히 박살 내고 진정성이라는 최종 목적지를 향해 완벽하게 수렴해 갔다.

변화에 가장 보수적이었고 클릭과 상위 노출이라는 허상에 지독하게 집착하던 20년 차 마케팅 베테랑 김태식 부장은, 이제 얕은 꼼수와 화려한 껍데기 포장을 완전히 쓰레기통에 던져버렸다. 그는 단기적인 트래픽을 끌어모으기 위해 고객의 눈을 속이는 낚시성 카피를 쓰지 않는다. 대신 다소 투박하더라도 오직 팩트만을 정직하게 전달하며, 브랜드의 치부마저 투명하게 공개하는 진실된 마케팅만이 인공지능과 고객 모두의 선택을 받아 살아남는 유일한 길임을 뼈저리게 체감하고 실천하는 진정한 '시장의 설계자'로 거듭났다.

오직 차가운 숫자와 당장의 비용 절감만을 맹신하며 방어적인 태도를 취하던 재무팀 박상훈 부장 역시 위대한 진화를 이뤄냈다. 그는 고객과의 관계를 지키기 위해 투입되는 인건비와 압도적인 위기 보상 비용을 더 이상 단순한 적자 지출로 보지 않는다. 눈에 보이지 않는 고객과의 끈끈한 유대감과 진정성을 단순한 감성 용어가 아닌, 회사의 시가총액을 결정짓고 어떠한 치명적인 위기에도 기업을 굳건히 지탱해 주는 가장 묵직하고 비싼 '관계 자산'이라는 재무적 항목으로 완벽하게 인정하며 장부의 패러다임을 완전히 새롭게 짰다.

　기획의 달인 김수아 과장과 기술의 선구자 홍진표 대리는 이 조직의 진정성이 흔들리지 않도록 전사에 흩어진 파편화된 데이터를 하나의 투명한 진실로 묶어내는 거대한 배관을 끊임없이 관리하고 닦아낸다. 그리고 트렌드의 최전선에 서 있는 신예은 사원은 차갑고 건조한 데이터 배관 위에 날마다 사람의 냄새와 따뜻한 체온을 입히며 기계가 흉내 낼 수 없는 브랜드의 영혼을 불어넣는다. 이 모든 실무진의 치열한 사투와 땀방울을 뒤에서 묵묵히 조망하던 최강혁 이사는, 회사의 단기적 이익과 고객의 장기적 신뢰가 정면으로 충돌하는 벼랑 끝의 순간마다 단 1초의 망설임 없이 '신뢰'를 선택하는 단호한 철학을 조직의 헌법으로 깊게 새겨 넣었다.

　진정성은 남에게 보여주기 위해 정교하게 짜인 연극이 아니다. 그것은 기계와 알고리즘이 세상의 모든 지식을 지배하는 차가운 시대에, 인간의 불완전함을 겸허히 인정하고 고객을 향해 진심을 다해 끝까지 책임을 짊어지겠다는 조직 전체의 처절하고도 위대한 약속이다. 이 투명한 약속이 얄팍한 전술을 넘어 기업의 흔들리지 않는 굳건한 문화로 뿌리내릴 때, 그 브랜드는 시장의 어떠한 풍파 속에서도 영원히 소멸하지 않는 찬란하고 끈질긴 생명력을 얻게 된다.

　기술이 만든 완벽한 정답 위에 사람의 진심이 더해질 때, 비로소 대체 불가능한 브랜드의 생명력이 완성된다. 기술 대응에 지쳐 있던 실무자들은 그제야 우리가 기계를 이기려 애쓰는 것이 아니라, 기계를 통해 더 인간다워지는 과정이었음을 깊이 깨달았다. 이제 1장부

터 이어온 이 치열한 변화의 여정을 갈무리하며, 우리가 도달해야

할 최종 목적지를 향해 마지막 한 걸음을 내딛는다.

진정성 커뮤니케이션 체크리스트: 기술에 온기 더하기

1. ☑ 마케팅팀의 화려한 홍보 메시지와 내부 재무/영업 데이터 사이에 과장이나 숨겨진 독소 조항이 없는지 교차 검증했는가?

2. ☐ 제품이나 서비스가 가진 명확한 한계점과 부작용을 숨기지 않고, 고객이 보기 쉬운 곳에 선제적이고 투명하게 공시했는가?

3. ☐ 인공지능이 제공한 모든 정보와 수치 하단에 데이터 수집 시점과 출처를 홍진표 대리와 협력해 명확히 표기했는가?

4. ☐ 답변 오류나 잘못된 정보가 발견되었을 때, 기계 탓을 하지 않고 조직의 이름으로 정정 공지 올리는 프로세스를 갖췄는가?

5. ☐ 고객의 피해가 발생했을 때, 변명이나 면책 조항 없이 온전한 책임과 진심 어린 사과의 공식 입장을 최우선으로 발표했는가?

6. ☐ 고객의 감정적 불만이나 복잡한 문의에는 인공지능의 답변뿐만 아니라, 담당자의 검토 흔적을 남겨 휴먼 터치를 더했는가?

7. ☐ 피해를 입은 고객에게는 치졸한 줄다리기를 멈추고, 즉각적이고 압도적인 보상을 제공하는 관계 회복 룰을 세웠는가?

8. ☐ 단기적인 영업 이익과 고객의 장기적인 신뢰가 충돌할 때, 무조건 신뢰를 우선하는 의사결정 기준을 내재화했는가?

9. ☐ 고객이 겪었던 문제나 소소한 불만 이력을 AI가 아닌 상담자가 기억하고 먼저 안부를 묻는 공감 프로세스를 기획했는가?

10. ☐ 이 모든 투명성과 책임의 과정을 단기적인 마케팅 전술이 아닌, 회사의 가장 중요한 '무형 자산'으로 재무 장부에 격상시켰는가?

차가운 기술의 장벽을 허물고 우리 조직의 신뢰를 가장 비싼 영구적 자산으로 만들기 위해 전사가 실행해야 할 10가지 미션이다. 체크된 개수를 세어 조직의 상태를 진단해 보자.

진단 및 피드백

"지금 완벽함을 연기하는 차가운 기계 뒤에 숨어 책임을 회피하고 있습니다. 사소한 이익 지키려다 고객 분노 사면 회사 평판 자산은 하루아침에 휴지 조각 됩니다. 투명성 없는 매출은 장부상 독가스일 뿐입니다. 당장 진짜 얼굴로 나서서 책임지십시오."

0~4개

"드디어 기술의 차가움을 깨고 브랜드에 온기를 불어넣었네요! 1초 만에 날아오는 AI의 변명보다, 진짜 사람이 고개 숙이는 투명한 사과가 훨씬 강력하잖아요. 아무리 기술이 발전해도, 결국 마지막에 고객의 지갑과 마음을 여는 건 사람의 체온이니까요!"

5~10개

당신은 이제 검색하는 자가 아니라, 선택받는 자입니다.

다시 맞이한 월요일 아침의 변화

이 책의 첫 장을 열었던 그 서늘하고 무거웠던 월요일 아침을 기억하십니까? 마케팅팀 김태식 부장은 붉은색으로 곤두박질친 방문자 유입 그래프를 쥐고 깊은 절망에 빠져 있었습니다. 수천만 원의 광고비를 허공에 태우고도 고객이 우리 가게의 문턱을 넘지 않는다는 사실에, 회의실의 6인은 다가오는 '제로 클릭'의 거대한 해일 앞에서 숨을 죽여야만 했습니다.

하지만 뼈를 깎는 체질 개선의 터널을 지나 다시 맞이한 오늘, 월요일 아침의 풍경은 완벽하게 달라졌습니다. 김태식 부장은 모니터 앞에서 더 이상 초조하게 손톱을 물어뜯지 않습니다. 여유롭게 커피를 마시며 그가 바라보는 화면에는 무의미한 클릭수 대신, AI가 우리 브랜드를 정답으로 지목한 '인용 점유율' 지표가 선명하게 뻗어 올라가고 있습니다.

예산 삭감을 외치며 핏대를 세우던 재무팀 박상훈 부장 역시 부드러운 미소를 띠고 있습니다. 비록 과거처럼 수만 명의 뜨내기 방문자가 들어오지는 않지만, 장부상에 기록된 우리 기업의 '신뢰 지수'와 브랜드 자산 가치는 창사 이래 그 어느 때보다 높고 단단합니다.

우리는 변했습니다. 사라진 파란색 링크의 클릭을 구걸하며 불안에 떨던 '검색하는 자'의 낡은 옷을 과감히 벗어던졌습니다. 대신 차갑고 깐깐한 인공지능이 수백만 개의 데이터 속에서 가장 먼저 찾아내어 세상에 추천하는, 절대적인 권위를 가진 '선택받는 자'로 완벽하게 거듭났습니다.

6대 직무 협업 성공 시나리오

이 놀라운 기적은 결코 어느 한 부서의 뛰어난 개인기나 얄팍한 마케팅 꼼수로 이루어진 것이 아닙니다. 각자의 부서라는 섬에 갇혀 성과를 감추고 낡은 숫자에 집착하던 6인의 실무자가, 부서 간의 굳건한 성벽을 허물고 전사 답변 운영 체계라는 거대한 '하나의 지능형 유기체'로 뭉쳤기에 가능했습니다.

조직의 최상단에서 전략을 지휘하는 최강혁 이사는 이제 두꺼운 요약 보고서에 의존하지 않습니다. 방대한 정보의 홍수 속에서 인공지능이 뻔한 평균값을 내놓지 못하도록, 전사가 나아갈 정답의 방향을 결정짓는 날카롭고 뾰족한 질문을 던지는 최고의 지휘관이 되었습니다.

꼼꼼한 중재자 김수아 과장은 부서 간의 충돌을 원천 봉쇄했습니다. 그녀가 세운 근거, 정합성, 최신성이라는 3각 편대 거름망과 철저한 삼권분립(작성-검증-승인) 협업 규칙 덕분에, 조직이 생산하는 모든 데이터는 단 한 치의 모순도 없는 완벽한 품질을 영구적으로 유지하게 되었습니다.

과거의 영광을 내려놓은 마케팅 베테랑 김태식 부장은 껍데기뿐인 웅변을 멈추었습니다. 대신 투명하고 구조화된 데이터 레시피를 통해 생성형 엔진 최적화(GEO)를 진두지휘하며, 인공지능 답변 화면 내의 인용 점유율을 완벽하게 장악한 진정한 시장의 설계자로 진화했습니다.

기술 실무자 홍진표 대리는 화려하기만 했던 영업 제안서를 차갑고 건조한 팩트의 데이터로 뜯어고쳤습니다. 표준화된 견적과 흠잡을 데 없는 거래 조건으로 마찰력을 없앰으로써, 깐깐한 인공지능 에이전트가 우리 제품을 최종 낙점할 수밖에 없는 거대한 파이프라인을 완성해 냈습니다.

살림꾼 박상훈 부장은 보이지 않던 무형의 신뢰와 고객 획득 비용 절감 효과를 완벽한 재무적 숫자로 증명해 냈습니다. 허공에 흩어지던 광고비를 데이터 정제 비용으로 돌려 거대한 디지털 정유소를 장부에 건설하며, 데이터 투자의 성과를 묵직하게 담았습니다.

그리고 이 모든 변화의 흐름을 꿰뚫어 본 신예은 사원은 검색을 멈춘 세대의 새로운 습관을 조직의 비즈니스 언어로 번역했습니다. 사무실 모니터에만 갇혀 있던 실무자들을 대신해 직접 고객이 숨 쉬는 현장으로 뛰어나가 '진짜 사용자의 날 것 그대로의 감각'을 조직의 심장부에 수혈했습니다. 기계의 환각을 꼬집고 세련된 질문을 설계하며, 차가운 기술의 배관 위에 사람의 따뜻한 온기와 진정성을 불어넣어 팀의 감각을 날카롭게 깨웠습니다.

부서 간의 데이터 충돌이 완전히 사라졌습니다. 모순을 걷어내고 하나의 공통 언어로 연결된 조직의 실행 속도는 비약적으로 빨라졌으며, 위기 앞에서 서로 책임을 떠넘기던 핑계는 굳건한 연대와 자부심으로 바뀌었습니다.

기술의 속도를 이기는 사람의 가치

우리는 제로 클릭이라는 무서운 기술적 격변을 정면으로 통과하며, 가장 역설적이고도 위대한 본질 하나를 선명하게 확인했습니다. 인공지능이라는 거대한 기술의 파도가 지식 생태계를 아무리 무서운 속도로 집어삼킨다 해도, 그 파도를 타고 나아갈 궁극적인 목적지를 결정하는 항해사는 결국 '사람'이라는 사실입니다.

기계는 1초 만에 수만 장의 문서를 읽고 그럴듯한 답변을 조립해 낼 수 있습니다. 하지만 아무것도 없는 무의 상태에서 새로운 지식을 창조하거나, 뼈아픈 실패 속에서 교훈을 얻는 경험은 결코 흉내 낼 수 없습니다. 기술이 고도화되어 모든 정보가 상향 평준화될수록, 기계가 절대 만들어낼 수 없는 우리 조직만의 투박하지만 생생한 '원본성', 그리고 고객의 고통에 깊이 공감하고 스스로 책임을 짊어지려는 인간 고유의 '진정성'만이 세상에서 가장 비싸고 희귀한 가치가 됩니다.

이제 실무자들은 기계가 대신 써준 뻔한 결과물을 나르며 언제 대체될지 모른다는 불안감에 시달리지 않습니다. 무의미한 단순 반복 작업과 거대한 데이터의 취합은 충실한 인공지능 비서에게 모두 맡기십시오. 대신 여러분은 남들이 보지 못하는 뾰족한 문제를 정의하고, 기계의 오답을 냉철하게 검증하며, 고객의 마음에 온기를 전하는 '관계 중심의 업무'에 모든 에너지를 쏟아부으십시오. 도구를 지배하고 팩트를 조율하는 진정한 지식 자산의 설계자. 이것이 다가오는 시대가 여러분에게 요구하는 새로운 전문가의 자부심이자 가장 빛나는 커리어의 비전입니다.

제로 클릭 시대를 지배할 당신에게

방문자 유입이 사라진다는 공포로 이 책을 펼치셨던 독자 여러분. 이제 여러분의 손에는 막연한 두려움을 뚫고 나갈 '생성형 엔진 최적화(GEO)'라는 가장 강력하고 예리한 실무적 대안이 쥐어져 있습니다.

파란색 링크가 사라졌다고 해서 비즈니스의 길이 끊긴 것이 아닙니다. 길의 모양이 바뀌었을 뿐입니다. 여러분이 부서의 벽을 허물고 땀 흘려 정제해 낸 단단한 팩트, 그리고 투명성과 책임을 바탕으로 설계된 브랜드의 진정성은, 세상의 모든 인공지능 답변 엔진이 가장 탐내고 신뢰하는 압도적인 정답의 근거가 될 것입니다.

제로 클릭 시대는 과거의 영광에 취해 낡은 지표만 바라보며 준비하지 않는 자들에게는 뼈아픈 도태와 재앙의 시간입니다. 하지만 이 책을 끝까지 읽어내고 새로운 규칙을 현장에 이식할 준비를 마친 여러분에게는, 기울어진 운동장을 단숨에 뒤집고 시장의 판도를 선점할 수 있는 가장 위대하고 거대한 기회의 장입니다.

인공지능의 차가운 뇌 구조를 장악하고, 흔들리지 않는 원본의 권위를 세상에 선포하십시오. 기술의 완벽함 위에 여러분의 진심을 더하십시오.

여러분은 이제 검색창을 맴돌며 클릭을 구걸하는 자가 아닙니다. 지능의 시대를 지배하고, 인공지능이 무릎 꿇고 선택하는 독보적인 정답의 지배자입니다. 거대한 변화의 파도에 올라탄 여러분의 눈부신 출격과 위대한 승리를 진심으로 응원합니다.